Heinz Blaumeiser
Eva Blimlinger
(Hg.)

Alle Jahre wieder …

Weihnachten zwischen Kaiserzeit und Wirtschaftswunder

Aus der Reihe
»Damit es nicht verlorengeht ...«

Band 25

Herausgegeben von
Michael Mitterauer
und
Peter Paul Kloß

Heinz Blaumeiser
Eva Blimlinger
(Hg.)

Alle Jahre wieder …

Weihnachten zwischen Kaiserzeit und Wirtschaftswunder

A&M
Weltbild

Dieses Buch basiert auf Ergebnissen des Forschungsprojekts »Weihnachten als soziale Zeit«, das Heinz Blaumeiser und Eva Blimlinger im Auftrag des Bundesministeriums für Wissenschaft und Forschung durchführten.

www.AuM.at

Sonderausgabe für A&M / Weltbild, Salzburg

Umschlagfoto: Karl Kaulich mit Eltern und Geschwistern, kartenspielend und Most trinkend, Steyr Weihnachten 1926 (vgl. S. 104)

ISBN 10: 3-902509-37-6
ISBN 13: 978-3-902509-37-6

2008 2007 2006
Die letzte Jahreszahl gibt
die aktuelle Lizenzausgabe an.

Inhalt

Vorwort

Kaum jemand kann sich der sozialen Verbindlichkeit der Weihnachtszeit entziehen. Mehrere Wochen des Jahres sind beherrscht von der Vorfreude auf das Fest, von Weihnachtsbeleuchtung und dekorierten Auslagen, Christbäumen und Geschenken, Feiern und Liedern. Wie kein anderes Fest gliedert Weihnachten den Jahresablauf als etwas ganz Besonderes. Mit der regelmäßigen Wiederkehr und den eingespielten Abläufen in den Familien entsteht aber auch Routine. In dieser Spannung von Besonderem und Gewohntem zeigt Weihnachten die vielfältigsten geschichtlichen Veränderungen. Besonders in autobiographischen Quellen läßt sich nachvollziehen, wie diese Veränderungen erlebt wurden, wie sich zeitgeschichtliche Ereignisse persönlich auswirkten, wie sie das Leben prägten und in Erinnerungen nachwirken.

In den letzten beiden Jahren haben wir im Rahmen eines Forschungsauftrages des Wissenschaftsministeriums über 400 Autobiographien, Tagebücher, Briefwechsel und lebensgeschichtliche Interviews gesammelt und untersucht, in denen in irgendeiner Weise auch die Weihnachtszeit vorkam. Bis auf wenige Texte, die speziell zu unseren Fragen über Weihnachten geschrieben wurden, handelte es sich also meistens um wesentlich umfangreichere Lebensgeschichten, die aus ganz unterschiedlichen Anlässen und Motiven entstanden waren: als Erbe für die Nachkommen, in der Haltung von Zeitzeugen, im Bedürfnis nach einer Bilanz im Alter, als Versuch der Bewältigung von Leid oder Schuld.

Diese lebensgeschichtlich eingebetteten Weihnachtsgeschichten bündeln eine Vielzahl von sozial- und mentalitätsgeschichtlichen Themen. In ihnen zeigt Weihnachten in hohem Maße die soziale Stellung im Milieu, die Geschlechterrolle und die Generationszugehörigkeit. Besondere Bedeutung erlangen lebensgeschichtliche Veränderungen: das schrittweise Verlassen der Kindheit, einschließlich des Abschieds vom Christkind; nach Gründung einer eigenen Familie das erste Weihnachtsfest im neuen Haushalt und mit dem ersten Kind; Weihnachten ohne die Eltern, vielleicht sogar ganz allein. Auch Zeitgeschichte wird in Weihnachtserinnerungen grell beleuchtet: Weihnachten in der Wirtschaftskrise, im Krieg, in den Nachkriegsjahren. Für die Wahrnehmung der Geschichtlichkeit des Lebens hat die Weihnachtszeit also eine zentrale Bedeutung.

Hinzu kommen ganz besondere Erfahrungen des Umgangs mit Zeit: kindliche Vorfreude im gespannten Warten vor dem Fest, gesteigert durch den Adventkalender; mühsame Wege durch Dunkel und Schnee zu den Rorate-Messen hier, Spaziergänge zu den bunten Geschäftsauslagen dort; Putzen, Backen und andere Vorbereitungen; das Noch-dreimal-Schlafen, bis das Christkind kommt; die Dramaturgie des Heiligen Abends mit seinen Höhepunkten vom Lichterbaum bis zum Festessen; Zeit zur Ruhe und für Besuche. Und das alles wiederholt sich im Älterwerden von Weihnacht zu Weihnacht – alle Jahre wieder.

Unsere sozialgeschichtliche Neugier für Weihnachten wurde erstmals bei einer Reihe von Familiensonntagen an der Volkshochschule Wien-Ottakring geweckt. Dort organisierten wir mit Ela Hornung, Margit Sturm und Elisabeth Wappelshammer schon in den achtziger Jahren die ersten lebensgeschichtlichen Erzählkreise, auch zu Weihnachten: Ältere Menschen erzählten für jüngere Besucher von ihren Kindheitsweihnachten, von Weihnachten im Krieg oder von ihren ersten Weihnachten als jungverheiratetem Paar. Es gab Weihnachtskekse nach Backrezepten der Nachkriegszeit, die allerdings nicht so scheußlich schmeckten wie damals, weil die Zutaten in der schlechten Qualität von einst nicht mehr erhältlich waren. Dabei sammelten wir erste Erzählungen und Fotos zu Weihnachten und erkannten bald, daß Weihnachten – alle Jahre wieder und doch auch alle Jahre anders – diese Jahre widerspiegelt und den einzelnen sehr deutlich in seinen wechselnden Zeitverhältnissen zeigt.

Ausschlaggebend für unser Forschungsprojekt wurde dann die Sammlung lebensgeschichtlicher Aufzeichnungen am Wiener Institut für Wirtschafts- und Sozialgeschichte, die Michael Mitterauer begründete. Er war es auch, der uns zu unserem Vorhaben ermunterte und die Arbeit mit diesem außerordentlich wertvollen Quellenbestand ermöglichte. Daneben hatten wir aus unserer langjährigen Arbeit in Wien-Ottakring (vgl. Ottakringer Lesebuch, Böhlau-Verlag, Wien 1988) zahlreiche Kontakte zu hilfreichen Gesprächspartnern. Auch veröffentlichte Autobiographien stellten sich für unser Thema als interessante Quellen heraus. Nicht zuletzt vermittelten uns viele Kolleginnen und Kollegen weitere Interviewpartner, autobiographische Texte, Fotos und andere Zeugnisse über Weihnachten.

Für das vorliegende Buch haben wir aus dieser Fülle Erinnerungen von 46 Männern und Frauen ausgewählt. Sie stammen aus fast allen Gegenden Österreichs und einigen angrenzenden Gebieten sowie aus den unterschiedlichsten Arbeitswelten und Wohnumgebungen. Die meisten schauten im höheren Alter zurück, einige aber auch schon in jüngeren Jahren. Viele überließen uns Fotos und Briefe mit Erläuterungen, in einigen Fällen auch Tagebücher. Die Erinnerungen reichen von der Monarchie des vorigen Jahrhunderts bis zum sogenannten „Wirtschaftswunder" der fünfziger und sechziger Jahre. So sind sie auch hier gereiht, mit einigen zeitlichen Vorgriffen und Rückblenden. Neben kurzen Schilderungen aus einem bestimmten Jahr stehen längere Schilderungen über viele Weihnachten im ganzen Lebenslauf.

Durch möglichst geringe Eingriffe in die Originaltexte erreichten wir, daß die Einbindung der eigentlichen Festtage in die jeweilige Weihnachtszeit und in ihr alltägliches, oft auch dramatisches Umfeld sichtbar blieb. Kleine Korrekturen brachten wir nur zur leichteren Lesbarkeit an. Detaillierte Erklärungen zur Familiengeschichte mußten wegfallen, doch sind die wichtigsten Angaben jeweils vorangestellt. Bei Auslassungen behalfen wir uns mit Zwischentexten. Alle Texte wurden mit den Autorinnen und Autoren bzw. deren Nachkommen abgestimmt, fast alle wollten mit ihrem eigenen Namen genannt sein.

Hier und da haben wir historische Dokumente hinzugefügt, auf die sich die Erinnerungen beziehen. Begriffe, die für die einen Alltagswissen sind, aber manchen anderen nicht bekannt sein dürften, haben wir mit einem hochgestellten Stern (*) versehen und in einem Glossar erläutert, ebenso einige historische Ereignisse, die für das Verständnis der Geschichten unerläßlich sind.

Im Nachwort haben wir schließlich einige der Gedanken zusammengefaßt, zu denen uns die vielen persönlichen Weihnachtserinnerungen – auch über das in der Fachliteratur Übliche hinausgehend – angeregt haben.

Wir danken allen, die uns auf Lebensgeschichten, Fachliteratur und andere Quellen aufmerksam machten und sie uns zur Verfügung stellten, die mit uns diskutierten und die sich zu den unmöglichsten Zeiten – auch in der hochsommerlichen Hitzewelle – mit unserem Weihnachtsthema konfrontieren ließen. Und ganz besonders danken wir allen, die uns ihre Lebensgeschichten oder die Aufzeichnungen ihrer Verwandten überließen und uns mit ihren Ergänzungen behilflich waren, ob sie nun in diesem Buch aufscheinen oder nicht. Ohne sie wären solche Projekte unmöglich.

Wien 1993

Heinz Blaumeiser,
Eva Blimlinger

Franz Berger

Ich spielte die zweite Violine

Franz Berger wurde 1838 als ältestes von vier Kindern einer ländlichen Weberfamilie in Groß-Petersdorf bei Neutitschein in Mähren (heute Vrazné bei Novy Jicin) geboren. Er machte eine Handwerkslehre in Olmütz und Wien als Orgelbauer, ging auf Walz durch Süddeutschland, kehrte als Facharbeiter für Orgel- und Klavierbau nach Wien zurück und brachte es schließlich bis zum Betriebsdirektor der Klavierfabrik Bösendorfer.*

Auf der Grundlage von Tagebuchaufzeichnungen bis zum Jahre 1878 verfaßte Franz Berger in den Jahren 1919 bis 1922 eine 150seitige Autobiographie, die sein Enkel Dr. Franz Berger jun. aufbewahrte.

Ich hatte im Laufe der Zeit noch zwei Brüder und zuletzt eine Schwester bekommen. Mein Geschwisterkind* Franz Führich wurde auch als zur Familie gehörend betrachtet. Außerdem war noch eine ältere Frauensperson, eine entfernte Verwandte aus einem größeren Bauernhause, da, welche eine Kammer bewohnte; sie hieß Therese. Sie war eine ruhige, vernünftige Person, hatte eine gute Singstimme und wußte viele Lieder auswendig recht schön zu singen. An Winterabenden nach dem Nachtessen saß sie auf der „Ofenbank" bei ihrem Spinnrocken und sang. Zuweilen stimmte auch die Mutter ein. Der Vater, der hinter seinem Webstuhle arbeitete, hörte es recht gern. Ich saß um diese Zeit gewöhnlich „hinterm Ofen", wo mein Nachtlager war, und lauschte dem Gesang. Die „Beleuchtung" wurde durch eine „Fackel" hergestellt. Diese Fackel bestand aus einem ein Millimeter dicken Span aus Buchenholz von vier bis fünf Zentimeter Breite. Dieser Span wurde noch in schmale Streifen geschnitten, die nun zum Gebrauch fertig waren. Der Leuchter bestand in einem runden Holzklotz, der am Fußboden stand. Daran war eine viereckige Stange befestigt, die am oberen Ende eine Vertiefung zum Einzwicken und Festhalten der „Fackel“ trug. Bei dieser „Beleuchtung“, die in einem Gang zwischen zwei Webstühlen stand, arbeiteten zwei Personen, öfter aber auch noch vor dem Gang eine dritte Person beim „Spulrad“.

Das Spulrad war mir aber bald ein recht verhaßter Gegenstand, da es mir oblag, die beiden Webstühle mit den nötigen Spulen zu versorgen, was meine ganze Zeit außerhalb der Schule in Anspruch nahm.

Es nahte wieder die Weihnachtszeit heran. Schon die Adventzeit brachte eine weihevolle Stimmung in das Haus. Jeden Morgen durfte ich mit einem meiner Mitschüler eines Nachbarn in die Rorate*-Messe gehen. Das Adventlied „Tauet, Himmel, den Gerechten!“, aus vielen kräftigen Kehlen in dem geheimnisvollen Dunkel der Kirche gesungen, übte eine tiefe Wirkung auf das Gemüt aus. Diesmal sollte auch eine neue Messe am Chor aufgeführt werden. Schon acht Tage vor dem Feste wurde jeden Abend in der Schule mit den Proben begonnen. Es kamen auch Sopran-Soli vor, welche die Nitschmann Therese, die eine sehr hübsche Stimme hatte, sang. Lehrer Eduard spielte mit Vetter Anders die erste Violine, Teichmann Josef, mein Schulnachbar, dessen Vater die Baßstimme innehatte, und ich die zweite. Diese Abende machten mir immer große Freude.

Auf unserem Hausboden stand auch eine große Truhe. Darinnen war ein „Kripperl“ aufbewahrt, welches der Vater zur Weihnachtszeit immer in der Stube an einer Wand aufstellte. Er hatte dasselbe einmal vom alten Holzmüller übernommen. Tischlermeister Sapletan hatte seinerzeit dazu eine Stellage aus Brettern vorbereitet. Das Ganze hatte eine Höhe von 80 Zentimetern und eine Länge von circa zwei Metern. Es bestand aus einem „Stall“ mit den dazu passenden Figuren, der Heiligen Familie, den anbetenden Hirten mit ihren Schafen und verschiedenen anderen, meist aus Holz geschnitzten Figuren, Häusergruppen, welche die Stadt Bethlehem darstellen sollten, Vögeln, auf Papier gemalten Felsen u. d. g. Das Aufstellen des Kripperls machte dem Vater jedenfalls viel Mühe und Arbeit, die er freilich gern und freiwillig auf sich nahm. Wenn dann endlich am Weihnachtsabend alles fertig war, dann wurde in gehobener Stimmung das Weihnachtslied „Ein Kind, geboren zu Bethlehem" angestimmt.

Doch zurück in die Schule zu unseren Musikproben: Die letzten zwei Abende wurden noch einige Blasinstrumente beigezogen, bis endlich alles klappte. Im „Benedictus" kam eine gar geheimnisvolle Stelle vor: Während die Musik leise, langgedehnte Akkorde erklingen ließ, hörte man zwölf laute Glockenschläge, während der „Nachtwächter" zwölfmal einen Ton auf einem Nachthorn blies, was die Mitternachtsstunde andeuten sollte.

Keiner von den mir wohlbekannten Mitwirkenden weilt heute mehr unter den Lebenden.

... hielt der Chef eine auf das Fest Bezug habende Ansprache

Auf seiner Walz als Orgelbauer-Geselle trat Franz Berger 1864 in die Fabrik des bedeutenden Orgelbauers Walker in Ludwigsburg (Württemberg/Deutschland) ein.

Ich wurde in den ersten Stock gewiesen, wo sich das Contor* befand. Herr Walker senior, von kleiner, untersetzter Statur am Anfang der 60er Jahre, empfing mich sehr freundlich und wies mir meinen Arbeitsplatz an, der sich in dem Zimmer neben dem Contor befand. Er zeigte mir den Orgelsaal, auf den er sehr stolz war, führte mich auch hinauf in den Schlafsaal, der sich unter dem Dachboden befand, und wies mir einen Kleiderbehälter und ein Bett an. Freilich nur ein, wenn auch sehr breites, Doppelbett, das ich mit einem Kollegen teilen mußte. Später wurde in einem kleineren Nebenraum ein einfaches Bett frei, das ich dann zur Benützung erhielt.

Nun begann ich mit großem Eifer meine Arbeit. So lange es die Jahreszeit zuließ, stand ich zeitlich früh auf, um noch eine halbe Stunde Zeit für mich zu gewinnen. Nach Schluß der Fabriksarbeit um sieben Uhr machte ich erst eine halbe Stunde lang einen Spaziergang ins Freie, um meine Augen zu stärken. Dann arbeitete ich wieder bis zehn Uhr. Die Kerzenbeleuchtung mußte ich selbstverständlich selbst beschaffen, denn fünf Minuten nach sieben Uhr wurde die Gasbeleuchtung abgestellt.

Es waren die ersten Weihnachten während meines Hierseins herangekommen. Am Heiligen Abend erhielt jeder Arbeiter eine Einladung in die Wohnung Walkers. Hier war eine Tafel mit den Weihnachtsgeschenken, bestehend in einem Laib Weißbrot nebst Backwerk, aufgestellt. Als alle versammelt waren, hielt der Chef eine auf das Fest Bezug habende Ansprache. Dann wurde ein Weihnachtslied gesungen, welches der älteste Sohn auf dem Clavier begleitete. Hierauf nahm jeder seine mit einem Zettel mit Namen versehene Gabe in Empfang, und mit Dank und gegenseitigen Glückwünschen entfernte man sich. Es war eine schöne, altehrwürdige Feier.

Mittlerweile waren siebenviertel Jahre vergangen. Mein Harmonium in einem Reisekoffer, den mir Kollege Bauer gemacht hatte, war soweit fertig geworden, daß ich darauf spielen konnte. Da saß ich nun abends nach Feierabend allein in meiner Werkstatt, spielte und sang oft ein Lied, in dem eine Strophe lautet:

> „Einsam, einsam? Nein, das bin ich nicht.
> Denn die Geister meiner Lieben,
> die in ferner Heimat blieben,
> sie umschweben mich."

Jakob Stefan

Das Saustechen war immer um die Weihnachten

Jakob Stefan wurde 1863 in Klein Senitz bei Olmütz (heute Senička bei Olomouc) geboren und wuchs in einer armen Kleinhäuslerfamilie auf. Kinderarbeit, religiöse Strenge und elterliche Strafen standen auf der Tagesordnung. Seine Enkelin Elfriede Jahn schickte diese frühen Erinnerungen der Dokumentation lebensgeschichtlicher Aufzeichnungen.

So ist die Zeit der Schulferien mit lauter Arbeit auch vergangen. Der Abschluß war das Kirchweihfest, auf das wir uns schon lange gefreut haben. Dort hat es gute Sachen in unbeschränkter Menge gegeben. Da sind die Großeltern gekommen, und da hat es auch einen Kreuzer gegeben für uns. Am darauffolgenden Tag hat wieder die Schule begonnen. Die laufende Arbeit dieser Zeit war die Erdäpfel ausnehmen. Das Laub von den Bäumen ist langsam wieder runtergefallen, so daß wieder neue Arbeit da war. Die letzte Arbeit war das Kraut bearbeiten, hobeln und in Fässer einlegen.

Da war die ersehnte Zeit des Nikolos nicht mehr weit. Da ist das Dienstmädchen vom Taufpaten mit voll gefülltem Korb gekommen. Da war Stoff für Kleider drinnen, Kolatschen*, Äpfel, Nüsse, Lebzeltreiter und Lebzeltherzen. Wir waren immer ganz benommen vor Freude. Wie alles vergänglich ist, so auch dieses. Der Winter war da, und das Alltägliche, die Schule, ist weitergegangen. Bei unserer Beleuchtung war das Aufgabenmachen keine Leichtigkeit. Zunächst hatten wir ein Öllamperl, später dann eine Petroleumlampe, aber auch nur mit einem kleinen Docht ohne Zylinder, so daß die

Flamme nicht größer war als eine Fliege. Eine Winterarbeit war auch das Federnschleißen* Das wäre an und für sich nicht so schlimm gewesen, wenn da nicht eine Zulage dazugekommen wäre, und das war das Rosenkranzbeten. Der den Vorbeter gemacht hat, war vom Federnschleißen befreit, weil er mußte den Rosenkranz in der Hand halten und zählen. Husten durfte man nicht, denn da wäre der Federhaufen lebendig geworden. Die Beschäftigung hat bis acht Uhr gedauert, aber damit war das Beten noch nicht zu Ende, sondern wir mußten danach unsere vorgeschriebenen Gebete auch noch laut runterleiern. Wie wir dann schon älter waren, ist uns ein Nachlaß gewährt worden, so daß wir nicht mehr laut beten mußten. In dieser Zeit haben wir zu sündigen begonnen, und zwar in der Weise, daß wir manches Gebet ausgelassen haben. Dann hat es geheißen ausziehen und drei hohe Stufen auf den Backofen kraxeln, wenn wir uns aber nicht rasch wieder hingesetzt haben, sind wir zur Ruhe gemahnt worden. Wenn dies nichts gefruchtet hat, dann haben wir schon die Drohungen des Vaters gehört: „Warts, gleich!" – ein Griff nach dem Fliegenpracker, und schon sind die Schläge über unsere Haxen gekommen, gleichgültig, wo und wer sie bekommen hat. Dann haben wir gut geschlafen.

Wir haben uns immer schon gefreut auf das Sauabstechen. Das war immer um die Weihnachten, denn da war es kalt genug. Da sind schon immer Pläne gemacht worden, was für eine Rolle jeder ausüben wird. Ich als Bursch war zum Halten bestimmt, die Lori zum Blutauffangen, und die Marie, die Jüngste, mußte das Blut im Topf rasch umrühren, damit es sich nicht setzen kann.

Endlich ist der ersehnte Tag gekommen. Mit pochendem Herzen sind wir Kinder aufgestanden und haben bei allen Vorbereitungen geholfen: den Trog zum Abbrennen vom Bauern holen, Holz herrichten, Bügeleisen und Stagel* zusammensuchen und ins Feuer stellen, damit sie glühen. Die Stagel haben dazugehört, denn wenn das

Wasser nicht genügend siedend war, so sind diese verwendet worden. Wenn das Wasser schon gekocht hat, so hat es geheißen antreten und gehen: Der Vater voraus und wir als Zitternde nach! Die Sau ist ausgelassen worden, halb wild ist sie herumgerannt, schon deswegen, weil die Sau die ganze vorherige Zeit nicht rausgelassen worden ist. Außerdem hat sie am Vortag nichts zu fressen bekommen, damit sich die Gedärme besser wenden lassen. Durch Streicheln hat sie sich soweit beruhigt, daß sie sich sogar niedergelegt hat. Wenn dies aber nicht der Fall war, so ist sie ganz einfach umgeworfen worden und, jeder seines Amtes waltend, wurde der Akt vollzogen. Dann haben wir nicht mehr gezittert, sondern beim Abbrennen alle geholfen, so daß in ein paar Minuten die Sau schneeweiß war. Dann mußten wir das Schwein vom Hof ins Vorhaus bringen, und mit vereinten Kräften ist auch das durchgeführt worden. Vater hat gleich mit dem Ausweiden und Zerteilen begonnen. Dann ist die Kocherei angegangen, eine Graupensuppe*, die es das ganze Jahr nicht gegeben hat, Blunzen, Leberwürste – das alles ist am selben Tag gemacht worden. Am Abend war dann das feierliche Essen, wir konnten in unbeschränkter Weise essen, so daß man sich bald krank gegessen hat. Als Getränk gab es einen Kornschnaps, der schluckweise getrunken wurde. Tags darauf ist der Speck ausgelassen worden und Preßwurst gemacht worden. Dann ist alles in Ordnung gebracht worden, auf den richtigen Platz gebracht worden, damit man recht lange damit auskommen konnte und nichts verdorben wird. Das waren unsere schönste Tage im Jahr. Zu Weihnachten hat es nicht viel gegeben, keinen Christbaum, keine Geschenke. Der Heilige Abend war der größte Fasttag. So haben wir erst zum Nachtmahl eine Einbrennsuppe und Heringe mit Kartoffeln bekommen. Als Nascherei gab es gekochte, getrocknete Birnen und Zwetschken. Auch über die Feiertage war reichlich Essen da.

Josef Leb

Und dann kamen Christbaum und Bescherung

Josef Leb, 1874 in Wien geboren, entstammte einer katholisch engagierten Familie. Er besuchte nach der Volkschule das Internat der Jesuiten auf dem Freinberg bei Linz und maturierte 1893 in Wien. Gemeinsam mit Pater Abel, bekannt als „Wiener Männerapostel", Leiter der Marianischen Kongregation für Kaufleute, Mitbegründer der katholischen farbentragenden Verbindung „Austria", hatte er die erste Mittelschülerkongregation in Wien gegründet, später engagierte er sich in der Wiener „Austria". Nach dem „Freiwilligenjahr" und der Ernennung zum Leutnant hinderten Erkrankung und die hohe Kaution, die er anläßlich seiner Vermählung mit Hemma Truxa hätte erlegen müssen, die weitere Offizierslaufbahn. Josef Leb war in der Folgezeit Beamter im Obersthofmeisteramt, im Ersten Weltkrieg Offizier der k. u. k. Armee und nach dem Krieg Leiter der Verlagsanstalt „Tyrolia" in Innsbruck und Wien. Nach dem Tod seiner Frau, 1943, begann er Theologie zu studieren und wurde 1944 im Alter von siebzig Jahren zum Priester geweiht. Er verstarb am 9. November 1946.

Josef Leb verfaßte im Jahr 1933 ein handschriftliches Manuskript seiner Erinnerungen, betitelt „Aus meinem Leben". Das erste Kapitel, aus dem die folgende Erzählung entnommen ist, wurde im Band 12 der Reihe „Damit es nicht verlorengeht . . ." (Böhlau-Verlag, Wien 1987) veröffentlicht.

Das Hausgebet hatte in unserer Familie große Bedeutung. Wir beteten gemeinsam den „Engel des Herrn" beim Ave-Läuten, das Tischgebet (Vaterunser, Ave-Maria und „Was aufgesetzt wird auf den Tisch, das segne uns Herr Jesu Christ, und speis' uns, Herr, mit Deinen Worten, auf daß wir satt werden hier und dort. Herr, Du wolltest uns geben nach dieser Welt das ewige Leben!"). Das wichtigste war das gemeinsame Abendgebet vor dem Hausaltar. Da wurde ein Gesätz des Rosenkranzes gebetet, dann unter anderem für alle, für die wir zu beten verpflichtet sind; dann für alle, die sich unserem Gebete empfohlen haben. Besonders galt das Gebet immer den Armen Seelen, die Vaters Lieblinge waren. In den Sommerferien, wenn alle daheim waren, wurde auch des Freitagvormittagsgebetes nicht vergessen. Auch bei Spaziergängen wurde mitunter gebetet. Ich erinnere mich an den Josefs-Rosenkranz. Vater war unendlich mannigfaltig im Gebet und bemühte sich, diese Eigenschaft auch auf seine Kinder zu übertragen.

Eine ganz wichtige Rolle spielte bei uns Kindern natürlich das Weihnachtsfest. Man könnte sagen: Das halbe Jahr war die Vorfreude, das andere halbe Jahr die Nachfreude. Alles, was ich je irgendwo über die Familie zur heiligen Weihnacht gelesen habe, paßt auf unsere Familie. Vater war der führende Geist, er selbst hat alles angeordnet und geordnet. Das heilige Fest begann am späten Nachmittag beim Hausaltar, auf dem die Krippe stand. Wir sangen alle zusammen, alt und jung: „Hirten auf um Mitternacht." Und dann kamen Christbaum und Bescherung. Das ist ja auch sonst in katholischen Familien überall dasselbe. Außergewöhnlich war nur der jubelvolle Eifer Vaters, der freilich auf alle Anwesenden übergegangen ist. Er vor allem glaubte mit unnachahmbarer Kindlichkeit an das Christkind! – Es waren viele Gäste da: Großmama Leb mit ihrer Stieftochter Anna und ihrer Köchin Marie Zobler, Tante Marie Praschak mit ihrem Vater Ignaz und ihrer Schwester Hermine Gruber, oft auch Geistliche sowie andere Verwandte.

Wir waren ein gastliches Haus, aber in einfachen, bürgerlichen Formen. Es gab in unserem nicht das geringste, was man je als Luxus hätte deuten können, weder an Kleidung noch an Hausrat, noch was die Nahrung anbelangt. Bei den Mahlzeiten, die zumeist sehr einfach waren, pflegte man mit der Jahreszeit, kirchlichen und weltlichen Festen Schritt zu halten. Hausbräuche waren Christbrot und Kletzenbrot* zur Weihnachtszeit, Johanneskrapfen, Faschingskrapfen, Osterflecken und anderes mehr.

Johanna Wimmer

In zwei Tagen ist Weihnachten

Johanna Wimmer, 1896 in Lundenburg in Mähren (heute Březlav in der Tschechischen Republik) als Johanna Stiglitz geboren, schrieb zwischen ihrem 17. und 20. Lebensjahr Tagebuch. 1917 übersiedelte sie nach Wien und arbeitete nach der Absolvierung eines kaufmännischen Fortbildungskurses als Kanzleikraft in der Hütteldorfer Kaserne, wo sie ihren späteren Mann Franz Wilhelm Wimmer kennenlernte. Das Tagebuch wurde auf fein linierten Blättern in Kurrentschrift geschrieben. Nach dem Tod von Johanna Wimmer fand ihre Tochter dieses Dokument.

Samstag, am 6. Dezember 1913

Heute ist überall Nikolofest, aber ich geh nirgends hin, aus dem einfachen Grund, weil ich nicht darf und nicht will. Morgen nachmittag geh ich nach Themenau und am Abend ins Kino. Sie spielen „Das Pariser Kind", es soll sehr hübsch sein. Mutter und Vater sind jetzt im Kino, und meine Geschwister – wir sind sieben, eine hübsche Summe, und ich die Älteste – schlafen, da hab ich ein bißchen Zeit zum Schreiben und Lesen. Jetzt durfte ich gar nicht lesen, erstens wegen dem fremden Willen, aber das ist schon alles verraucht, aber hauptsächlich weil wir Federn schlissen*. Wer das erfunden hat, den möcht ich mal unter die Finger kriegen wollen, na, dem möcht es schlecht ergehen. Gott sei Lob und Dank, jetzt sind wir fertig, aber von 23 Gänsen, das ist auch keine Kleinigkeit. Ella Novosad fragt mich, ob ich fleißig ins Tagebuch schreib, sie schreibt jeden Tag. Soll ich auch erzählen, was ich den Tag über tue, da müßte ich's nur einmal schreiben und den nächsten Tag durchlesen.

Aber so einfach ist mein Leben doch noch nicht, ich erlebe und durchführe noch so manche Dummheit. Ach was, ich bin ja noch jung!

Montag, den 22. Dezember 1913

Ich wollte, ich wär eine Sängerin, Schauspielerin, Dichterin oder so was ähnliches. Dann müßt ich wenigstens nicht heiraten. Ich müßt auch jetzt nicht, aber eine alte Jungfer will ich auch nicht gerade werden. Ich hab drei Tanten, und die sind auch so alte Fräuleins. Drum hab ich solche Angst vor der Altjungfernschaft. Sie sind schon sprichwörtlich geworden. Mach ich etwas schlecht, heißt's gleich, du bist wie die Tante so und so. Heiraten ist eben das Los des gewöhnlichen Mädchens. Kaum hat man das fünfzehnte Lebensjahr erreicht, wird man den Männern gezeigt, und alle Mütter – mit Ausnahme meiner, bei ihr gilt zum Glück noch immer der Grundsatz, daß die Männer uns nachkommen und nicht wir ihnen nachlaufen – trachten, daß ihre Töchter die reichste Partie machen. Selten trifft das aber zu, und man muß mit dem vorlieb nehmen, welcher kommt, und sei es auch einer, welchen man früher über die Achsel angesehen hat. Man will eben versorgt sein. Oft kommt aber keiner, da kauft man sich eine Katze, einen Hund oder Papagei, je nach Geschmack, zieht sich ins Privatleben zurück, gibt Kaffeegesellschaften und beredet bei dieser Gelegenheit die ganze Stadt. Wenn ich einmal ein altes Fräulein bin, was Gott verhüten möchte: Stricken werd ich nicht, auf keinen Fall, das ist bestimmt. Übrigens kann ich keine Ferse, und wenn man mich deswegen auslacht, mach ich mir nichts daraus. Stricken ist mir ein Greuel! Gott, sterben da junge Leute! Meiner gewesenen Meisterin Mann ist erst 28 Jahre alt und hat die galoppierende Lungenschwindsucht; warten schon jeden Augenblick, soll auch an derselben Krankheit sterben. Schreib da aber lauter Todesfälle, und in zwei Tagen ist Weihnachten. Wie freu ich mich schon darauf, aber wenn schon lieber auch Eis wäre.

Montag, den 29. 12. 1913

Wie freute sich alles auf Weihnachten, und nun ist alles vorüber. Ich bekam einen Glücksring mit vier Reifen und zwölf Steinen. Das war schon lange mein Wunsch. Vorigen Samstag war Ella Filig hier, und da schmiedeten wir einen Plan zusammen. Wir spekulierten nämlich einen Brief an eine Zeitschrift zusammen, welche ein Inserat veröffentlichte, damit wir mit jemandem uns schreiben könnten. Das Inserat ist erschienen, und man weiß jetzt nicht, sind's Herren oder Damen. Ich hab's ins Reine geschrieben – und ich weiß nicht, hab ich geschrieben, daß wir Mädchen sind, oder nein. Ella kommt, Hanni, freu dich! Hol's schon der Kuckuck, Donnerstag geh ich auf die Post, und ist dort etwas, gut, und wenn nicht, auch gut. Voriges Jahr um dieselbe Zeit gaben wir uns auch in die Zeitung und bekamen 32 Briefe, Jakob Bena, der kranke Bursche, ist schon gestorben. Am ersten Weihnachtsfeiertag hatte er das Begräbnis. Mütterchen ist schon froh, daß Weihnachten vorüber ist. Wir bekamen unerwartet Gäste, zwei Cousins, da war ein Lärm und Geschrei, zum Davonlaufen. Gottlob, jetzt sind sie schon fort. Übermorgen ist neues Jahr, was mir es wohl bringen wird?

Freitag, 1. Jänner 1915

Neues Jahr wär schon hier, und dieser leidige Krieg ist noch nicht zu Ende. Und es steht mit uns immer schlechter. Die Russen stehen schon vor Krakau. Bald müssen auch wir schon auswandern. Aber so weit wird es, denk ich, doch nicht kommen. Das waren schrecklich traurige Feiertage heuer, der Vater weg, die Mutter weint in einem fort, zum Verzweifeln. Aber der Vater soll auf Urlaub kommen, er ist nur bei Brünn. Wenn das auch nur wahr wäre, sonst wird uns auch noch die Mutter krank, und was dann? Wie sich diese Leute lieben, trotz ihrer Jahre. Aber ich begreife es gern, habe ich sie doch beide schrecklich lieb. Wie sich Vater immer sorgte, und jetzt muß er dort auf Stroh liegen.

Es ist einfach schrecklich. Und diese Kälte. Was nicht zerschossen wird, erfriert, und es scheint sich bis ins Unendliche ausdehnen zu wollen. Diesen Zaren sollte doch schon der Teufel holen. Belgrad war auch erobert und fiel wieder den Serben in die Hände. Wenn diese Verräter nicht wären, wären wir schon lange, lange fertig. Pikalek schreibt noch immer, aber ich schreib ihm schon kein Wort, er mag mich gern haben. Denkt sich der Mensch, mich als Ersatz für Hedy, ich lese das wenigstens aus seinen Briefen heraus, aber da hat er sich arg verrechnet. Muß mich aber schon im Ernst um einen umschauen, sonst bleib ich doch noch auf Essig, und davor hab ich große Scheu. Nächstes Jahr bin ich doch schon neunzehn, ein entsetzliches Alter, wenn ich dran denke, wird mir schlecht. In elf Jahren bin ich schon 30, ganz alt. Ich laß aber das Alter lieber stehen und werde überhaupt schließen. Ich hab nichts mehr zum Schreiben. Der Krieg, wenn nur der Krieg schon aus wäre, sonst wünsch ich mir gar nichts. Adio.

Christine Schleifer

So läutete es nur einmal im Jahr

Christine Schleifer wurde 1902 als ältere von zwei Töchtern des Gemeindearztes von Retz (Niederösterreich) geboren. Nach Schulabschluß arbeitete sie eine Zeitlang in einer Wiener Bank, entschloß sich dann aber, Lehrerin zu werden, und unterrichtete nach ihrer pädagogischen Ausbildung in Retz und mehreren anderen Orten, bis sie 1930 heiratete.

Mit ihrem Mann und ihren drei Kindern zog sie nach dem Krieg nach Wien-Dornbach. Mit 63 Jahren begann sie, ihre Kindheits- und Jugenderinnerungen niederzuschreiben, die im Band 12 der Reihe „Damit es nicht verlorengeht ..." (Böhlau-Verlag, Wien 1987) teilweise veröffentlicht wurden.

Bald war es an der Zeit, mit den Weihnachtsarbeiten zu beginnen. Schon beim Besuch in Wien hatte Mama in einem Handarbeitsgeschäft eingekauft. Da sah man so schöne Sachen! Ich erinnere mich, für die Großeltern einmal Pantoffel gestickt zu haben; die Großeltern hatten Freude damit und trugen sie fleißig! Mein Vater bekam einmal gestickte Hosenträger, einmal einen Ständer für die Taschenuhr, der auch wirklich auf dem Nachtkästchen stand, ein anderes Mal ein Sofakissen für sein Nachmittagsschläfchen. Die Geschenke für Mama besorgte mein Vater mit mir im Handarbeitsgeschäft in Retz. Meistens war es ein Tassendeckerl oder ein Zierdeckerl aus farbigem Filz, worauf ein Muster gestickt wurde. Papa hat sich um das Zustandekommen solcher Geschenke sehr bemüht.

So kam der Dezember heran. In der Vorweihnachtszeit machte mein Vater an manchem Abend einen Spaziergang „in die Stadt". Wenn wir durch das Znaimer Tor gingen, erlebten wir jedesmal die Stimmung, wie sie im Ramsamperlbuch beschrieben ist, wenn Nikolaus und Pelzmärtel zur Stadt kommen:

„Am Stadttor steht ein alter Turm
mit einem großen Bogen,
ein Licht schwankt hin und her im Sturm,
da kommen sie hergezogen.
Der Torwächter schnarcht im Kämmerlein,
ist auf die Bank gesunken . . ."

Wie das Kämmerlein des Torwächters kam uns der Bäkkerladen knapp am Feuerturm vor, von dem ein schmales Fenster auf die Straße ging. Nun besah man also die Nikolaus-Auslagen, dann, nach dem 6. Dezember, die Weihnachtsschaufenster.

Nikolaustag! Spannung, Erwartung, Aufregung. Nikolaus und Krampus waren zwar nie zu uns ins Haus gekommen, trotzdem fürchtete ich mich am Vorabend noch mehr als sonst, schon das unbeleuchtete Vorzimmer jagte mir Schrecken ein. Am Abend des 5. Dezember stellten wir unsere Schuhe ins Fenster, und in der Nacht brachte der heilige Nikolaus die Gaben: Orangen, Nüsse, Feigen, Lebkuchen und meistens auch eine – Rute! Der Zuckerlbehang söhnte zwar etwas mit ihr aus, doch war sie etwas Beschämendes. Damit nur ja niemand die Rute im Fenster sehen könne, bemühte ich mich immer, rechtzeitig aufzustehen, um sie noch schnell entfernen zu können.

Das Bescherungsfenster war das große im Erker. Das war überhaupt das Stimmungsfenster. Es war an den Winterabenden geheimnisvoll, durch die schmalen Fenster straßauf und straßab die Lichter zu sehen. Adventkalender, -kränze und stimmungsvolle Kerzen gab es zu dieser Zeit nicht bei uns. Und doch war diese Zeit so schön, so geheimnisvoll und getragen von Erwartung auf das für Kinder schönste Fest des Jahres.

Bei den abendlichen Gängen in die Stadt standen wir lange vor den Schaufenstern und bewunderten die Menge wünschenswerter Dinge. Heimgekommen, erzählten wir Mama davon und unterhielten uns noch im Bett über die Dinge, die wir gesehen hatten. Der schöne Abschluß vieler Winterabende war, daß Papa jeder von uns einen Teller mit appetitlich hergerichteten Äpfeln ans Bett brachte. Dies gehört zu meinen ganz schönen Kindheitserinnerungen. Ich bewunderte Papas Bereitschaft, nach dem Abendbrot, wenn wir schon gemütlich in den Betten lagen, noch in den Keller um Äpfel zu gehen, besonders auch deshalb, weil es ja schon finster war.

Um Mitte Dezember bekamen wir die Zuckerlpapiere in der Weihnachtsschachtel. Da durften wir sortieren, schlechte ausmustern, die Silberfäden glattstreichen, eventuelle Kerzenrestchen aus den Leuchterln entfernen, schadhafte Gold- und Silbernüsse ausbessern, auch neue vergolden. Auch in der Küche ging es vorweihnachtlich zu: Das Kletzenbrot* wurde vorbereitet.

Und eines Tages war der Salon abgesperrt. Nun war dort das Weihnachtszimmer, und man fand von Zeit zu Zeit ein Stückchen Windbäckerei, ein Zweiglein, einen Silberfaden. Die Stimmung wurde immer wunderbarer.

Kurz vor dem Fest kamen die Großeltern aus Wien zu Besuch, und endlich war der 24. Dezember da! Im Haus war Hochbetrieb. Großmama war mit zwei großen Weihnachtsstriezeln beschäftigt, die noch zum Bäcker kamen. Wenn die Striezel zu Mittag goldbraun gebacken wiederkamen, war schon der Anblick ein Genuß! Meine Mutter kümmerte sich um den Karpfen.

Am frühen Nachmittag wurden die Bäckereischüsseln für uns und die Dienstboten hergerichtet, und endlich kam die Zeit, wo man sich festlich anzog und in den Segen ging. Das war um fünf Uhr. Heimgekommen, warteten wir im Verandazimmer, und es kam uns vor, als ob der Uhrzeiger sich gar nicht vorwärts bewegte. Aber endlich war es doch halb sieben, und Papa, der noch in seinem Zimmer war, gesellte sich zu uns. Nun mußte es doch bald läuten! Und es läutete! Lange – und ein zweites und drittes Mal! So läutete es nur einmal im Jahr! Wir stürzten ins Vorzimmer – da sahen wir durch die Glastür im Speisezimmer den Kerzenschein aus dem Weihnachtszimmer. Dieser Moment war der schönste des gesamten Abends.

Jedes Jahr wollte ich als erste im Weihnachtszimmer sein, um vielleicht noch ein Engerl sehen zu können. Aber nie erfüllte sich dieser Wunsch. Man stand verzückt vor seinem Platz, es gab mehr, als man sich gewünscht hatte, denn im Brief an das Christkind waren wir bescheiden, aber die tiefsten Wünsche wurden doch geahnt und nach Möglichkeit erfüllt.

An einzelne Geschenke, die mir besonders tiefen Eindruck gemacht hatten, erinnere ich mich noch deutlich: die Puppenbank der Garnitur; darauf saß die Puppe Anna mit einem neuen braunen Samtkleid. Im nächsten Jahr gab es die Sessel und den Tisch dazu. Große Freude machte mir die sogenannte Charakterpuppe, die wie ein wirkliches Baby aussah. Einmal gab es eine geschmackvolle Wolljacke und Mütze zum Eislaufen und – als diese von meiner Schwester übernommen worden war – die lang ersehnte cremefarbene mit rotem Besatz. Wie war ich glücklich! Besonders erinnere ich mich an ein Puppen-Speiseservice mit Veilchendekor. Jedesmal gab es auch ein hübsches Buch, ein Gesellschaftsspiel, das – wenn möglich – noch am gleichen Abend ausprobiert wurde.

Hatte man alles bewundert, auch Eltern und Großeltern beschenkt, dann setzten wir uns ans Klavier und spielten Weihnachtsstücke, die wir bei wochenlangem Üben im Kloster gelernt hatten. Manche Stunde des schulfreien Donnerstags mußten wir im Kloster übend verbringen, denn zu Hause hätten die Eltern die Melodien der Weihnachtslieder erkannt, und es hätte keine Überraschung gegeben.

Nachdem auch die Dienstleute beschenkt waren, begab man sich zum Festessen mit der sehr begehrten Fischsuppe. Nachher konnte man nach Herzenslust Bäckereien essen und vom Christbaum holen, wonach es einen gelüstete, die herrliche Mandelbäckerei, die Creme- und Nougatringe und die Bonbons mit den bunten Papierhüllen. In unserer Kinderzeit war der große Baum nur mit Süßigkeiten geschmückt, erst als wir größer waren, gab es auch Christbaumschmuck. Nur Gold- und Silbernüsse hingen zur Zierde auf dem Baum. Viele von ihnen habe ich jetzt noch.

Die Christmette wurde in Retz erst eingeführt, als ich schon erwachsen war. Wir gingen wie an jedem Sonntag um acht Uhr in die Kirche. Danach gab es mit den Freundinnen viel zu sprechen.

Silvester und Neujahr waren wieder festliche Tage. Am Altjahrstag gingen alle in den Segen. An diesem Abend wurden auch die Christbaumkerzen ausgebrannt. Das stimmte mich traurig, denn nun dauerte es ein ganzes Jahr bis zum nächsten Lichterbaum. Ich blieb im Weihnachtszimmer, bis das letzte Kerzchen ausgebrannt war. Nach dem Abendessen vergnügte man sich mit Wachsgießen, und in vorgerückter Stunde kam Papa mit einer Flasche Sekt. Gespannt warteten wir, ob der Pfropfen bis an die Decke fliegen würde. Der Schluck Champagner, den wir dann trinken durften, war etwas ganz Seltsames.

Um die Weihnachtszeit war es meistens so kalt, daß wir eislaufen konnten. Wir taten es gern, denn unser Vater war ein ausgezeichneter Eisläufer, der uns darin unterwies. Die Nachmittage mit ihm auf der Eisbahn waren wirklich ein Vergnügen. Und nachher war es daheim so gemütlich! Unsere Rodelbahn war die Böschung von der Promenade auf dem Stadtwall bis hinunter zur Straße. Autos gab es nicht, einen Pferdewagen sah man schon von weitem, also gab es da keine Gefahr.

Bei guter Schneelage fuhr mein Vater mit dem Schlitten zu den Krankenbesuchen. Das Pferd bekam einen Schellenkranz umgehängt, das war ein schönes Geläute!

Für ihren Sohn Michael frischte Christine Schleifer 1989 noch weitere Weihnachtserinnerungen auf:

In meiner Kindheit gab es noch keine Adventkalender, auch keine Adventkränze. Ich erinnere mich aber, daß Paula, als wir junge Mädchen waren, einmal einen, wie sie es nannte, Weihnachtskranz band, den sie um den Luster im Speisezimmer legte, und Kerzen daran steckte. Als ich schon verheiratet war, gab es Adventkränze, und ich habe sie viele Jahre selbst gebunden. In Retz hatten wir einmal als Christbaum eine kleine Silbertanne auf dem Klavier stehen, die sehr ausdauernd war und weit über die Weihnachtszeit hinaus ein schöner Schmuck war.

Der Advent war für uns Kinder immer eine schöne, erwartungsreiche Zeit, besonders als wir noch an das Christkind glaubten. Und das war lang. Dieser Kinderglaube wurde uns genommen, als im Lesebuch der ersten Bürgerschulklasse ein Lesestück stand, „Die goldene Repetieruhr", das uns berichtete, daß die Eltern die Geschenke geben.

Wir sangen Adventlieder: „Tauet, Himmel, den Gerechten" und sicher auch „Maria, sei gegrüßet". Ich glaube mich nicht zu täuschen, daß man, wenn es ganz still war, die Melodien dieser Lieder aus der gegenüberliegenden Kirche hörte. Und kurz vor dem Fest, wenn das Weihnachtszimmer schon abgesperrt war, fand man manchmal auf dem Teppich einen Silberfaden oder auf der Kredenz ein zerbrochenes Bäckereistückerl - lauter Überraschungen, die die Stimmung erhöhten.

Einmal ging ich in der Weihnachtszeit abends spazieren und sah bei einem Fenster im Armenhaus - neben dem Kindergarten - die Kerzerln an einem Christbaum brennen. Wie stimmungsvoll war das!

Ein anderes Mal waren Paula und ich im Wohnzimmer, draußen war es dunkel. Da sahen wir auf der Veranda Funken sprühen. Großpapa und Kurt ließen Wunderkerzen brennen - etwas, das wir noch nicht kannten.

Als ich im Retzer Kloster im französischen Kurs war, stand auf dem Tisch eine leere Krippe, und für jedes Opfer, das man gebracht hatte, durfte man einen Strohhalm hineinlegen. Zu Weihnachten wurde dann das Christkind hineingelegt.

Mein Vater kam einmal aus Wien und sagte, daß er für meine Mutter ein Buch gekauft habe, das er mir zeigen werde. Er griff in seinem Bücherkasten nach rückwärts und zeigte mir „Mamsell Übermut", das ich mir gewünscht hatte, um es sofort zurückzustecken und das richtige herauszunehmen. Ich tat, als ob ich nichts bemerkt hätte.

Die Bücher, die ich bekommen hatte, waren die schöne Lektüre in den Weihnachtsferien. Um den Genuß zu erhöhen, richtete ich mir auf einem Teller Christbaumbäckereien her, schon von den Fäden und Zuckerlpapier befreit, so daß ich während des Lesens hingreifen konnte. Ich weiß noch genau, auf welchem Fauteuil ich im Erker saß; es war der mit dem Blick auf die Kirche. Das waren genußreiche Stunden – ohne den Gedanken an die vielen Menschen, die das alles nicht hatten. Jahre später, in den Kohlenferien*, saß ich an derselben Stelle und strickte Fäustlinge für eine arme Frau. Und jetzt denke ich bei allen guten Gaben, für die ich sehr dankbar bin, an die vielen armen Menschen, für die ich sie erbitte.

Doch jetzt in Eure Kindheit, in die Jahre, die Ihr in Retz verbrachtet. Es war schon dunkel, und ich sagte zu Dir, Michel: „Bitte zieh die Verdunklungsrouleau herunter!" Da – ein Freudenruf! An der Silbertanne im Garten brannte ein Lichtlein. Es war nach dem ersten Adventsonntag. Und so ging es durch den ganzen Advent. Was für ein Glück waren Euch diese Lichtlein. Und am Morgen, wenn ich aus der Rorate* kam, hing manchmal ein Stück Christbaumschmuck dort. Es dürfte im gleichen Jahr gewesen sein, als am Morgen im Vorzimmer an der Türklinke des Weihnachtszimmers ein Tannenzweig mit Kerze und ein

Säckchen Bonbons hing. Ich erinnere mich noch an Dein glückliches Gesicht, als Du als erster von Euch dreien das gesehen hast.

Schön waren auch unsere Adventstunden mit Tante Marie. Wir zündeten die Kerzen am Adventkranz an, sangen Lieder, sagten Sprüche. Wenn Vater abends heimkam und uns hörte, kam er, noch mit Hut und Mantel, und freute sich mit uns.

Als wir in Filzmoos evakuiert waren, schriebst Du, Michel, einen Brief an das Christkind und legtest ihn zwischen Bücher. Zu Deiner großen Enttäuschung war der Brief am nächsten Tag noch immer dort – ich wußte ja nichts davon.

Am 24. Dezember 1944 brannten im Pfarrhof die Kerzen am Christbaum. Als ich Euch aus der Schule zur Bescherung holen wollte, kam gerade der Briefträger und brachte eine Nachricht von Klaus von der Front.

Ihr müßt wohl schon in der Mittelschule gewesen sein, als Ihr vor der Bescherung Zweigerln mit Kerzen am Stiegengeländer befestigtet. In diesem Jahr stelltet Ihr auch Konfekt her aus den Zucker- und Schokoladestückchen, die ich Euch in die Schule mitgegeben hatte. Es war eine Selbstüberwindung, sie nicht selbst zu essen.

Besonders stimmungsvoll wollte ich es Euch als Kinder machen, als ich zeitig am Morgen Bäckerei buk und Ihr beim Aufwachen durch den Bäckereiduft erfreut wurdet. Einmal wollte ich Dir eine stimmungsvolle Frühstücksstunde gestalten und zündete die Kerzen vom Adventkranz an. Aber wir beide vergaßen, sie auszulöschen: Die Kerzen brannten nieder, der Kranz verbrannte, der Ständer brannte. Auf dem Klavier zeugt heute noch eine große verbrannte Stelle davon, jetzt von einer Decke zugedeckt.

Felizitas Krauss-Steiger

Felizitas Krauss-Steiger wurde 1905 in Augsburg (Bayern) geboren. Ihr Vater war Diplom-Ingenieur in der Maschinenfabrik Augsburg-Nürnberg (MAN) und im Vorstand des Waisenhauses in Augsburg. Während des Ersten Weltkrieges war er als Reserveoffizier eingezogen. Ihre Mutter war Hausfrau. Als Zehnjährige ließ sie sich mit ihren Freundinnen die Puppen vorführen, und als Zwölfjährige spielte sie die Jungfrau Maria.

Die Puppe für das Waisenhaus

Der Nachmittagsunterricht war vorüber, zum Heimgehen hatten wir keine Lust, wir wollten noch ein wenig zusammensein und irgend etwas Lustiges anstellen, aber nicht im Bereich unserer Schule. Wir suchten ein anderes Operationsgebiet. Wie wäre es mit einem Kaufhaus? Zum Beispiel mit „Gebrüder Landauer" am Königsplatz? Es lag an unserem Schulweg.

Der Weihnachtsverkauf war in vollem Gange. Dort gab es sogar einen Lift, mit dem wir in die Spielzeugabteilung hinauffuhren. Unschlüssig sahen wir uns die Puppen an. Es gab schöne, große Puppen mit richtigen Haaren und Schlafaugen. Für uns waren sie nur zum Anschauen da, denn sie lagen außerhalb des Bereichs unserer finanziellen Möglichkeiten. „Spielen wir, daß wir eine kaufen", sagte Addy Decker. Wir ließen uns von der Verkäuferin eine Reihe von Puppen vorführen, bis unsere Wahl auf die schönste und größte von allen fiel. Diese wollten wir haben. Die Verkäuferin schrieb einen Zettel, mit dem wir zur Kasse gehen sollten. Wir nahmen ihn und ... „Laufen wir", sagte ich, „aber schnell!" Zu unserem Unglück konnten wir die Treppe nicht gleich finden, da wir ja mit dem Lift heraufgekommen waren. Wir rannten also erst einmal im Kreis herum, ehe der Abteilungschef uns den Weg verstellte und „Halt" rief. „Was geht hier eigentlich vor?" wollte er von uns wissen. Wir sagten: „Gar nichts, es war nur ein Spiel!" „Das wird sich herausstellen", sagte der Mann mit drohender Stimme und befahl uns mitzukommen. Wir fuhren mit dem Lift wieder hinunter. Er brachte uns ins Büro des Geschäftsführers, der sich unsere Geschichte sehr ernst anhörte. Das sei ja Betrug, was wir da versucht hätten. Ladendiebstahl! Wir wehrten uns heftig. Schließlich hatten wir die Puppe ja nicht mitgenommen und auch nie die Absicht gehabt. Wir hatten ja nur *gespielt,* daß wir sie kaufen würden! Es half uns alles nichts. Der Geschäftsführer notierte sich unsere Namen und Adressen und fragte, in welche Schule wir gingen. „Stetteninstitut, so so, also Höhere Töchter?" „Gut", sagte er, „ich will die Sache nicht in eurer Schule melden, wenn ihr die Puppe kauft. Ich gebe euch drei Tage Zeit. Wenn ihr sie bis dahin nicht bezahlt habt, dann wird euer Herr Direktor erfahren, was er da für ‚saubere Früchterln' in seinem Laden hat." Damit waren wir entlassen.

Was tun? Den unnahbaren Rex fürchteten wir alle. Aber auch unsere Eltern wagten wir nicht, um das Geld für die teure Puppe zu bitten. Lorle fing zu weinen an, Addy war nahe daran. Am Nachmittag gestand ich alles meiner Mutter. Sie würde mehr Verständnis für einen dummen Streich haben als Vati. Aber sie sagte, mit dieser Geschichte müßte ich schon zu meinem Vater gehen, der gerade auf Urlaub daheim war.

Während eines Spaziergangs – da war er immer besonders guter Laune – beichtete ich. Er blieb ernst, kein Lächeln kam über seine Züge. Dann fragte er: „Wieviel kostet die Puppe?" Ich antwortete: „20 Mark." Das war damals viel Geld. „Gut", sagte mein Vater, „du kannst die Puppe kaufen, aber von dem Geld auf deinem Sparbuch. Behalten darfst du sie nicht. Du schenkst sie dem Waisenhaus als Spende für die Weihnachtsbescherung." Und so geschah es dann auch.

Ich war die Jungfrau Maria

Im Städtischen Waisenhaus, in dessen Vorstand mein Vater war, sollte eine Weihnachtsfeier stattfinden, zu der ich das Krippenspiel schrieb. Leider ist es verlorengegangen, denn es wurde später mehrmals an Vereine ausgeliehen, und einmal ist es nicht mehr zurückgekehrt.

Ich war Autorin, Regisseur, Kostümbildnerin und Hauptdarstellerin in einer Person, denn natürlich übernahm ich die Rolle der Jungfrau Maria. Der erste Akt spielte im Himmel, wo Petrus die Engel von der Geburt des Jesuskindes verständigt und zur Lobpreisung im Stall von Bethlehem auffordert. Es gab die drei Erzengel, Michael, Gabriel und Raffael, die einige Verse sprachen, außerdem ein paar kleine, übermütige Engelein, die sich aus den jüngeren Geschwistern meiner Mitschülerinnen rekrutierten. Besonderen Erfolg hatte das „Stöffele Rehbach", der jüngste Pfarrerssohn. Alle Engel trugen weiße Nachthemden und hatten goldene Pappendeckelflügel am Rücken befestigt. Im zweiten Akt erschienen die Hirten auf dem Felde, denen der Erzengel die Geburt des Heilands verkündigt. Erst im dritten Akt war mein Auftritt, zusammen mit meiner Klassenkameradin Luise Netzsch als Joseph, mit der ich einen längeren Dialog über der Krippe wechselte. Ich trug ein kornblumenblaues Kleid, und meine gelösten blonden Haare fielen mir malerisch über die Schulter herab. In meinen Augen war ich sehr madonnenhaft.

Ein einziger Vers ist mir im Gedächtnis geblieben, „Wer nie die süße Frucht gekostet, den dürstet nicht danach", und weiter: „Laß knien an deiner Wiege, Ewigkeit – die Zeit". Dann erschienen unweigerlich die Hirten und die Heiligen Drei Könige, um ihr Knie vor der Krippe zu beugen und ihre Geschenke darzubieten. Nachdem alles versammelt war, wurde „Stille Nacht" gesungen, und der Vorhang fiel.

Der Saal war ausverkauft – 1 Mark 50 betrug der Eintrittspreis, der dem Waisenhaus zugute kam. Wir hatten einen Riesenapplaus. Ich sah meinen Vater unter der offenen Tür stehen und mir beifällig zunicken. Und am andern Tag hatten wir eine wohlwollende Kritik in der Zeitung. Das war das erste und das letzte Theaterstück, das ich in meinem Leben geschrieben habe, nicht aber meine letzte Rolle als Schauspielerin.

Grete Witeschnik-Edlbacher

Die flackernden Kerzen

Grete Witeschnik-Edlbacher wurde 1908, ihr Bruder 1909 in Wien geboren. Sie wuchs in einem bürgerlichen Haushalt auf.

Der Klassen- und Schulwegkamerad des Bruders von Grete Witeschnik-Edlbacher, Richard Sirsch, der den Spitznamen „Bengele" hatte, weil er so dünn war, starb im Alter von 17 Jahren an Lungentuberkulose.

Die vielen Sprüche und Beratungen zur Vermeidung der weihnachtlichen Müllberge durch abgelegtes Verpackungsmaterial erinnern mich an Bescherungen in meiner Kindheit im Elternhaus. Nichts war verpackt unterm Christbaum! Wenn das Christkindl-Glöcklein verklungen war, wurden mein Bruder und ich von den Eltern zum Christbaum geführt. Wir sagten unsere kleinen Gedichterln auf und wünschten: „Frohe Weihnacht!" Da saß in einem Korbsessel ein Teddybär und schaute mich treuherzig an, das Sesserl war für mich. Vor dem Bären hatte ich Angst und ging nicht näher. Erst als Mutter erklärte, das sei doch der „Waldi", und den kleinen Gesellen in meine Arme legte, war ich hocherfreut. Der Waldi war ein kleiner Dackel, der in unserem Wohnhaus wohnte, ich liebte ihn sehr. Mein Waldi begleitete mich viele Jahre. Das Gefühl unterm Christbaum mit den flackernden Kerzen ist unbeschreiblich! Mein Kind zitterte heftig, als es im Alter von 2 1/2 Jahren vor dem Lichterglanz stand, und mir erging es in diesem Alter ebenso.

An einem Heiligen Abend stand eine Puppenküche auf einem Tischerl. Während ich andächtig „Stille Nacht" sang, blinzelte ich ein bisserl auf das Gefunkel in der herrlichen Küche! Und dann, ich wußte nicht, was ich zuerst bewundern sollte! Am Herd standen silberglänzende Kochtöpfe und Reinderln, die Deckeln hatten rote Knöpfe. Der Herd selbst war weiß, hatte einen schwarzen Rohrabzug, der oben ein goldglänzendes Krönlein hatte. An der Unterseite des Herdes war ein Tank mit einem Docht. Man hätte wirklich mit Spiritus heizen können! Aber aus Vorsicht geschah das nie! Der Herd funktionierte auch so. Eine Wasserleitung mit Hahn zum Drehen, Wasser kam heraus, wenn man vorher den Behälter füllte; eine Kredenz, mit Tellern und Tassen voll gestopft, und eine Kaffeemühle; Tisch, Sesseln und eine Kohlenkiste. Alles wie bei Mama! An der Wand hing eine Petroleumlampe, auch mit Docht versehen und Zylinder. Bei Mutters Lampe in der Küche verstärkte ein Spiegel die Leuchtkraft, bei meiner Lampe war eine Messingblechscheibe! Hei! Wie das alles gläuste*! Mein Bruder bekam ein kleines Wagerl aus Holz, ein Eserl war vorgespannt. Die Räder waren mit silberglänzendem Blech bereift. Diesen Silberglanz sahen wir im Parkettboden schimmern, als wir im Nebenzimmer am Bauch liegend unter der versperrten Türe durchzuschauen versuchten, während die Eltern dem Christkind halfen. Wir rätselten, was das wohl sein könnte.

Am Anfang des Ersten Weltkrieges begann meine Volksschulzeit. Für meinen Bruder hieß es ein Jahr später mit Schiefertaferl und Griffel zu beginnen. Bald hatte er einen lieben Klassen- und Schulwegkameraden. Er hieß Richard und war sehr lustig, lachte gerne, brachte andere zum Lachen. Richard war sehr mager – dadurch wirkten seine Bewegungen abgehackt, sehr hölzern, wie man sagt. Es war nicht verwunderlich, daß wir ihn bald mit der Figur aus einem unserer Kinderbücher verglichen. Diese Figur war aus Holz geschnitzt, wurde lebendig und vollführte allerhand Streiche! Wahrscheinlich war er ein Vorfahre von „Pinocchio". In unserem Buch hieß das Männlein „das hölzerne Bengele". Richard war unser hölzernes Bengele! Einmal zur Weihnachtszeit, der Krieg wütete schon einige Jahre, lud Bengele uns ein zu seinen Eltern. Wir gingen mit Mutter hin. Bengele nahm uns die Mäntel ab und führte uns ins Wohnzimmer. Ah! Wir starrten den Christbaum an! Er war über und über voll mit in rosafarbenes Seidenpapier gewickeltem Christbaumbehang. Wir hatten heuer nicht ein Stück von den gewickelten Bonbons. Mutter hatte selbstgebackene Ringerln aufgehängt, die nach Brot schmeckten! Woher nur nahm Familie Sirsch diese Herrlichkeiten? Es gab ja kein Bröckerl Zucker zu kaufen! Bengele ging zum Baum, nahm zwei Stück herunter und gab jedem von uns eines in die Hand. Vorsichtig öffneten wir das Papier. Statt der erwarteten Kostbarkeiten kamen kleine Holzstückchen heraus. Unsere gespannten Gesichter verwandelten sich in enttäuschte. Dann brachen wir alle in Gelächter aus, am meisten lachte Bengele! Er hatte Holzleisten zersägt und so seinen Christbaum geschmückt. Er war trotzdem heiter und zufrieden.

Unsere Kindheit fiel also in den Ersten Weltkrieg. Wir bekamen nie sehr viel – aber wir waren glücklich! Manche Sachen waren sicher von größeren Kindern aus dem Freundeskreis zu uns gelangt. Ein Weihnachtsfest war besonders einfach. Mein Bruder und ich bekamen je *ein* Buch. Groß und schön gebunden in rotem Leinen, lagen die Werke unterm Baum. Wir haben damals viel gelesen, Mutter, Bruder und ich abwechselnd, das machte uns viel Freude. In den Büchern, die eigentlich gebundene Monatshefte waren, gab es viel Lehrreiches, Vergnügliches und Interessantes. Kam ein Bild, wurde die Lesung unterbrochen und das Bild besprochen. „Der gute Kamerad" hieß das Buch meines Bruders, meines „Das Kränzchen". Ein Bild betrachtete ich besonders gern – es stellte ein „Tagesfeuerwerk" dar, das irgendwo in Deutschland stattgefunden hatte – wie gerne hätte ich so ein Feuerwerk gesehen! Wie lustig wäre es gewesen, wenn Elefanten, Zwerge, Kaninchen, Schweine, Engel und Pferde, auch Tische und Sessel durch die Luft gewirbelt wären! Alle unsere Kinderspielsachen sind nicht mehr vorhanden. Als wir heirateten, ließen wir alles bei Mutter – wirklich schade! Im Zweiten Weltkrieg schlug in meinem Elternwohnhaus eine schwere Spreng-Brandbombe ein.

Wie beklemmend war doch das Fehlen der Kerzen während des Krieges 1939 bis 1945 und auch noch nachher! Höchstens zwei Kerzen erhellten mühsam den Altar in den Kirchen. Es gab keine Kerzen für den Christbaum. Es war nicht zu verwundern, daß am Weihnachtsabend Tränen rannen! Tränen um die Gefallenen, die Toten in der Heimat, um die Vermißten. Einige Jahre nach dem Krieg stellte man an jedem Weihnachtsabend brennende Kerzen in die Fenster, zum Gedenken an die Toten in der Heimat und der Toten an der Front. Vor ein paar Jahren war wieder die Rede davon. Ich stellte ein Windlicht ans Fenster – aber ringsum blieb es finster.

Georg Bernard

Das ganze Zimmer war voll Rauch

Georg Bernard wurde 1906 in Wien als erster von zwei Söhnen geboren. Der Vater war als Buchhalter angestellt, zeitweise auch Inhaber eines kleinen Textilhandels. Den bürgerlichen Haushalt führte die Mutter, teils mit einer Hausgehilfin.

Georg Bernard besuchte die Handelsakademie und wurde Buchhalter, übernahm dann aber – vielfach von kurzer Arbeitslosigkeit unterbrochen – verschiedenste Tätigkeiten, ehe er zur Deutschen Wehrmacht einberufen wurde. Nach dem Zweiten Weltkrieg wurde er schließlich Steuerberater.

Ich dürfte bis zum fünften oder sechsten Lebensjahr noch an das Christkind geglaubt haben, das heißt, ich war überzeugt, daß es zum – geschlossenen!? – Fenster hereinfliegt. Um es beim Arrangieren nicht zu stören, wurden wir zwei Buben mit einer älteren Bekannten auf den Gürtel geschickt, wo wir uns ergehen mußten. Das war deshalb so aufregend, weil manche Fenster schon erleuchtet waren: Also war das Christkind dort oben bereits an der Arbeit. Als wir dann endlich „alt genug" waren und „überreif" und wir also wußten, daß das Christkindl die Eltern waren, mußten wir den Baum selber aufputzen, was uns gar nicht freute.

Einem Nikolo oder einem Krampus dürfte ich damals nicht begegnet sein, wohl aber bekamen wir Buben zum 6. Dezember einen Teller mit tollen Süßigkeiten wie Schaumrollen etc. Auf dem Christbaum gab es – zumindest am 24. – eine Menge Zuckerln, und er war voll von köstlichen Schokoladen mit Arabesken; ich glaube, es gibt noch heute so etwas. Jeden Tag durften wir Kinder uns etwas davon vom Baum pflücken. Zu Lichtmeß wurde der Christbaum dann „abgerüstet".

Wir bekamen – zumindest in den Jahren vor dem Krieg – nie etwas Nützliches, wohl aber Spielzeug, zum Beispiel einen Anker-Steinbaukasten*; ich glaube, so etwas gibt's gar nicht mehr. Dann natürlich Spiele wie Mensch-ärgere-dich-nicht, Wettrennen, Quartette. Zinnsoldaten haben wir nie gehabt, wohl aber unsere Schulkameraden. Damals dürfte weder meine Mutter meinem Vater noch umgekehrt er ihr etwas geschenkt haben (meine Mutter war damals im Haushalt tätig; erst als mein Vater einrücken mußte, ging sie in die Fabrik und übernahm die von meinem Vater geführte Buchhaltung).

Mein Vater fotografierte, und er entwickelte auch alles selber. Besonders aufregend an den Vorkriegsweihnachten war das Blitzlicht: Damals hatte man ja noch Glasplatten*; der Schuber wurde herausgezogen, so daß die Platte zum Belichten bereitlag. Dann wurde an eine Besenstange ein Papierbeutel mit dem Blitzlichtpulver und schließlich eine Lunte geheftet. Die wurde gezündet: ein Knall! – und mein Vater schob den Schuber wieder zurück, und meine Mutter erholte sich von einer Mini-Ohnmacht, denn das ganze kleinbürgerliche Zimmer war voll Rauch.

Jeden Abend wurden die Kerzen vom Weihnachtsbaum angezündet. Es gab auch Sternspucker*. Natürlich wurde „Stille Nacht" gesungen. Immerhin spricht es für die damalige finanzielle Situation, daß mein Vater ein Pianino kaufte, damit ich Klavierspielen lernen sollte, und meinem Bruder eine Geige. Wir waren beide nicht sehr begabt, und mein Vater, der zwar kein Instrument spielte, aber irgendwie musikalisch war, mahnte, daß wir mit mehr Gefühl spielen sollten. Natürlich mußten wir Weihnachten irgend etwas vortragen, also ich auf dem Klavier und mein Bruder auf der Geige. Glücklicherweise waren die Takte numeriert, so daß wir uns orientieren konnten und gleichzeitig zum Schluß kamen. So spielten wir also im Ersten Weltkrieg Weihnachtslieder.

Weihnachten der Familie Bernard, Wien 1910

Im Vordergrund auf einem Kindersessel der vierjährige Georg als Schaffner (Amtskappe, Schaffnertasche am umgehängten Riemen, Fahrkarte und Entwertungszange in Händen). Links ein Foto von Ge-

org aus demselben Jahr. Weitere Geschenke: ein Stall mit Figuren, eine Eisenbahn, ein Bilderbuch in Faltform, eine Trommel, eine Spielpuppe. Neben dem zeittypisch geschmückten Fichtenbaum steht die Mutter, auf dem Arm Georgs Bruder mit einer Stoffpuppe. Hinter dem Weihnachtsbaum links der große Schalltrichter eines Grammophons. Der Vater fotografierte.

Zusammen mit dem Mobiliar, den Tapeten und den Jugendstilvorhängen also ein typisches Weihnachtszimmer einer mittelständischen Kleinfamilie am Anfang unseres Jahrhunderts; Georg Bernard:

„Beim Betrachten des Fotos könnte der Eindruck entstehen, daß das Christkind sehr splendid gewesen ist. Wie ich aber meinen Vater kenne, liebte er bei Personenaufnahmen den ‚dramatischen Aufbau'. Also gruppierte er rund um den Christbaum wohl auch die Geschenke, die ich im Laufe des Jahres bekommen hatte (Geburts- und Namenstage etc.).

Wir waren eine kleinbürgerliche Familie, Vater Buchhalter in einer Möbelfabrik, Mutter Haushalt, zwei Buben. Es war trotzdem ‚selbstverständlich', daß wir mit Sack und Pack (Bettzeug, Reindln, Besteck usf.) alljährlich in die ‚Sommerfrische' fuhren. Mein Vater dürfte die Handelsschule absolviert haben und war dann kaufmännischer Angestellter. Auch aus der Wohnungseinrichtung auf dem Foto (Grammophon!) ist zu schließen, daß er ein ‚Kleinbürger' war.

Links unten im Bild ein Stall mit Haustieren – wenn ich das Foto anschau, glaube ich mich noch daran zu erinnern. Darüber ist mein Foto; ich bin also zweimal drauf, einmal ‚bildlich', das andere Mal im ‚Original' als Schaffner mit Amtskappel und ‚Kreserln' (Spitzenkrausen am Hemd; wir Buben trugen in den ersten Kinderjahren ja auch noch Rockerln, was aber bald aus der Mode kam, denn mein Bruder trug von ‚Anfang' an Hosen).

Unter dem Christbaum eine Eisenbahn, an die ich mich auch noch erinnere. Rechts am Bildrand meine Mutter mit meinem Bruder, damals noch nicht ganz ein Jahr. Unterhalb das übliche Kinderbilderbuch und eine Trommel, an die ich mich nicht mehr erinnere – vielleicht war sie ein Vorzeichen für meine Militärzeit von 1939 bis 1945. Damals dürfte weder meine Mutter meinem Vater noch umgekehrt er ihr etwas geschenkt haben.

Immerhin Jugendstilvorhänge, die heute ein Vermögen wert wären."

Eine Besonderheit aus der späteren Zeit: Meine Mutter hatte ein grün gebundenes Buch mit Gedichten. Daraus suchte sie jeweils ein passendes heraus, wir mußten es auswendig lernen und dann nicht nur vor Papa und Mama aufsagen, sondern auch bei Onkeln und Tanten. Dafür bekamen wir jeweils ein Geldstück. Ich kann mich aber nicht erinnern, daß wir das so hart erarbeitete Geld auch für etwas ausgeben durften.

Vor allem aber gab es am Weihnachtsabend einen Karpfen („Achtung auf die Gräten!"). In die Weihnachtsmette dürften wir nie gegangen sein, wohl aber in den ersten Tagen nach den Feiertagen „Kripperl anschauen" in einer Reihe von Kirchen. Hingegen versäumte mein Vater nie die „Altjahrespredigt".

Georg Bernard auf Heimaturlaub bei den Eltern:

„Das war damals ‚Fronturlaub', ich war Gefreiter, also noch nicht sechs Monate beim Militär. Ich wurde vor Kriegsbeginn zur ‚kurzfristigen' Ausbildung für ältere Jahrgänge eingezogen – die ‚Kurzfristigkeit' dauerte dann allerdings sechs Jahre!

Die junge Frau ist eine entfernte Verwandte meiner Frau, eine Berlinerin, die einige Zeit bei uns wohnte, als Wien noch ‚sicherer' war als Berlin. Meine Tochter war damals etwa fünf Jahre. Fotografiert hat mein Vater, mit Selbstauslöser. Wieso meine Frau nicht auf dem Bild ist, weiß ich nicht, sie ließ sich aber nie gerne fotografieren.

Mein Bruder ist nicht auf dem Foto, denn er war vor 1939 nach Mexiko emigriert (‚Hitler – das ist Krieg!') und dann in die USA, wo er das Doktorat machte. Er war Absolvent der Graphischen Lehr- und Versuchsanstalt, dann eine Zeitlang Chemigraph und später arbeitslos. Auf dem Familienfoto an der Wand ist er zu sehen.

Die Geschenke standen auf einem eigenen Tisch, sicher nicht sehr zahlreich, doch es gab sie. Immerhin sieht man auf dem Christbaum Zuckerln."

Franz Ressler, Isolde Sobernigg

Zu Weihnachten gab es Unmengen zu essen

Franz Reßler wurde 1893 in St. Lambrecht bei Murau (Steiermark) geboren und verstarb 1969. Er mußte nach Abschluß der Schule bereits mit zwölf Jahren als Knecht in den Dienst. Isolde Sobernigg, seine Tochter, 1921 in St. Stefan ob Leoben geboren, schrieb aufgrund von vielen Erzählungen die Erinnerungen ihres Stiefvaters in Ich-Form nieder.

Da meine Mutter selbst nur eine Bauerndirn mit drei ledigen Kindern war und mit ihren Sorgen kaum fertig wurde, hatte man mich bereits mit zwölf Jahren ausgeschult, und ich trat am nächsten Tag meinen ersten Dienstplatz als Jungknecht an. Nun hieß es halt schon um drei, halbvier „Bua auf" zur Mahd. Voran der Bauer, dann der Altknecht, der Knecht und, hinter den Dreien, ich. Zuerst war es sehr schwer, mit ihnen Schritt zu halten, aber – wie wohl bei vielem im Leben – auf einmal ging es. Daheim gab es dann Sterz* mit Milchsuppe. Herrlich schmeckte der Sterz, auf dem das Rindsschmalz stand. Aber da ich der Jüngste war, kam ich oft zu kurz. Die anderen Knechte und Dirnen langten mit ihren Löffeln auf meine Seite, kam doch eine Schüssel mit diesem vor Fett zittrigen wunderbaren Gericht *mitten* auf den Tisch; tat ich aber wie sie, wurde mir mit ihren Löffeln auf meinen geschlagen. Aber mit der Zeit, als ich richtig eingegessen war, wurde es besser. Rumpelnudeln* brachte die Bäuerin mit einer rupfenen* Schürze auf den Tisch. Dies hieß aber nicht, daß diese gerade auch sauber war.

Zu Ostern und Weihnachten gab es Unmengen zu essen, war es doch zur damaligen Zeit ein schlechter Platz, wenn man sich nicht an solch hohen Festtagen mindestens ein- bis zweimal übergeben mußte. Nach einem Jahr bekam ich bereits meinen ersten Lohn: die gewissen Gulden, ein Paar Schuhe, drei Paar Socken, Rupfen und Leinen. Meine Brust schwoll vor Stolz – war ich doch, nun 13jährig, schon „Wer“ und konnte mir mein Brot bereits allein verdienen. Nun durfte ich auch mit den anderen Knechten in der Umgebung allerlei Ulk treiben.

Josefine Zlamalik

„Wenn man nicht ans Christkind glaubt, kriegt man auch nichts!"

Josefine Zlamalik wurde 1908 in Oberpullendorf (Burgenland) als zweites Kind von Selbstversorgerbauern geboren. Sie schrieb 1981 für eine Wochenzeitung über ein Weihnachtsfest in ihrer Kindheit im Burgenland.

Es ist schon sehr lange her. Meine Schwester und ich sowie unsere beiden jüngeren Geschwister hatten immer einen schönen Christbaum. Geschenke gab es kaum. Einmal eine Puppe oder sonst ein irdenes* Puppenreindel oder Puppenhäferl, angefüllt mit Zuckerln, und wir freuten uns sehr. Als wir dann nicht mehr so richtig ans Christkind glauben wollten, an einem Heiligen Abend, nach dem Nachtmahl – es gab wie jedes Jahr Buchteln* und Kaffee, denn es war ja Fasttag –, ging Vater hinaus und kam mit einem leeren Christbaum zurück. Er sagte, soeben sei das Christkind in einem Schlitten durch den Hof gefahren, hat ihm den Baum gegeben und gesagt: „Wenn man nicht an das Christkind glaubt, kriegt man auch nichts!" Das war ein Schreck, wir waren dem Weinen nahe. Hernach ging er nochmal hinaus und kam mit einem großen Papiersack voll mit Baumbehang zurück und sagte, er sei dem Christkind jetzt einen halben Kilometer nachgelaufen und hat sehr bitten müssen, bis er den Sack bekommen habe. Vater hat den Baum dann am Wipfel an die Zimmerdecke gehängt, die war aus Holz, und es ist nie einer heruntergefallen. Der Baum hat ja oben einen Knoten. Das war damals so üblich bei uns. Nun gingen wir mit Begeisterung ans Schmücken. Auch

Äpfel kamen immer auf den Baum, und wir wunderten uns jedes Mal, daß das Christkind dieselben Äpfel, wie wir sie im Keller hatten, verwendete. Anschließend gingen wir alle in feierlicher Weihnachtsstimmung zur Mette.

JOHANNA ZAMIS

Die Lehrerin schickte den Weihnachtsmann

Johanna Zamis wurde 1909 in Wien-Ottakring als ältestes von sieben Kindern geboren. Zwei davon waren bereits als Kleinstkinder gestorben. Der Bruder, der hier zu Weihnachten Bleisoldaten erhält, starb als Sechsjähriger an Diphterie. Die zwei jüngsten Brüder kamen zur Welt, nachdem der Vater aus der Kriegsgefangenschaft zurückgekehrt war.

An meinen ersten Schultag kann ich mich überhaupt nicht erinnern. Es war September 1915, die schwerste Zeit für meine Mutter. Sie hatte schon ein halbes Jahr keine Post vom Vater, der im August 1914 in den Krieg mußte. Ich ging in die Roterd-Schule in Ottakring, Ecke Sandleitengasse/Wilhelminenstraße, ein schönes großes, damals neues Haus. Es gab damals schon die modernste Heizung, der Schuldiener heizte im Keller den Ofen, sagte man mir, aber elektrisches Licht gab es noch nicht. Es gab Gaslicht, der Schuldiener zündete es an. Meine Klasse war im dritten Stock ganz oben, schöne große Zimmer und große Fenster waren da. Ich war begeistert. Anfangs habe ich meine Klasse nicht gefunden. Ich saß in der dritten Bank am Eck. Ich war ein ganz armer Schlucker, die Mädchen hatten, natürlich nicht alle, weiße, gestärkte Schürzen mit vielen Spitzen. Ich hätte auch gern so eine Schürze gehabt, aber das waren Töchter aus besseren Häusern, es waren die Kinder von den Villenbesitzern vom Wilhelminenberg. Sie wurden zur Schule gebracht und wieder abgeholt vom Dienstmädchen oder ihrer Mama. Ich habe aber fleißig gelernt und war immer brav. Meine Lehrerin hatte mich lieb, sie hat wirklich niemanden bevorzugt, ich hatte immer nur Einser. Auch im Zeugnis zum Aufstieg in die zweite Klasse.

An eine Begebenheit erinnere ich mich noch besonders gut und gern. Als die Weihnachtsfeiertage vorüber waren, fragte die Lehrerin jede einzelne, was das Christkind gebracht hat. Mir und meinen Geschwistern hatte das Christkind aber gar nichts gebracht. Auf einen Teller gab meine Mutter ein paar Äpfel, Kletzen*, das war alles. Ich war aber trotzdem mit allem glücklich. Es war bei uns eine große Traurigkeit in der ganzen Wohnung, meine Mutter hatte keine Lust zu feiern, weil vom Vater keine Nachricht kam; sie glaubte, er sei schon gefallen. Das alles erzählte ich meiner Lehrerin, und ich glaube, sie war sehr ergriffen über meinen Bericht. Nach ein paar Tagen kam ein guter Weihnachtsmann zu uns, er brachte für mich eine schöne, große Gliederpuppe, für meine Schwester einen großen Ball und für meinen Bruder Bleisoldaten. Der Weihnachtsmann war der Bruder meiner Lehrerin. So hatten wir doch noch Weihnachten, und die Mutter hat sich auch mit uns gefreut. Später bekam sie auch Nachricht, daß mein Vater in russischer Gefangenschaft ist und in einem Lager in Sibirien, in Irkutsk, lebt.

Michael Bauer

Wir freuten uns auf frische Grammeln, die schmeckten himmlisch

Michael Bauer wurde 1896 in Seyfrieds im nördlichen Waldviertel (Niederösterreich) als siebtes von dreizehn Kindern geboren, von denen sechs in den ersten beiden Lebensjahren starben. Die Eltern führten eine ärmliche Kleinbauernwirtschaft.

Bis ins hohe Alter hat Michael Bauer an seinen Lebenserinnerungen weitergeschrieben, von denen hier nur ein kleiner Teil abgedruckt ist. Er starb im 94. Lebensjahr.

Gegen Ende November waren die Feld- und Erntearbeiten vorbei, und es begann im Haus die Drescharbeit, dazwischen kam noch Flachsarbeit. In den Wintermonaten mußten wir nach der Schule zum Futterschneiden, Holzmachen, Schneeschaufeln und zur Stallarbeit eilen. Wenn Leinen gemacht wurde, gab es noch zusätzlich Arbeit. Das Korn wurde damals noch mit dem Dreschflegel und der Hafer mit der Stiftelmaschine gedroschen. Das erforderte viel Kraft. Da brauchte man niemand zur Freizeitgestaltung: Abends fiel man todmüde ins Bett. Mitte Dezember sollte ausgedroschen sein, denn dann begannen schon die Vorweihnachtsarbeiten.

Vorerst war noch Nikolo. Das war etwas für uns Buben. Da ging es manchmal sehr turbulent zu. Einmal kam ein ganz wilder Krampus, der hatte es scharf auf unseren Bruder Hans. Als er den Krampus vor der Tür mit der Kette rasseln hörte, verschwand er gleich unter Vaters Bett. Aber der Krampus erwischte ihn beim Fuß, und im Nu war der Bruder samt dem Bett mitten in der Stube. Er bekam es mit der Rute und als Geschenk einige Halmrüben. Manchmal jagten wir den Krampus mit Schneebal-len, mit den Nachbarkindern waren wir acht bis zehn Buben. Mit weichem Schnee gab es oft eine Schneeballschlacht über die Dächer. Von Arbeit und Spiel wurden wir müde und gingen matt ins Bett.

Der Dezember war uns, wegen des herannahenden Weihnachtsfestes, der liebste Monat und die Weihnachtszeit wohl die schönste Zeit des Jahres. Obwohl wir wenig zum Essen und Anziehen hatten, war es doch unvergeßlich schön. Die vielen Arbeiten vor den Feiertagen taten wir mit Freude. Holz- und Futtervorrat für die Feiertage wurde angelegt: Holz und Futter schneiden, Heu und Haferstroh zu Bunden binden. Das ganze Haus mußte gereinigt werden: Boden, Keller, Scheune und Schuppen aufräumen. Der Höhepunkt war Schweineschlachten und Karpfenfischen in unserem Hausteich. Das Eis war oft schon zwanzig Zentimeter dick und mußte aufgehackt werden, um die Karpfen herausfischen zu können. Das war eine Leistung bei großer Kälte.

Das Schweineschlachten geschah gewöhnlich zwei Tage vor dem Heiligen Abend, vorausgesetzt wir hatten ein Schwein: Es kam vor, daß eine Krankheit das Schwein vorzeitig hinweggerafft hatte; da gab es dann kein Schlachten. Das Aufarbeiten, Portionieren des Schweinefleisches, Speckschneiden usw. geschah am Stephani*-Abend. Wenn wir am nächsten Morgen in die Stube kamen, da brutzelte es schon am Herd, und wir freuten uns auf frische Grammeln, die schmeckten himmlisch. Von den ersten Grammeln bekam auch die Nachbarschaft eine Kostprobe, ein schöner Brauch.

Am Heiligen Abend war schon morgens feierliche Stimmung. Es gab nur mehr Vorarbeiten für das große Fest. Das Mittagessen bestand nur aus Sauerkraut und Erbsen. Um fünf Uhr nachmittags mußte schon das Vieh gefüttert sein, und die Kleinkinder wurden in der Stube im Holzschaff gebadet. Um sechs Uhr war der Tisch weiß gedeckt und das Kruzifix und ein Wachsstock aufgestellt.

Der Vater kniete neben dem Tisch und wir Kinder der Größe nach daneben, die Mutter bei einem Sessel. Dann wurde der freudenreiche Rosenkranz gebetet.

Im andächtigsten Gebet war plötzlich ein Blitz und Krachen vor dem Fenster. Unser Nachbar war Jäger, er wußte genau, was bei uns vorgeht. Auch das gehörte zur Weihnachtsandacht, die Schießerei war damals Brauch. Als wir älter waren, machten wir uns eine Pistole aus einer Militärpatrone und füllten sie mit Steinpulver. Das war wohl gefährlich. Für uns war nur wichtig, daß es krachte.

Der frisch geriebene Bretterboden der Stube war mit Roggenstroh bestreut. Das machte uns Buben Spaß: Wir schoben das Stroh auf einen Haufen und verkrochen uns darin. Die Eltern sahen das nicht gerne. Wir Kinder glaubten, das Stroh wäre wegen der Wärme gestreut. Den richtigen Sinn erfuhren wir später: Es sollte den Stall von Bethlehem symbolisieren.

Zum Heiligen Abend gab es oft nur Haferstrohtee und eine Mohnbuchtl* (Baudexen). Vater ging schon zeitig zur Mette und vorher ein wenig ins Gasthaus. Die Mutter saß auf der Ofenbank in einer schönen Jacke und Schürze und las uns aus der Bibel von Josef und Maria vor und von ihrer Flucht nach Ägypten.

Als wir noch klein waren, mußten wir früh ins Bett in die Kammer. Wenn es einen Christbaum gab, den unsere Schwester geschmückt hatte, wurden wir gegen Mitternacht geweckt. Als wir in die Stube kamen und den beleuchteten Christbaum sahen, waren wir ganz verwirrt. Obwohl ganz bescheiden nur Äpfel und Nüsse am Baum hingen, waren wir überglücklich.

Der Christtag war der höchste Feiertag. Um sieben Uhr früh war eine Messe, um zehn Uhr das Hochamt und um zwei Uhr nachmittags noch ein musikalischer Segen, alles sehr feierlich. Wenn Dienstboten im Haus waren, durften sie am Stephanitag auf eine Woche zu ihrer Familie. Sie bekamen einen Laib Brot.

Auf beiden Seiten waren Christbäume am Schützengraben

Im Frühjar 1915 wurde Michael Bauer gemustert und zur Landwehr einberufen. Mit ihr kam er im Sommer 1915 zur Dolomitenfront bei Sexten (Südtirol).*

Wir kamen zur Lanzinger Säge, die sich gleich drüber der Brücke befand. Die erste Arbeit war der Bau einer Mannschaftsbaracke. Dann folgte MG*-Ausbildung. Es wurde dort das 6. Bataillon Tiroler Kaiserjäger* zusammengestellt. Verpflegt wurden wir vom bayrischen Leibregiment. Inzwischen wurde es schon richtig Winter. Unsere Baracken hatten wir halbwegs wohnlich ausgestattet. Das Deutsche Alpenkorps wurde abgezogen. In der Nähe entstanden Kohlenmeiler. Ganze Berghänge wurden abgeholzt. In den Höhenstellungen durfte man nur mit Holzkohle heizen.

Wir erlebten dort die ersten Kriegsweihnachten. Am Heiligen Abend wurden Liebesgaben aus der Heimat verteilt. In der Baracke gab es Musik, Ziehharmonika, Zither und Geige. Bei „Stille Nacht, heilige Nacht" mußte ich die Decke über den Kopf ziehen bei meinen Gedanken an die Heimat. Zur Bescherung gab es ein Paar Pulswärmer oder Socken, eine erhöhte Zigarettenfassung und Tee mit Rum. Vom Kreuzberg erfuhren wir, daß am Heiligen Abend auf beiden Seiten Christbäume am Schützengraben hinausgestellt worden waren und „Stille Nacht, heilige Nacht" gesungen wurde. Damals zeigte sich der Krieg noch nicht von der grausamsten Seite.

Michael Bauer kam 1916 zum Frontabschnitt im Fleims-Tal, wo er Mannschaftskoch wurde. Nach einem Heimaturlaub mußte er in seine Hochgebirgsstellung zurück:

Nach 14 Tagen kam der traurige Abschied. Als ich am 21. November in Neumarkt/Südtirol aus dem Zug ausstieg, ging es wie ein Lauffeuer: „Kaiser Franz Josef ist gestorben!" Wo man hinhörte, überall herrschte helle Aufregung.

Mit einem schweren Lastwagen fuhr ich dann nach Cavalese, der Front zu. Der Anmarsch in die Stellung dauerte wieder anderthalb Tage. Erst am Abend kam ich auf Laghetti an. Oben lag schon ein Meter Schnee. Zum Empfang gab es gleich den Befehl: Rucksack ablegen, antreten und auf Kaiser Karl schwören. An der ganzen Front herrschte Aufruhr, überall hörte man: „Karl macht Frieden." Doch es war zu spät.

Um den 10. Dezember fing es an zu schneien. Am 13. gingen rundherum schon die Lawinen nieder. Unsere Baracke wurde ohne besseres Wissen unter einem Sattel aufgestellt; genau von dort kamen die Lawinen. Von der Zwischenstation kamen keine Träger – es waren Russen – mehr durch. Am 16. Dezember 1916 waren wir total verschüttet. Aus war es mit dem elektrischen Licht: Die Motorenhütte war verschüttet und die Kabel zerrissen.

Angebaut an unsere war die Offiziersbaracke, aus starken Bäumen gebaut. Sie hatte noch ein Loch ins Freie. Ein kleines Loch bohrten sie durch die Wand zu uns her. Durch dieses Loch gab man uns den Rat, wir sollten von innen mit dem Graben eines Stollens beginnen und den Schnee auf die untersten Liegeplätze geben. Man werde einen Trupp mit Lawinenschnüren ausschicken und uns entgegengraben.

Abwechselnd gruben wir einen Stollen. Der Lawinenschnee war schon sehr hart. Als Beleuchtung hatten wir nur eine Sturmlaterne. Von Zeit zu Zeit horchten wir, aber wir hörten kein Geräusch vom Gegenstollen. Da der Sauerstoff schon knapp war, konnte keiner lange graben. Wir arbeiteten bis aufs Hemd ausgezogen, obwohl schon viel Schnee in der Baracke war. Wir schaufelten schon zwölf Stunden, der Sauerstoff war verbraucht, und wir hatten keine Kraft mehr zu arbeiten. Wir hatten uns schon dem Schicksal ergeben.

Als wir uns in unserer Verzweiflung gegenseitig trösteten, hörten wir plötzlich – es war zwei Uhr nachts – ein Klopfen an der Wand unterhalb von einem kleinen Fenster. Das Fenster weg! Wir stießen eine Sanitätsstange hinaus durch den Schnee und selbe verschwand. Unsere Retter riefen von außen durch das Loch, sie könnten nicht mehr. Die Stollen waren vier Meter auseinander.

Man schickte von der Offiziersmesse eine Ordonnanz* aus mit der Nachricht, wir sollten nicht verzweifeln, sie schickten einen Kessel Tee mit Rum. Inzwischen hatte man von draußen das Loch erweitert, und wir zogen die Retter mit der Stange in die Baracke. Sie waren total erschöpft. Wir umarmten einander und besonders unsere Retter. Wir waren wieder am Leben. Dann kam der Rum mit Tee. Da feierten wir unsere Wiedergeburt und schliefen dann bis nächsten Tag elf Uhr. Es waren nur mehr acht Tage vor Weihnachten, und wir hatten wieder frischen Lebensmut. Dann wurde mit Begeisterung an dem Verbindungsstollen gearbeitet. Unsere Retter kamen um drei Meter zu weit rechts vom Eingang der Baracke.

Als wir wieder ans Tageslicht kamen, war es das erste, unsere Küche zu suchen. Sie war auch verschüttet worden, doch unbeschädigt geblieben. Die gefangenen Russen, unsere Träger, waren in der Zwischenstation verschüttet und getötet worden. Am selben Tag, an dem wir verschüttet wurden, fegte in der Nähe eine Lawine auch eine Baracke mit zwölf Mann und zwei MGs, die auf einem sehr exponierten Stützpunkt eingesetzt waren, in die Schlucht. Es wurde kein Mann und nicht ein Stück Brett mehr gefunden (im Mai 1917, als wir wieder in den Sextener Dolomiten waren, kam die Nachricht, eine Abordnung solle nach Cavalese zum Begräbnis der im Dezember 1916 verschütteten Kameraden kommen).

Von der Küche sah man nur das Loch zum Eingang und eines für den Rauchabzug. Das gefrorene Holz mußte ich beim Rauchabzug locker auflegen, damit es halbwegs trocken und brennbar wurde. Zweimal wäre die ganze Küche beinahe in Flammen aufgangen, wenn ich nicht schnell das kostbare Schneewasser zum Löschen verwendet hätte. Gekocht wurde nur mit Schneewasser. Diesen Umständen entsprechend war auch die Leibwäsche. An sonnigen Tagen war man auf der Läusejagd.

14 Tage waren wir vom Hinterland abgeschnitten, keine Post, kein Nachschub an Verpflegung. Außer Schneewasser gab es nicht viel zu kochen, nur Konserven und Zwieback vom Wintervorratsmagazin, und wir mußten vom Wintervorrat – für drei Mann eine Konserve Kaffee und etwas Dörrgemüse – leben.

Es näherte sich die zweite Kriegsweihnacht. Langsam kam wieder die Verpflegung. Eines Tages kam der Major und gab kund, daß zwei Mann nach Bozen zum Einkaufen fahren, und es soll jeder seinen Wunsch bekanntgeben. Lebensmittel gab es nur auf Marken, ansonsten ohnehin nur so Krimskrams: Luntenfeuerzeuge, Taschenmesser, eine Mundharmonika, Zigaretten usw.

In der fürchterlichen Einsamkeit hatten wir eine Musikbande zusammengestellt: Mundharmonika, eine lange Zugsäge, Telephondrahttrommeln; eine Bierflasche gab den Baß an der Holzwand; Trinkgläser, Kannen usw., kurzum alles, was nur einen Ton gab. Es war ein Zeitvertreib.

Es nahte der Heilige Abend. Die Einkäufer waren mit den mageren Geschenken aus Bozen zurück. Sie brachten uns sogar eine kleine Tanne als Christbaum, aber keinen Schmuck. Da sagte der Offizierskoch zu mir: „Ich geb dir ein wenig Kondensmilch, back ein paar Bretzl für den Baum!" Ein waschechter, rotbärtiger Tiroler, der schon beim ersten Arlbergtunnel gearbeitet hatte, sagte, er werde einen Heiligen Geist (Taube) aus Holz schnitzen, für die Spitze des Baums. So ging alles gut. Als der Baum fertig war, nagelten wir ihn in der mittleren Etage an und hängten die Bretzel an ihm auf.

Dann war der Heilige Abend da! Zur Bescherung kam der Herr Major. Wir hatten unsere Schneemäntel auf der

Pritsche (Liegestatt) ausgebreitet, da kamen die mageren Geschenke darauf. Der Herr Major hielt eine Ansprache. Zum Schluß bemerkte er: „Ich habe gehört, ihr habt da eine Musikbande. Spielt mir was vor!“ Wie die Affen kletterten wir hinauf in die obere Etage, wo wir unseren Übungsplatz hatten, und los ging's: „Stille Nacht, heilige Nacht!“ Wir hatten Applaus.

Als Heilig-Abend-Essen gab es nur Tee mit Rum und Bims (Brot). Nachher gab es noch einen Glühwein aus der Offiziersmesse. Um neun Uhr kam die Ordonnanz mit dem Befehl, die Musikbande soll in die Offiziersmesse spielen kommen. Die Instrumente hatten sich um eine Mundharmonika vermehrt. Erst wurden wir bewirtet mit Salami und Wein, dann spielten wir auf. Zum Schluß kam das Kaiserlied. Dabei standen alle Offiziere stramm habtacht.

Nebenan war ein Telephonkammerl für die Verbindung zur Zwischenstation und nach Cavalese ins Fleimstal. Der Telefonist hatte, während wir spielten, das Mikrophon aufgelegt, so daß man im Zwischenlager unsere Musik hören konnte. Sie hatten gebeten, daß wir auch für sie etwas spielten, und waren ganz verrückt, als sie wieder einmal Musik hörten. Kein Wunder in der trostlosen Einsamkeit.

So endete der zweite Kriegsweihnachtsabend. Am Christtag in der Früh merkten wir, daß sämtliche Bretzel vom Christbaum verschwunden waren. Es sagte dazu der rotbärtige Tiroler: „Die hat der Heilige Geist verspeist.“

Durch weitere Lawinenabgänge wurde die Lage immer bedrohlicher. Unsere starke Blockbaracke krachte schon in allen Fugen: Es waren zirka acht Meter Schnee über uns. Die ungeheuere Schneelast drückte unter Krachen Dachsparren ab, auch seitlich drückten die Schneemassen auf die Baracke. Wir hatten kein Ofenrohr mehr zum Verlängern und mußten für den Rauchabzug das Schneeloch vergrößern. Der Rauchabzug mußte täglich ausgeschaufelt werden. Bei meiner Kochstelle stellte ich abends eine Sanitätsstange auf, daß ich in der Früh wußte, wo ich ausschaufeln soll. Kein Strom, kein Petroleum, zum Schluß nur mehr Parafinfackeln.

Dementsprechend war auch die Stimmung unter den Kameraden triste. Wir waren fast alle junge Leute. Da entschloß sich die Heeresleitung, uns ins Pustertal zu versetzen. Am 7. Jänner war es soweit: Wir wurden abgelöst, es ersetzten uns ältere Jahrgänge, meist Ungarn. Einige von ihnen hatten eine Augenkrankheit (Trachom).

Als wir ans Tageslicht kamen - es war ein herrlicher Jännertag - und wir uns gegenseitig ansahen, glaubten wir, aus einer Gruft gestiegen zu sein, und erkannten einander fast nicht, wie wir aussahen: bärtig, ungewaschen und mit einem Auswurf, als hätten wir Kohle gefressen. Beim Abstieg konnten wir nur mit Schneereifen weiter. Wir bekamen - auf zwei Schi aufgebunden - einen verschütteten, toten Kameraden, und ab ging es aus der Hölle von Laghetti.

Das waren meine zweiten Weihnachten im Felde.

Als wir wieder nach Innichen kamen, war die Landesschützenkaserne durch den Bombenbeschuß der 28er nur mehr eine halbe Ruine. Es war der strengste Kriegswinter. Wir haben uns mit Zivil angefreundet und verbrachten schöne Abende bei Tirolerknödel und Glühwein.

Josef Berkmann

Josef Berkmann wurde 1919 als erstes von acht Kindern in Hohenweiler bei Bregenz (Vorarlberg) geboren. Die Eltern wohnten unentgeltlich im Haus eines Onkels und arbeiteten im Taglohn bzw. in der Landwirtschaft der Geschwister mit. Ein ererbtes Stück Land half, das Einkommen zu verbessern.

Eine frühe Hüfterkrankung hinterließ bei Josef Berkmann eine dauernde Behinderung. Er nutzte die wenigen Möglichkeiten einer besseren Bildung, setzte den Besuch einer Handelsschule durch und arbeitete sich schließlich mit Zähigkeit bis zum Prokuristen empor.

Als Pensionist hat er aus zahllosen Gesprächen und in sorgfältiger Kleinarbeit viele hundert Seiten zur Geschichte seiner Familie und seiner Heimat sowie zu seiner eigenen Lebensgeschichte zusammengetragen.

Das Land war ihm fremd geworden

Durch Blitzschlag war der Turm der Hohenweiler Pfarrkirche abgebrannt. Die neuen Glocken läuteten zu Neujahr 1921 auch dem letzten Kriegsheimkehrer des Orts.

Vor wenigen Tagen war im Gehren die erregende Nachricht eingelangt, daß der 1915 gefangene und seitdem nahezu verschollene Sohn Josef ehebald zu Hause eintreffen werde. An dem angegebenen Tag – es war der 28. Dezember 1920, ein trüber Dienstagnachmittag, und die Nacht fiel schon herein – saß Josef Greißing, mein damals dreißigjähriger Onkel, im ratternden, rauchenden Zug, der ihn, von Innsbruck kommend, immer mehr der Heimat entgegenführte.

Das Land war ihm fremd geworden, und die merkwürdigsten Gedanken und Gefühle bewegten ihn während der Fahrt. Mehr als fünf Jahre hatte er nur allein in Sibirien zugebracht, hatte viele Monate oft kein deutsches Wort mehr gehört. Wie es ihm ergangen, hat er mir lange hernach mit seinen eigenen nachfolgenden Worten erzählt:

„Am 2. und 3. Dezember sind wir in Petersburg in einer deutschen Schule einquartiert gewesen. Nach einer Woche sind wir auf das Schiff ‚Ceuta' gekommen, ein Holzschiff, das mit tausend Mann beladen war und deutsche Besatzung gehabt hat. Ein Eisbrecher hat uns die Bahn aufgerissen. Am zweiten Tag ist der Weg frei gewesen. Die Ostsee hat ehrbar hohen Wellengang gehabt. Viele sind seekrank geworden. Nach vier Tagen sind wir in Swinemünde gelandet.

In der Nacht ist es dort mit dem Zug weiter nach Stettin gegangen. Ganz komisch ist uns vorgekommen, daß wir im Zug haben sitzen müssen, wo wir in Rußland immer gestanden sind, weil es dort kaum Sitzplätze gegeben hat. In Stettin sind wir registriert worden. Jeder hat Name und Heimatort angeben müssen. Die Österreicher unter uns sind dann über Berlin, Leipzig, Hof und Regensburg nach Passau und Linz gekommen. In Linz hat man noch genauer kontrolliert.

Endlich hab ich über Salzburg und Innsbruck heimzu fahren dürfen. Am Abend um dreiviertel fünf Uhr – es ist schon stockdunkel gewesen – sind die letzten von uns am Bahnhof in Bregenz ausgestiegen. Der Bahnsteig und die Straßen sind trocken gewesen. Obwohl der Dezember schon fast vorbei gewesen ist, hat kein Schnee gelegen.

Ich bin dann in die Stadt hineingegangen zum Friseur Weiß, um mir die Bartstoppeln abnehmen zu lassen. Wie er meine Uniformfetzen gesehen hat, hat er gerufen: ‚Aha, da kommt wieder ein Sibiriake!' Dann hat er mir erzählt, daß gerade vor zwanzig Minuten die Hohenweiler Feuerwehr die neuen Kirchenglocken in Bregenz abgeholt habe. Für das Rasieren und Haarschneiden hat er kein Geld von mir genommen.

Ich bin dann allein am Seerank nach Lochau hinausgewandert und hab es immer noch nicht glauben können, daß ich jetzt bald zu Hause bin. Beim Wellenstein ist mir eine Kutsche entgegengekommen. Der Fuhrmann hat die Rösser angehalten und gerufen: ‚Da kommt der Heimkehrer! Das muß der Josef sein!'

Ich hab den Fuhrmann angeschaut. Da ist es der Vetter Heinrich vom Feßlers gewesen."

Heinrich Hehle forderte ihn auf, auf seinen Wagen zu steigen, wo auch noch Heinrichs Schwager Martin Sohler vom Lerschen saß. Darauf fuhren sie mit dem Josef nach Bregenz ins Gasthaus Gruner und feierten das Wiedersehen mit einer kräftigen Jause und einigen Gläsern Rotwein. Nachdem sie sich fürs erste genug von ihren Erlebnissen in Rußland erzählt hatten, machten sie sich auf den Heimweg.

Bei Fronhofen begegnete ihnen wieder ein Pferdewagen. Vorne auf dem Bock saß Hannes, Josefs Bruder. „Und wer ist der da?" fragte der Heimkehrer, auf den alten Mann deutend, der sich auf dem Rücksitz erhob. „Oh", erwiderte der aus dem Dunkel heraus mit schwankender Stimme, „das ist auch einer vom Gehren herab, einer der sich dort oben müde gerackert hat und froh wäre, wenn ihm bald andere die Arbeit abnehmen würden." Josef erkannte seinen Vater und war erschüttert, wie sehr sich dieser in den langen Jahren seiner Abwesenheit verändert hatte. Zwar hatte der Vater im Laufe seines Lebens mehrmals Haartracht und Bart verändert, nun aber waren die Haare weiß, das Gesicht von Furchen durchpflügt und der einstmals zielbewußte Blick von schmerzlicher Ergebung in ein wankelmütiges Geschick überschattet. Wortkarg und gedankenverloren fuhren Vater und Sohn Hohenweiler zu, während Hannes und Hehle Heinrich von Gefährt zu Gefährt muntere Possen rissen.

Im Feßlers, wo es an diesem Abend nach der geglückten Überführung der Glocken hoch herging, kehrten sie zu. Die beiden dunkel getäfelten Gasträume waren überfüllt von Feuerwehrleuten und anderem Volk. Auch Pfarrer Fritsche war da. Als Hehle Heinrich mit den Verwandten vom Gehren und dem hohlwangigen, abgemagerten Vetter zur Tür hereintrat, ließ es sich der Pfarrer nicht nehmen, in einer überschwenglichen Rede den letzten Hohenweiler Heimkehrer zu begrüßen. Pfarrer Fritsche hatte leicht guter Laune sein. Am anderen Tag war Glokkenweihe, und wie geplant läuteten die gewaltigen Klangkörper machtvoll das neue Jahr ein.

Im Gehren war wenigstens einer, dem die neue Entwicklung gar nicht gefiel. Das war Josefs Bruder Heinrich. Er, als der Zweitälteste, hatte schon fest damit gerechnet, daß er einmal Hoferbe werden würde, umso mehr als ihn der Vater in den letzten Jahren schalten und walten gelassen hatte. Hannes hatte ihn auch einmal auf dem Kartoffelfeld in der Pose des Jungbauern inmitten der Schwestern und dem Roßknecht Josef Weiß auf die Platte gebannt. Nun war Josef gekommen, mit dem man schier nicht mehr gerechnet hatte, und der Vater ließ keinen Zweifel daran, daß er willens war, diesem seinen Hof zu übergeben.

Wie immer im Winter saß ich auf dem Kanapee in der Stube

Josef Berkmanns erste eigene Weihnachtserinnerung reicht ins Jahr 1925 zurück:

Später kam die Zeit der Stürme und der langen Nächte, und als die Mutter uns eines Morgens von der Kammer, in der wir warten mußten, in die Stube einließ, da stand da der Christbaum mit glitzerndem Schmuck und brennenden Kerzen, und rosarote, gelbe und grüne Zuckerringlein hingen daran. Der Vater sang uns vor: „Ihr Kinderlein kommet" und „Oh du fröhliche". Das Heinrichle, mein kleinerer Bruder, und der etwas größere Felix jauchzten und begannen, in den warmen Wollsachen zu wühlen, die unter dem Baum lagen, und in die Trompete zu blasen, die das Christkind gebracht hatte.

Draußen stak die Welt zuckerweiß im Schnee, und der Vater sagte uns, daß er in demselben die Spuren etlicher Hirsche entdeckt habe, die nächtlicherweise um das Haus gestapft waren.

Josef Berkmann besitzt keine Weihnachtsfotos aus jenen Jahren, aber das Haus, in dem er seine Kindheit verbrachte, steht heute noch genauso da wie damals:

Josef Berkmann 1930:

Der „Klos" hatte uns am Vorabend des Nikolaustages allerhand Sachen gebracht. Für den Vater war Reimmichels* Volkskalender dabei, der dieses Jahr recht dick ausgefallen war. Da setzte er sich am Abend damit an den Tisch und las und las, bis er gegen Morgen um drei Uhr den ganzen Kalender durchgelesen und ein paar Pfeifen dazu geraucht hatte.

Mit dem „Klos" war es noch nicht abgetan, denn nun rückte Weihnachten näher und näher, und da hatten wir vom Gottle* noch einige Geschenke zu erwarten. Ich hätte zu meinen lehrhaften Schriften gerne einmal eine richtige, herzhafte Indianergeschichte gehabt und meinte damit Coopers „Lederstrumpf Erzählungen", von denen ich bei meinem Spitalsaufenthalt in Scheidegg nur ganz am Rande etwas mitbekommen hatte und die in meinem „Robinson" im Anhang unter vielen anderen Jugendbüchern empfohlen wurden. Tatsächlich bekam ich diesen dicken Band und vertiefte mich mit Freuden darein. Auch mein Vater las es und war beeindruckt; besonders vom Hinsterben des alten Trappers am Ende seines langen, abenteuerlichen Lebens.

Während das Feuer im Kachelofen allmählich verprasselte, streichelte ich die zutrauliche schwarzweiß-gefleckte Katze auf meinem Schoß. Dann schnurrte die Katze behaglich. Später, wenn die westliche Sonne rubinrot hinter tiefverschneiten Bäumen hinabsank, glühte der weiße Tannengürtel am Berghang rosenfarben auf. Ich aber blätterte in meinem „Lederstrumpf" und erlebte das Treiben der „Ansiedler" am Ufer des Otsego-Sees im Geiste und dem Buchstaben nach mit.

Das Buch habe ich nach Jahren verliehen und nicht mehr zurückerhalten. Ich habe eine andere Ausgabe gekauft und manchmal zu Weihnachten hervorgeholt, um nachzulesen, wie die Einsassen von Templeton zu ihrer Zeit das Christfest feierten. Der schwarzweiße Kater aber ist im selben Frühjahr verschwunden und nicht mehr gekommen.

Auch an die weihnachtlichen Verwandtenbesuche erinnert sich Josef Berkmann gern, so etwa an folgende Schlittenfahrt 1932, als er dreizehn Jahre alt war:

An einem grauen Winternachmittag zwischen Weihnachten und Neujahr lud mich mein Götte* Gebhard im Gehren zu einer Schlittenfahrt mit seinen größeren Kindern ein. Sie wollten den Vetter Georg in Bettensweiler bei Roggenzell besuchen. Wir trugen alle dicke Wollkappen auf den Köpfen und wurden in noch dickere Wolldecken eingehüllt. Die beiden Rosse zogen den Schlitten leicht. Eine prächtige Schlittbahn zog sich vor uns hin, auch drüben über der Grenze auf dem Asphalt. Damals dachte noch niemand an Schneefreimachung oder Salzstreuen. So fuhren wir bald in Bettensweiler vor, wo ich noch nie gewesen war. Die Tante

Paulina und der „Vetter", der strenggenommen ja unser Onkel war, empfingen uns überaus freundlich. Es gab gute „Singate"*, das Birnenbrot, das indessen auch Feigen, Nüsse, Rosinen und andere würzige Zutaten enthielt. Dazu wurden Butter und Honig und für uns Kinder speziell noch Schokoladegutele aufgetischt. Die vielgestaltigen Schokoladeplätzchen, die aus Butter, Kakaomasse und Zucker in kleinen Blechformen im Schnee hergestellt worden waren, fanden bei uns Kindern allseits belobten Zuspruch. Getrunken haben wir Most und Saft, auch die Kinder, und dann noch Kaffee.

Zwischendurch besichtigten wir auch die nahen, aber separat gelegenen Rinder-, Pferde- und Schweinestallungen samt Heuboden. Die Kinder des Vetters Georg, Annele, Agathle, Josef und Felix, bestaunten meine Krücken, wobei die Buben feststellten, daß ich damit ein „Ohnmächtiger" sei, was nicht völlig stimmte, aber das ihnen zu beweisen, mangelte es an der Zeit.

Als wir zurückfuhren, dunkelte es bereits stark. In Rotkreuz schimmerten schon die Lichter aus den Fenstern, und der Schlot der Milchfabrik in Schlachters ragte gespenstisch gegen den immer kälter werdenden blau-samtenen Nachthimmel.

Zu Hause ein paar Tage den großen Bruder spielen

1937 trat Josef Berkmann in die Handelsschule in Lustenau ein, wo er sich ein Zimmer und Kostgeber suchen mußte. Vor den Weihnachtsferien feierte er mit einigen Mitschülern Abschied.

Wir standen unter der Rheinbrücke, ungefähr ein Dutzend Personen. Natürlich war Silvio, mein Liechtensteiner Freund, bei uns. Ich war froh darüber, denn er beherrschte die Szene. Es war kalt. Die Sonne stand tief im Westen. Um die Hügel am Schweizer Ufer mit ihren leeren Weingärten strich bereits der Nebel. Der Fluß floß bläulich und wie geschmolzenes Glas vorbei. Goldene Lichtstreifen flammten durch das Dämmern des Abends und brachen sich spiegelnd im eisigen Wasser. Es war schön und traurig zugleich. Einige Fotos wurden geschossen.

Die frohe Weihnachtslaune an diesem Abend und die Vorfreude auf daheim hielt Josef Berkmann, der sich in mehreren Sprachen übte, damals auch in Englisch fest:

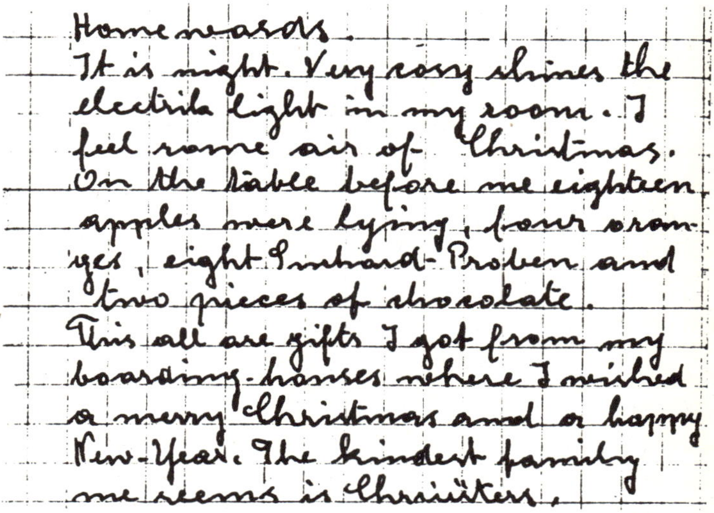
Homewards.
It is night. Very rosy shines the electrik light in my room. I feel some air of Christmas. On the table before me eighteen apples were lying, four oranges, eight Pinhard-Proben and two pieces of chocolate. This all are gifts I got from my boarding-houses where I wished a merry Christmas and a happy New-Year. The kindest family me seems is Chraiüters.

Am Donnerstag, dem 23. Dezember, packte ich meine Sachen. Ich freute mich darauf, zu Hause ein paar Tage lang den großen Bruder spielen zu dürfen, der seine Geschwister besuchte. Ein bißchen stolz darauf und neugierig war ich schon, wie es sein würde.

Wie wir dann die Schwelle des neuen Jahres 1938 überschritten haben, daran kann ich mich nicht mehr erinnern. Ich hatte mir Verschiedenes vorgenommen, was ich über die Feiertage zu Hause alles tun werde. Aber dazu kam ich nicht. Kaum daß ich den Roman „Quo vadis" von Sienkiewicz, den ich mitgenommen hatte, zu Ende lesen konnte. Zu kurz war mir die Zeit geworden.

Froh war ich, wieder in die „Zivilisation" zurückkehren zu können, aber ich wünschte es nicht. Als ich wieder in meinem Zimmer in Lustenau saß, kam ich mir erneut enttäuscht und ganz verlassen vor. Dann tat sich sachte die Tür auf. Toni Hämmerle trat herein, und ich faßte wieder frischen Mut. Auch Silvio war wieder da.

Josef Berkmann wurde ein ausgezeichneter Handelsschüler und fühlte sich in Lustenau schon bald heimisch; Weihnachten 1938, neun Monate nach dem Anschluß:*

Professor Lang war verheiratet. Allerdings lebte seine Frau nicht in Lustenau, sondern hütete die bei der Versetzung des Mannes nicht aufgegebene Wohnung in einer deutschen Kleinstadt, deren Namen ich vergessen habe. Dorthin wollte Lang während der Weihnachtsfeiertage fahren und veranstaltete vorher für seine Hausleute und uns Nachbarstudenten noch eine zünftige Feier. Bei dieser servierte er uns nicht nur einen ausgezeichneten Wein, sondern auch pikante und weniger pikante Geschichten, so daß uns ordentlich die Ohren klingelten, als wir zu später Stunde heimgingen.

Nun wurde es auch für mich Zeit, nach Hause zu fahren. Wie schon früher, kam der Bus zu spät nach Bregenz, so daß ich wieder den Anschluß verpaßte. Diesmal ging ich durch die Stadt hinauf zum Vetter Adolf, um ihm von meinen Fortschritten in der Schule zu berichten.

Als ich wieder durch die Kirchstraße hinunterging, glaubte ich mich in ein Märchenland versetzt. Die Weihnachtsbeleuchtung in der Stadt war eingeschaltet worden. Ich hatte Bregenz noch nie im Weihnachtsglanz erlebt, das Lichtermeer mit seinen vielen strahlenden Sternen überwältigte mich. Ein leichtes Schneetreiben hatte eingesetzt. Damals waren noch wenige Autos auf den Straßen der Stadt. Beim Gasthaus Löwen war noch der Roßstall unten drinnen, gegenüber dem Kornmarkt. Dort traf ich die Kathrina und Fridolina vom Feßlers, die mir auch recht fröhlich und weihnachtlich gelaunt schienen. Ihnen mußte ich noch erzählen, wie es mir alleweil ging. Sie fuhren mit dem Roßfuhrwerk durch die Nacht nach Hohenweiler. Ich aber begab mich zur Bahnhofhaltestelle. Im Omnibus setzte sich Kantors Ernst zu mir, der ebenfalls nach Hause fuhr.

In Hohenweiler schneite es schon sehr stark. Am nächsten Morgen hatte die weiße Flut schon alles gewohnt Graue und Alltägliche veschlungen. Mein Bruder Felix war auch auf Besuch gekommen. Er arbeitete jetzt in Scheidegg. Ich besuchte mit ihm unsere Verwandten und Nachbarn, um sie über unsere neuesten Lebensumstände zu informieren. Götte Gebhard im Gehren lud uns zwischen Weihnachten und Neujahr, wie schon früher auch, zu einer Schlittenfahrt nach Bettensweiler ein. Ansonsten ist mir von diesem Winter nicht viel in Erinnerung geblieben.

1939 trat Josef Berkmann, der bei der Musterung wegen seiner Gehbehinderung für untauglich erklärt worden war, eine Stelle bei einer Bregenzer Handelsfirma für Feuerwehr- und Luftschutzbedarf sowie Seilerwaren an. Seine Tagebucheintragungen spiegeln die Veränderungen:

21. 12. 1939

Der Chef hatte für die Gefolgschaft* eine Weihnachtsfeier im Grünen Kranz veranstaltet. Ich habe fast einen Liter Wein getrunken, eine Menge Schinken und Brot gegessen, Torten und Kaffee vertilgt. Dabei habe ich mich schrecklich gelangweilt. Erst nach Mitternacht, gegen halb zwei Uhr, bin ich im Grünen Kranz ins Bett gekommen; ein großes komfortables Bett, wie ich es in Lustenau gehabt habe. Der Herr Bucher schlief gleich nebenan und schnarchte. Die Tür war offen. Ich wälzte mich lange unruhig hin und her. Im Geschäft war mir dann so elend. Wenn ich noch nie gewußt habe, was ein Kater ist, heute weiß ich es.

1. 1. 1940

Gestern am Silvestertag ging ich mit Marie und Schatte Senz auf die Rucksteig hinauf. Auf der Straße lag viel Schnee. Der

Himmel war bewölkt, aber sonst war es ziemlich angenehm. Nachdem wir eine Weile in der Wirtsstube beim Bantel gesessen hatten, gingen wir zurück. Wir rauchten per Hetz* ein paar Zigaretten, die die Senz bei sich hatte, machten Purzelbäume vor Jägers Haus und warfen Schneeballen.

Der Felix, mein Bruder, hat bereits Urlaub vom Militär, macht überall Besuch und kam heute Nacht mit einem Mordsrausch nach Hause. Ich habe seit Weihnachten mehrere Tage freigehabt. Nun muß ich morgen wieder in die Stadt und mag nicht.

Ich habe wieder Sprachen studiert, neben dem Russischen auch Französisch. Das Russische ist schwer. Da könnte man es höchstens zu etwas bringen, wenn man sich mit richtigen Russen unterhalten könnte. Das könnte leicht einmal sein. In Deutschland wird gegenwärtig nur gegen die kapitalistischen Staaten geschimpft. Gegen Rußland hört man kein Wort. Rußland und Deutschland haben sich verbündet und überziehen ihre Nachbarvölker mit Krieg, wie die Russen gegenwärtig die Finnen; während im Westen abgewartet wird.

Im Schaufenster der Buchhandlung an der Römerstraße unten hab ich eine Biographie über Stalin gesehen. Eine Würdigung Josef Stalins, der bisher immer nur als der unheimliche Blutsäufer im Kreml in Moskau dargestellt wurde, das wäre früher unmöglich gewesen. Ich denke auch gar nicht daran, sie zu kaufen.

Wegen meiner Krücken habe ich mich geniert hinzugehen

1940 bezog Josef Berkmann an seinem Arbeitsort Bregenz ein eigenes Untermietzimmer. Im Tagebuch notierte er:

11. 12. 1940

Frau Neurauter, meine Vermieterin, sagte mir: „Ich glaub' halt ganz fest, daß der Führer uns bis Weihnachten den Frieden bringen wird!" Das ist doch zu naiv! England ist noch nicht bezwungen, und die Kanonen für den nächsten Feldzug sind bereits gegossen.

18. 12. 1940

Ich schreibe in der Küche von Frau Neurauter. Das ist der einzige Raum, wo man hier existieren kann. In der Küche ist es warm, aber sonst ist es eiskalt unter dem Dachboden. Wenn ich im Bett lesen will, muß ich mich unter den Dekkenüberzug verkriechen. Frau Neurauter war so lieb, mir einen Petroleumofen ins Zimmer zu stellen. Das Petroleum riecht jedoch so penetrant, daß ich lieber verzichtet habe. Meine Lebensmittelkarten* hat mir Frau Neurauter auch besorgt. Um meine Kost „aufzubessern", gehe ich öfter am Morgen, bevor ich ins Büro komme, zur Roßmetzgerei Schneider und kaufe mir eine Wurst. Die Roßwürste sind dunkelrot und ein wenig derber als andere, aber man braucht keine Marken dazu, und schmecken tun sie auch nicht schlecht.

Gestern abend, nach dem Italienischkurs, beschlossen die Teilnehmer, zu einer gemütlichen Unterhaltung in den Löwen zu gehen. Aber ich ging nicht mit. Ich habe zu wenig Selbstvertrauen. Wegen meiner Krücken habe ich mich geniert hinzugehen.

1. 1. 1941

Über Weihnachten hab ich fünf freie Tage gehabt. Ich habe mir das Buch „Lebenswunder der Tierwelt" gekauft und fast die ganze Zeit damit verbracht. So ein schönes Buch ist gerade recht, um einmal seelisch abzuschalten, sich ein wenig über den grauen Alltag zu erheben. Das Wetter ist schlecht. Heute regnet es fast den ganzen Tag. Was wird das neue Jahr bringen?

Kriegsuntauglich durch seine Behinderung, bescherte der Krieg dem 22jährigen Josef Berkmann nette Mädchengesellschaften; in seinem Tagebuch lesen wir:

20. 12. 1941

Gestern abend hab ich meine Schwester Marie, die schon an die zwei Monate beim Arbeitsdienst ist, in Bregenz getroffen. Sie ist einen Tag früher als erwartet auf Urlaub von Bremen gekommen.

Heute abend saß ich hinten im Auto zwischen Burgl und Trudel. Seit Wochen hab ich fast jeden Tag Mädchengesellschaft im Auto: die Trudel, die Fia, die Burgl, die Senz. Ich weiß nicht, ob ich auch so gut abschnitte, wenn kein Krieg wäre. So aber fehlt es einfach an männlichen Mitfahrern.

25. 12. 1941

Es ist nach elf Uhr. Vor einer Stunde war ich noch im Gehren. Ich habe mich dort ganz gut unterhalten. Ja, wenn man am andern Tag nicht ins Geschäft muß, geht das freilich leicht. Gestern war Schatte Senz bei uns auf Besuch, wegen ihrer Freundin, der Marie. Nachher ging ich noch zur Mette. Ich wollte zuerst nicht recht, hab mich aber dann doch aufgerafft.

30. 12. 1941

Gestern abend war Burgl wieder im Wartesaal. Wir haben von ganz belanglosen Dingen geredet. Diese dummen Verlegenheitspausen! Sie ist aber auch nicht zum Plaudern geschaffen. Vielleicht kommt sie darum immer ausgerechnet zu mir. Ich versuche, sie dazu zu bringen, etwas von sich zu erzählen, aber es gelingt mir nicht. Immer rede ich von mir, und das ist grundfalsch. Wenn ich wenigstens wüßte, was sie interessiert.

Nun sitze ich wieder hier im Saal, der eigentlich nur ein etwas großer, trübseliger Raum ist, und warte. Ich wollte mir den „Kladderadatsch", die humoristische Zeitung, die mir besonders gefällt, besorgen; doch es war schon alles weg. Beim Kiosk fiel mir ein, daß es noch Bonbons geben könnte. So hab ich mir eine Tüte voll gekauft. Etwas muß ich ihr doch bieten können.

Sie ist gekommen, und meine Bonbons hab ich auch richtig losgebracht. Dafür hat sie sich im Bus nicht mehr neben mich gesetzt. Wer weiß wohl, warum? Kantors Ernst ist dann mit mir nach Hohenweiler gefahren. Der Ernst ist ein vernünftiger Mensch, der nicht zu hoch hinaus will. Da bin ich ein wenig anders geartet.

31. 12. 1941

Wenige Minuten vor zwölf sind es noch, dann ist das alte Jahr vorbei. Im Geschäft hab ich noch ziemlich viel Arbeit gehabt. Um halb sieben Uhr abends sind Frau Kathan und ich fortgekommen. Ich habe Herrn Haberkorn viel Erfolg gewünscht zum neuen Jahr. Er war noch recht gut aufgelegt. Aber der hat leicht gut aufgelegt sein.

Es hat den ganzen Tag geschneit, und schon wieder versinken wir in der weißen Pracht. Im Wartesaal traf ich trotz meiner Verspätung keine Burgl an. Ich saß schon im Omnibus, als sie dort auch einstieg. Ich bin von meinem Platz weg, habe mich zu ihr gesetzt, und wir haben uns sehr gut unterhalten.

Sie hat zum erstenmal etwas von sich erzählt, von der Silvesterfeier nämlich, die sie in dem Laden gehabt haben, wo sie arbeitet. Sie sagte mir, sie sei noch ganz benebelt. Ich habe ihr darauf verrückte Geschichten vorgeschwafelt. Als ich ihr dann noch ein gutes neues Jahr wünschte, waren wir schon sehr lustig. Ziemlich zufrieden bin ich durch den tiefen Schnee nach Haus gewatet.

Nun ist es zwölf Uhr. Totenstille herrscht ringsum, kein Laut im ganzen Land. Das neue Jahr hat begonnen. Es zischen keine Raketen. Wenn irgendwo Raketen abgefeuert werden, dann an der Front. Sie wetterleuchten das Jahr der Entscheidung ein; ein Jahr der Entscheidung für mich und die Welt. Daß es sich zum Guten wende, das walte Gott!

Im neuen Jahr wurde Josef Berkmanns Hüfte tatsächlich erfolgreich operiert. In der langen Ruhephase fand er noch mehr Zeit, das Kriegsgeschehen zu verfolgen, aber auch über sich und sein Elternhaus nachzudenken. Weihnachten 1942 wurde ihm die Wende im Kriegsgeschehen, aber auch im Verhältnis zu seinem Vater besonders bewußt, wie er in seinem Tagebuch festhielt:

Es ist nicht zum Aushalten bei uns

10. 12. 1942

Nachmittags ging ich zu Vetter Adolf. Er ist ganz der alte und hofft immer noch auf einen plötzlichen Wandel im Kriegsgeschehen, so wie letztes Jahr und vorletztes Jahr auch. Da wird er allerdings noch lange warten müssen, auch wenn die Nachrichten aus Rußland gar nicht günstig liegen. Es hat ganz den Anschein, als ob bei Stalingrad* eine Viertelmillion deutscher Soldaten eingeschlossen seien. Ich kann ein bedrückendes Gefühl der Sorge um die armen Landser nicht loswerden.

15. 12. 1942

Der Film mit Willi Birgel, den ich in Hohenweiler angesehen habe, zeigte den Weg eines Mannes, der nach schwersten Fußverletzungen und langem Spitalsaufenthalt, an zwei Stöcken gehend, langsam wieder zu Kräften und schließlich zu sportlichen Lorbeeren kommt. Es war mir nicht schwer, mich mit dem Helden zu identifizieren, und das hat mir auch mächtigen inneren Auftrieb gegeben.

In der Nacht ging ich allein nach Hause. Der Mond schien, und einzelne Sterne standen am Himmel. Es war gar nicht kalt. Weit hinten im Rohrach hörte ich die Käuzchen wiehern, wie einst.

23. 12. 1942

Ich habe eine Wut. Vom Schuster Boss habe ich meine orthopädischen Schuhe erhalten, die mir nicht passen und 42 Reichsmark kosten. Ich war bei der Krankenkasse in

Bregenz und bei der DAF* wegen eines Zuschusses dazu, ohne etwas zu erreichen.

Dann hab ich mich um Spielzeug für meine jüngeren Brüder umgesehen und nirgends etwas bekommen. Zu allem Überfluß hab ich noch vergessen, Nähnadeln für meine Mutter zu besorgen. Als ich mit leeren Händen heimkam, knurrte mich der Vater an, ich sei viel zu bequem, um andern einen Gefallen zu tun. Ich merke schon, am liebsten würde mir der Vater vorwerfen, ich sei den ganzen Winter zu Hause, tue überhaupt nichts, flicke ihm keine Kleider und lebe nur auf seine Kosten. Dabei habe ich ihm seit Jahren keine Auslagen verursacht. Mein Studium in Lustenau wurde ihm ja voll vergütet. Dann habe ich ihm anfangs zwanzig, später jeden Monat vierzig bis fünfzig Reichsmark bezahlt. Meine Operation hat ihn überhaupt nichts gekostet, im Gegenteil: Während ich in der Klinik lag, bekam er über 120 RM von mir. Seit ich zu Hause bin, hab ich jeden Monat fünfzig Mark bezahlt. Der volle Pensionspreis, den Willi bei Lehrer Kremmel in Lustenau bezahlte, belief sich im Monat auf 67 RM. Das war aber ein anderes Haus und ein anderes Essen als hier. Da sind 50 Mark mehr als genug. Aber sollte ich ihm das vorhalten? Am besten, man ist still.

Inzwischen rennt der Vater schon wieder mit einem grantigen Kopf herum. Warum? Weil er unserem Stanislaus, dem Polenburschen, etwas befohlen hat, was dieser nicht verstand und nachher falsch gemacht hat. Ja, kann man einem Menschen wie Stanislaus Feledyk, der sich mit der Sprache schwer tut, so etwas nicht gleich besser erklären? Jetzt streitet die Mutter wieder mit der Cilli, vorher die Cilli mit der Marie. Es ist nicht zum Aushalten bei uns.

Und morgen ist Heiliger Abend!

28. 12. 1942

Die schlechte Laune vom vergangenen Mittwoch hab ich bald bezwungen. Ich habe am Abend in dem Buch „Mikrobenjäger" gelesen, und das hat mich beruhigt und mir wieder inneren Halt gegeben.

Am Heiligen Abend nach Mittag ging ich ans Krippenbauen. Nach dem Nachtessen dämmerte ich eine Weile auf dem Kanapee dahin, bis es Zeit zur Mette wurde. Zu Weihnachten ging ich nach der Messe gleich nach Hause.

Es gab in diesem Jahr überhaupt keine weihnachtliche Stimmung, schon wegen dem Wetter. Das ist zwar schön, kalt und trocken. Im ganzen Dezember hab ich aber noch keine Schneeflocke gesehen.

Gestern bin ich auch am Nachmittag in die Kirche. Ich hatte alle Ursache dazu, denn es war Dankgottesdienst für das vergangene Jahr, das mir eine so überaus glückliche Wende gebracht hat.

Niemand, auch ich nicht, weiß, ob er das neue Jahr überleben wird

Nach Ausheilung seiner erfolgreichen Hüftoperation konnte Josef Berkmann 1943 wieder seine Arbeit aufnehmen und erneut von zu Hause nach Bregenz ziehen. In seinem Tagebuch hat er auch für das letzte Kriegsweihnachten festgehalten, wie Hoffnungen und Ängste im Privaten wie im Politischen einander durchdringen:

1. 1. 1945

Ich lebe wie im Traum. Unvermerkt ist ein neues Jahr gekommen. Draußen schneit es nun schon den zweiten Tag. Auf den kalten, gefrorenen Boden fiel der Schnee über Nacht. Samstag war noch herrliches Frostwetter, wie schon beinahe drei Wochen, und nun alles weiß, tief verschneit, und morgen vielleicht noch mehr.

Was mich angeht, muß ich mir einen festen Plan machen, sonst zersplittere ich mich wieder. Mehr als drei Dinge auf einmal anzufangen, das ist zuviel! Zudem bin ich morgen schon wieder im Geschäft; in dieser engen, kleinlichen Welt mit ihren lächerlichen Intrigen und ihrer Unbedeutendheit. In der großen Welt sterben die Menschen zu Tausenden; jeden Tag und jede Stunde rötet sich der Boden mit dem Blut der Gefallenen, dröhnt der Donner der Geschütze, kaum 180 Kilometer von uns entfernt.

In tiefem Schnee beginnt das neue Jahr. Daß es eines der schwerwiegendsten der Geschichte wird, ist vorauszusehen. Aber niemand, auch ich nicht, weiß, ob er es überleben wird.

Elisabeth Nagl

Die Rute des Nikolo

Elisabeth Nagl wurde 1915 in Weißenkirchen bei Frankenmarkt (Oberösterreich) als viertes Kind geboren. Die drei Geschwister waren bereits verstorben. Die Mutter erkrankte schon während der Schwangerschaft und starb wenige Monate später. Die Eltern hatten eine kleine Landwirtschaft, die jedoch nicht zum Leben reichte, und der Vater mußte als Holzknecht arbeiten. Sie wuchs zunächst bei den Großeltern auf. Nach der Rückkehr aus der Kriegsgefangenschaft heiratete der Vater noch einmal, und die Tochter übersiedelte als Fünfjährige ins Haus des Vaters und ihrer Stiefmutter.

Der Vater mußte mit seinen Arbeitskameraden im Winter die Buchenscheiter und das Schleifholz mit dem Schlitten, samt Ketten und Tatzen zum Bremsen, ohne Zugtiere zu Tal bringen. Bergwärts mußte der Schlitten samt Zubehör auf den Schultern getragen werden. Das war eine schwere Arbeit, die heute im Sommer der Traktor macht. Vaters Schwager ist beim Holzziehen einmal schwer verunglückt.

Wir wurden sehr streng erzogen. Der Nikolaus brachte jedes Jahr nebst Äpfeln, dürren Zwetschken, Kletzen* und einem Lebkuchen-Nikolo die Rute. Diese wurde hinter das Bild der Heiligen Familie gesteckt. So manchesmal kam sie herunter, wenn wir nicht ganz brav waren. Meine Schwestern und auch ich bekamen sie an den nackten Füßen manchmal zu spüren. Da zitterten wir schon, wenn die Mutter auf dieses Bild zuging. Spielsachen kannten wir kaum. Höchstens zu Weihnachten bekamen die Kleineren ein von der Mutter gemachtes Stoffpüppchen.

Einen bescheidenen Christbaum hatten wir schon, was nicht in jeder Familie Brauch war. Eine große Freude bereitete uns jedes Jahr mein Onkel aus Stuttgart, er war ein Bruder meiner leiblichen Mutter. Kurz vor Weihnachten kam immer ein Paket mit Gebäck, feinem Obst, etwas Spielzeug und ein warmes Kleidungsstück für mich. Alles andere mußte ich natürlich teilen. Einmal fand sich in diesem Weihnachtspaket meine erste Banane. Mein Onkel hatte noch keine Familie und war um die Kinder seiner Schwester besorgt. Wir danken ihm übers Grab hinaus.

Adele Zelenka

Die Rute ließ er für Vater da

Adele Zelenka, 1918 in Wien geboren, kam als Kind zu äußerst liebevollen Pflegeeltern ins Waldviertel in Niederösterreich.

Es war Winter 1928, ein schrecklicher Winter. Schnee, Schnee und immer wieder Schnee! Meterlange Eiszapfen hingen vom Dach und von den Fenstern. Solche Eisblumen, die wir an den Fenstern hatten, habe ich mein Leben lang nicht mehr gesehen. Ich konnte ein paar Tage nicht zur Schule gehen und wenn, dann nur über die gefrorenen Felder. Die Straße konnte man nicht begehen, es waren meterhohe Wehen. Ich hatte zwanzig Minuten zur Schule. Mein Pflegevater holte mich an solchen Tagen ab, trug mir die Schultasche und nahm mich in seine Obhut. Mutter war dann immer froh, wenn wir zu Hause waren.

Wir hatten hinter dem Haus einen Brunnen, wo auch im Winter Wasser geholt wurde. Da schüttete Vater einige Kübel Wasser in die Wiese, und die schönste Eisbahn war fertig. Da wurde mit Nachbarskindern mit Holzschuhen geschleift, bis die Nacht hereinbrach und der Mond schon schien. Dann wurde gewaschen, und flugs ging es ins Betterl. Zu dieser Zeit hörten wir auch von meinen Pflegegeschwistern von dem Eisstoß in Wien.

Dann kam die Adventzeit. Mutter backte die erste Weihnachtsbäckerei, daß sie bis zum Fest besonders mürbe sei. Als der Nikolo- und Krampustag kam, mahnte mich meine Mutter, ja recht brav zu sein, denn der Krampus würde schlimme Kinder in seine Butte stecken. Oh, wie nahm ich mir diese Worte zu dieser Zeit zu Herzen! Ein kleiner Wildfang, der ich sonst war, wie brav konnte ich auf einmal sein. Als der Tag da war, hatte Mutter immer einen Weg. Sie mußte ja als Nikolo oder Krampus zu mir kommen. Damals hatte ich ja noch keine Ahnung. Mit Kettengerassel kündigte sich der Krampus an, und schon schmiegte ich mich ängstlich an meinen Vater, der in sich hineinschmunzelte. Die Tür ging auf, der Krampus kam herein. Er hatte eine lange Kette, auf dem Buckel eine Butte, eine lange rote Zunge und Hörner. In der Hand trug er eine Rute. Ich fiel auf die Knie, betete oder sagte ein Gedicht auf. Der Krampus fragte mich, ob ich auch brav lerne, und ich bejahte leise diese Frage. Er schlug ein paarmal mit der Rute auf den Boden und meinte, er hoffe, daß es auch wahr sei. Nun schüttete er den Inhalt seiner Butte auf den Boden: Äpfel, Nüsse, Feigen und viele Süßigkeiten. Die Rute ließ er für Vater da; wenn ich einmal unfolgsam wäre, könne er sie benutzen. Ich rührte mich nicht von der Stelle. Als er draußen war, sammelte ich all die guten Sachen in ein Körbchen ein. Dann kam Mutter wieder zur Tür herein, und ich erzählte ihr aufgeregt vom Krampus. Auch sie schmunzelte und sagte: „Siehst du, wie gut, daß du brav gewesen bist!"

Dann kamen noch drei Adventsonntage, an denen Mutter jedesmal auf dem Adventkranz eine Kerze mehr anzündete. Es war für mich als Kind damals schon eine besinnliche Zeit! Abends wurde an solchen Tagen erzählt, z.B. Legenden und daß am Heiligen Abend um Mitternacht die Tiere sprechen könnten. Ach, wie gerne hätte ich das einmal erlebt! Aber für Kinder ist das viel zu spät, sagte meine Mutter. Ich werde diese schönen Abende ein Leben lang nicht vergessen.

Bald war es soweit: Der Heilige Abend war da! Ich mußte zeitig schlafen gehen, denn wenn das Christkind kam, durften Kinder nicht zusehen, sonst fliegt es wieder fort. Als ich morgens wieder aufwachte, stand der schönste Weihnachtsbaum, den es je gab, vor mir. Er war mit Äpfeln, Zuckersachen, in Staniol gewickelten Nüssen und vielem mehr geschmückt. Darunter lagen viele Geschenke: warme

Socken, ein Schal, Unterwäsche, Kleider, Schuhe und Verschiedenes für die Schule. Als dann meine Eltern die Kerzen dieses schönen Baumes anzündeten, da wurden meine Augen riesengroß und leuchteten vor Freude, worüber meine Eltern sehr glücklich waren. Vater und Mutter schickten an solchen Feiertagen Pakete mit Fleisch, Butter und Eiern an meine Geschwister in die Stadt. Die Eltern sagten immer, daß zu Weihnachten alle Menschen glücklich sein sollen und Friede sei auf Erden. Manchmal klopften an solchen Tagen Hausierer oder Bettler an unsere Tür. Keiner ging von dannen ohne ein Stück Fleisch oder Kuchen. Ich war auf meine Eltern ob ihrer Güte sehr stolz.

Hie und da kamen auch meine Geschwister zu diesen Festtagen aus der Stadt zu Besuch. Sie beschenkten Vater und Mutter und vergaßen auch nie auf mich. Sie blieben dann einige Tage. Mutter kochte fürstlich auf, es wurde gegessen, getrunken und erzählt. Es war sehr gemütlich. Meine Geschwister erzählten aus ihrer Jugendzeit, als sie noch im Elternhaus waren. Es wurde auch viel gelacht, mancher Übermut und mancher Streich kam zur Sprache. Ich dachte mir damals schon, daß wahrscheinlich alle Kinder gleich sind. Die Tage vergingen, und sie fuhren wieder fort. Mit einem Händedruck, einem Dankeschön und einem Küßchen gingen sie wieder aus dem Elternhaus. Später fragte ich meine Mutter, warum denn alle meine Geschwister von zu Hause gegangen waren. Da erklärte mir Mutter, daß das der Werdegang der Menschen ist. Es wird auch jeder Vogel von einer Mutter solange gefüttert, bis er flügge ist. Ist es soweit, fliegt er fort und muß sich nun selbst ein Futter suchen. So ist es auch beim Menschen. Ist das Kind reif und erwachsen, von der Mutter für das Leben vorbereitet, geht es seinen eigenen Weg. Es sucht sich Arbeit, lernt später einen Mann kennen, ihn lieben. Verstehen sie sich gut, wird Hochzeit gemacht. Sie bekommen Kinder, so wie der Vater und die Mutter. Ob ich all das verstanden habe damals, weiß ich nicht, ich glaube aber kaum.

Anna Starzer

Von Oktober bis Ostern wurde der Rosenkranz gebetet

Anna Starzer wurde 1914 in Naarn im Machland (Oberösterreich) geboren. Sie war das einzige Kind ihrer Eltern, die Bauern waren.

Der Bauer muß Vorsorge für den Winter treffen, denn die schönen Tage sind schon gezählt, und der Winter steht vor der Tür. Wenn nun der Mais geerntet ist, kommen noch der Weizen- und Kornanbau. Heute wird meist Wintergerste als Schweinefutter angebaut. Wo es kein Rindvieh mehr gibt, sind auch die Wiesen zugunsten des Maisanbaus verschwunden. Nach Allerheiligen sind meistens die letzten Arbeiten zum Überwintern, wie Hausgarten umstechen, die Herbstackerung, Jauche ausbringen, Laubrechen und Einstreu. Anschließend beginnt dann die Holzarbeit, die oft lange dauert. Da um Allerheiligen das Grünfutter zu Ende ging, mußte das Futter wieder geschnitten werden. Für die Pferde wurde ja das ganze Futter geschnitten; sie durften nur vom Grünfutter beim Heimbringen mitnaschen. Bei der Holzarbeit gab es früher viel mehr Arbeit, da die Schwarzwaldbäume mit dem Stock ausgegraben wurden. Wenn der Wurzelstock vom Bauern nicht gebraucht wurde, so bekam ihn der Häusler für das Ausgraben unentgeltlich.

Bei diesen zwei Monaten spürte man das Kürzerwerden des Tages deutlich. Die Stallarbeit mußte meist im Finstern gemacht werden. Früher war der Dezember die Zeit der Vorbereitung auf das große Ereignis der Geburt Christi. Von Oktober bis Ostern wurde an Samstagen gemeinsam der Rosenkranz gebetet. Im Advent ging auch jede Woche wer vom Haus in die Rorate*. Das Essen war in dieser Zeit einfacher. Gerade durch solche Kleinigkeiten verdoppelte sich die Freude auf das Weihnachtsfest. Dieses Fest wurde im christlichen Sinn ganz groß gefeiert, doch heute wird es durch das Weltliche vielfach verdrängt. Die Arbeit, ausgenommen die notwendigen täglichen Handgriffe, ruhte von Weihnachten bis Heiligen-Drei-König. Meiner Meinung nach war früher auch die Witterung viel mehr auf die Jahreszeit abgestimmt. Wenn man Glück hatte und bis Weihnachten kein Schnee kam, konnte man auch draußen die Arbeiten noch fortsetzen, bei Schnee war auch die Holzarbeit erschwert, und man war froh, wenn bis Weihnachten das Holz unter Dach war. Damals mußte das ganze Holz mit der Zugsäge händisch geschnitten werden. Besonders viel Arbeit gab es für die Bauern im Winter, die Holz zu verkaufen hatten.

Den Abschluß des Jahres bildete der Besuch der Jahresschlußandacht in der Kirche. Es war dies ein „Vergeltsgott“ für ein gutes altes Jahr und eine Bitte um Hilfe für das neue Jahr.

Maria Schuster

„Lichte Mett'n, finstere Stad'l!"

Maria Schuster wurde 1915 auf einem kleinen Bergbauernhof im Lungau (Salzburg) geboren. Sie war das dritte von vierzehn Kindern. Nach dem Tod des Vaters im Ersten Weltkrieg mußte die Mutter die eigene Landwirtschaft aufgeben und den Nachbarsbauern heiraten. Vom ersten Tag des Schulaustritts mußte sie mit den Mägden um 4 Uhr aufstehen und am Hof mitarbeiten. Bis zu ihrem 22. Lebensjahr, war sie Magd am elterlichen Hof, am Hatznhof beim Hatzbauern. Zuerst war sie Hausdirn, danach Viehdirn, und mit achtzehn wurde sie Sennerin. Nach der Hofübernahme durch den ältesten Sohn mußte Maria Schuster zum nächstgelegenen Nachbarn als Moadirn für vier Jahre in den Dienst. Zu Mariä Lichtmeß 1941 kam sie zurück in das am 24. Dezember 1939 abgebrannte und wieder neu aufgebaute Elternhaus und war dort die nächsten sechs Jahre im Dienst. 1947 übersiedelte sie zu einer Cousine in die Gegend von Mondsee, um diese zu unterstützen. Nach deren Tod wurde sie Stallmagd in Unterach am Attersee bei einer Gastwirtschaft und Fleischhauerei. Dort diente sie drei Jahre, und nach dem Tod ihrer Mutter kehrte sie in den Lungau zurück und führte ihrem Vater den Haushalt. Danach ging sie als Moadirn nach Tamsweg zum Prodinger Bauer. Er war der letzte Bauer, bei dem Maria Schuster im Dienst war.*

Sie erlebte unterschiedliche Weihnachten bei ihren jeweiligen Dienstgebern. So gab es beim Prodinger Bauer nur eine Milchsuppe am Weihnachtsabend, während im Goldenen Anker in Unterach ein reichhaltiges und sehr gutes Abendessen serviert wurde: „Zwischen Chefleuten und Angestellten wurde an diesem Abend kein Unterschied gemacht, und es gab für alle Ge-

schenke", so zum Beispiel für die weiblichen Angestellten Stoff für ein Kleid.

Jeden Montag war in Tamsweg sogenannter Wochenmarkt. Vater beteiligte sich gerne daran und wurde meistens von seinem besten Freund, dem Ruppenbauer, der übrigens auch unser Vormund und Taufpate war, begleitet. Von diesem Wochenmarkt brachte unser Vater manchmal etwas zum Naschen mit heim. Zuckerl legte er dann für jedes von uns Kindern auf der Fensterbank bereit. Ich kann mich noch so gut erinnern, es waren so Halbmonde, ungefähr 5 cm lang, davon bekam jedes ein ganzes und ein halbes. War es eine Orange, bekam jedes eine Spalte, nicht mehr und nicht weniger. Nikolaus war für mich jedenfalls das schönste Fest im Jahr, da war Vater immer großzügig, außer Äpfeln und Nüssen bekamen wir auch noch andere Süßigkeiten. Einmal haben wir sogar Spiele bekommen, ich kann mich an meinen Hühnerhof noch gut erinnern. Weihnachten gab es keine Geschenke, es hat ein- oder zweimal einen Christbaum gegeben, soviel ich mich erinnern kann. Es hingen auch ein paar Süßigkeiten oben, es waren aber zu viele Mäulchen dafür.

Der Name Martin wurde bei uns sehr derb ausgesprochen. Aus einem getauften Martin wurde bei uns ein „Möcht", und was für den Martinstag, den 11. November, als sogenanntes „Möcht'nlob" war, war mangels einer Gans am Abend dieses Tages ein Schöpsenbraten, was eine willkommene Abwechslung war.

Die Krampusläufe am 5. Dezember waren auch damals Brauch, wenn auch nicht so ausgeprägt wie heute. Da aber bei uns die Ortschaften so weit auseinanderliegen, taten sich von jeder Ortschaft meist ein paar Burschen zusammen und besuchten Familien mit Kindern, aber auch auf junge Mädchen hatten sie es abgesehen. So geschlagen, wie man es heute oft erlebt, wurde nicht. Hatten die einzelnen Gruppen ihre Mission beendet, trafen sie sich meist mit anderen Gruppen im Dorf in einem Gasthaus, um die paar Kreuzer, die sie von einigen Familien bekamen, in Getränke umzusetzen. Der wirkliche Nikolaus aber kam in der Nacht durchs Schlüsselloch, um seine Gaben in die von den Kindern sauber geputzten, aufgestellten Schuhe zu verstauen, nur wie der Nikolaus die Sachen durchs Schlüsselloch brachte, blieb mir lange ein Rätsel.

Die Adventzeit war eine Zeit der Besinnung, daher mußte auch jeden Tag jemand von den Mägden oder auch Mutter selbst, natürlich auch Schulkinder, stellvertretend für das ganze Haus, der Rorate*-Messe beiwohnen, die jeden Tag um 6 Uhr morgens zelebriert wurde. Tage vor Weihnachten war in Haus und Stall immer ein hektisches Treiben; wie zu Ostern wurde auch vor Weihnachten in Stuben und Kammern alles auf den Kopf gestellt.

Am Heiligen Abend ruhte die knechtische Arbeit. Die Knechte mußten zwar noch bis zum Mittagessen arbeiten, aber das betraf nur Aufräumen in ihrem eigenen Arbeitsbereich. Alles mußte sauber sein, nichts durfte herumstehen, Fahrzeuge, die im Winter nicht gebraucht wurden, wurden an ihren Platz verfrachtet. Ein Knecht, so war es von je her Brauch, mußte mit einem Besen die Spinnweben von der Stalldecke fegen. Ob das irgendeine symbolische Bedeutung hatte oder ob man dem Stallpersonal nur etwas Arbeit abnehmen wollte, ist mir nicht bekannt.

Zu Ostern sollen die Leut „Geweihtes" zu essen bekommen und zu Weihnachten das Vieh, und so wurde es auch immer gehalten. Am Hochfrauentag, wie Mariä Himmelfahrt bei uns genannt wurde, war am Nachmittag immer Kräuterweihe. Am Tag vorher wurden die Kräuter gesammelt, alles, was im Garten wuchs, z. B. Kamille, Ringelblume, Salbei, Eibisch, Pfefferminze usw., und dann alle möglichen Kräuter aus der Natur: Johanniskraut, Schafgarbe, Königskerze, Holunder, Rainfarn, Birkenzweige und die Brennessel durfte nie im Buschen fehlen. Es kam ein großer Arm voll dabei zusammen, der mit einem Band zusammengebunden und von einer Magd am besagten Nachmittag zur Weihe getragen wurde. In einer Kammer wurde der Buschen dann auf einem Brett zum Trocknen ausgebreitet. Am 23. Dezember am Abend, nach der Stallarbeit, wurde der Weihbuschen hervorgeholt und von den Stallmägden die dürren Blätter von den Stengeln abgerebelt. Die Kräuter wurden mit Schrot und Kleie, dem etwas Salz beigegeben wurde, vermischt und so viel Wasser beigegeben, daß man aus der Masse Knödel formen konnte. Für jedes Rind wurde ein Knödel für den nächsten Morgen vorbereitet, und in jeden Knödel wurden noch *mindestens* 3 Palmkatzeln verpackt; was davon übrig blieb, bekamen die Schafe zum Schlecken. Am Morgen vor dem Füttern bekam jedes Tier einen Knödel ins Maul gestopft, den sie aber gerne annahmen.

Der Heilige Abend war damals ein Fasttag, mit der Zeit wurde das Fastengebot immer mehr gelockert beziehungsweise vorverlegt, erst auf 4 Uhr nachmittag, später, wie ich erfahren habe, auf 11 Uhr vormittag. Die Bauern haben das Fastenopfer an diesem Tag aber anscheinend freiwillig aufrechterhalten, denn solange ich im Lungau bei Bauern gedient habe, das war immerhin bis nach dem Zweiten Weltkrieg, gab es für Dienstboten, bevor man von der Christmette nach Hause kam, nie was zu essen, was nur entfernt nach Fleisch roch. Zu Mittag gab es meist roggene Rohrnudeln mit gesüßtem Schmalz übergossen, abends kam Milchreis oder das übliche Koch auf den Tisch. Natürlich bestätigen Ausnahmen die Regel: Bei einem großen Bauern, wo ich war, kam am Heiligen Abend nur eine Brotmilchsuppe auf den Tisch. Nach Mitternacht wurde aber groß aufgetischt, doch wer kann sich um 2 Uhr nachts einen fetten Braten zumuten, der einem bis zum Aufstehen um 4 Uhr noch im Magen liegt? Nach dem Mittagessen am Heiligen Abend wurden das Brot und die Würste an die Hausbewohner verteilt. Dabei spielte immer der Rang der Dienstboten eine Rolle: Je niedriger der Rang, umso kürzer wurde das Würstchen, beim Brot war der Unterschied nicht so groß. Eine Schweinsbratwurst, die vor dem Austeilen noch ein bis zwei Tage in der Selch hängen mußte, war außer Zweifel etwas Köstliches, zumal wir mit Köstlichkeiten sowieso nicht gerade überhäuft wurden.

Ein kleines Erlebnis - ich war noch ein Schulkind - ist mir heute noch lebhaft in Erinnerung. Die drei älteren Brüder, teils der Schule entwachsen, sehe ich noch deutlich vor mir, wie sie an so einem Heiligen Abend, jeder mit einem kleinen Schmalzpfandl, in dem ein Stückchen Würstl seiner Bestimmung harrte, in der Hand, dastanden. Abwechselnd liefen sie dabei in die Stube, wo sie mit großer Ungeduld den Uhrzeiger verfolgten, denn die Grenze der Fastenzeit - die war damals um 4 Uhr - mußte streng eingehalten werden, bis sie endlich das Pfandl auf die Glut stellen durften.

Für Bäuerin und Mägde gab es an diesem Tag noch sehr viel zu tun, die Bäuerin mußte wie zu Ostern die Mehlspeisen für die Feiertage zubereiten. Alles Holzgeschirr wurde an diesem Vormittag sauber geschrubbt und gerieben. Im Stall war es die Arbeit der Viehdirn. Für den Nachmittag blieb dem Stallpersonal noch das Heu für das ganze Vieh für drei Tage vorzubereiten. Manchmal schob sich noch ein Sonntag zwischen die Feiertage. Die ohnehin knappe Freizeit an den Feiertagen wollten die Mägde doch ein wenig genießen. Ebenso hatte die Moadirn für die Schweine vorzusorgen, auch das Holz mußte für die Feiertage hereingeschafft werden. Es war bei den Bauern streng verpönt, an einem Sonn- oder Feiertag Holz ins Haus zu tragen. Im Haus mußte jede die ihr zustehenden Gefäße säubern, und nichts durfte übersehen werden. Nur das Milchgeschirr, das ja sowieso jeden Tag gewaschen wurde, war Angelegenheit der Sennerin. Zum Milchgeschirr gehörten zwei Melksechter*, Milchschaff mit dazupassendem Holzdeckel und die Milchseihe. Im Holzdeckel war ein rundes Loch, auf das die Seihe, die ebenfalls mit einem Loch versehen war, gestellt wurde. In das Loch der Seihe wurde ein

Wurzelriegel gestopft. Vor Gebrauch wurden die Wurzeln in Aschenlauge ausgekocht, was öfters wiederholt wurde, und die Wurzeln von Zeit zu Zeit ausgewechselt. Auch zum Geschirrabwaschen verwendete man einen Wurzelriegel und Sand. So wurde das Milchgeschirr jeden Tag mit Riegel und Sand bearbeitet. Nach der Sauberkeit des Milchgeschirrs wurde die Tüchtigkeit einer Sennerin beurteilt, ebenso legte eine fleißige Sennerin großen Wert auf solche Einzelheiten. Der Abwaschstotz war ein rundes Gefäß, ohne Griff und Henkel mit ungefähr 80 cm Durchmesser, der Stotz stand auf dem Saukübel, in den das mit Speiseresten angereicherte Abwaschwasser für den Schweinetrank geschüttet wurde.

Wenn es ganz dunkel war, so um halb sechs, wurde die Räucherpfanne hervorgeholt und Glut hineingegeben, und auf die Glut kamen dann kleinweise und nach Bedarf die Stengel vom abgerebelten Weihbuschen, Zweige von geweihten Palmbesen und Späne von geweihten Scheiteln, was schon alles vorbereitet war; natürlich durfte auch der Weihrauch nicht fehlen. Dann setzte sich die kleine Prozession, die nur aus den Männern bestand, da die Weiber ja noch ihre Arbeit zu verrichten hatten, in Bewegung. Der Moa* trug die Pfanne mit Deckel, denn wenn die Kräuter zu brennen begannen, mußte er das Feuer schnell ersticken. Ein Knecht trug die Schüssel mit den Kräutern, ein anderer ein Gefäß mit Weihwasser und einer den Weihrauch, die übrigen und die Kinder hinterher. Der Rinderstall kam als erstes dran. Auf der Tenne wurde aus Vorsicht nur Weihwasser versprengt, dann ging's in den Saustall, Hühnerstall und die darüberliegenden Räumlichkeiten. Zuletzt wurden im Haus alle Winkel und Kammern geräuchert und besprengt. Meistens wurde diese Prozession stumm absolviert, aber es war jedem anheimgestellt, ein Gebet für sich zu verrichten. Nach den Erfahrungen, die wir Mägde danach immer machen mußten, war sicher nicht sehr viel Andacht dabei, denn unsere Kammer war bis zum Boden immer mit dichtem beißendem Rauch erfüllt, während sie in der eigenen Kammer nicht mit Weihrauch gespart haben. Der Abschluß war dann in der Küche, wo anwesende Mägde, Bäuerin und Kinder mit einem Kopftuch versuchten, den geweihten Rauch einzufangen, bevor die Glut in das Ofenloch geworfen wurde

Diese Räucherung wurde an den nächsten zwei Rauhnächten*, am 31. Dezember und am 5. Jänner, wiederholt. Während an gewöhnlichen Sonn- und Feierabenden der Rosenkranz gleich nach dem Nachtmahl gebetet wurde, wartete man am Heiligen Abend immer, bis die Mägde ihre Arbeit in der Küche verrichtet hatten. Damit es schneller ging, halfen auch die Stallmägde mit. An diesem Abend wurden immer alle 3 Rosenkränze und die Litanei der Menschwerdung Christi gebetet. Das dauerte fast eine Stunde, danach begann erst der Feierabend für die Mägde, was in Anbetracht des nächtlichen Kirchganges kaum als solcher empfunden wurde, es galt ja auch, noch manches für den Kirchgang vorzubereiten.

Nach dem Rosenkranzgebet teilte Mutter an alle Walnüsse und hausgebackene Kekse aus, mehr Geschenke gab es nicht. Die Knechte bekamen zugleich auch die ihnen zustehenden Wollsocken und Fäustlinge. Einen Christbaum hatten wir ganz selten und wenn, wurde er nur für die Kinder im Elternschlafzimmer aufgestellt. Die kurze Zeit, die bis zum Kirchgang blieb, verwendeten wir zum Nüsseknacken, oder wir machten auf der Ofenbank ein kurzes Schläfchen. Um zehn Uhr war es dann ohnehin Zeit, uns für den Kirchgang fertig zu machen.

Eine Person, meist der Bauer oder die Bäuerin, blieb daheim, um den Braten für die Heimkehrer zu beaufsichtigen, und die Kinder konnte man auch nicht allein lassen. Meistens war es in der Heiligen Nacht eisig kalt, nicht selten unter minus 20 Grad. Da war es nicht immer einfach, sich entsprechend warm anzuziehen, da man auf den Festtagsstaat nicht verzichten wollte, der eher für den Sommer geschaffen war. So mußte man sich unterhalb warm anziehen, und wer auch noch den Bänderhut oder „Stockhut", wie die Kopfbedeckung bei uns genannt wurde, der ja nicht wärmte, tragen wollte, wickelte sich einen warmen Schal um den Hals. Die Männer hatten es leichter, die holten ihre warmen Lodenjoppen hervor, aber kaum jemand war im Besitz eines Wintermantels. Auch das Schuhzeug war nicht danach, es gab weder Stiefel noch Pelzschuhe. Es erübrigt sich wohl zu erwähnen, wie sehr wir oft frieren mußten. Um des lieben Glaubens willen mußten wir damals viele Opfer auf uns nehmen. Eine helle, klare Heilige Nacht war aber ein gutes Omen für die Fruchtbarkeit des nächsten Jahres, eine Bauernregel sagt: „Lichte Mett'n, finstere Stad'l!" Das heißt: Wenn die Heilige Nacht hell und klar ist, prophezeit es ein fruchtbares Erntejahr, also werden die Heustadl voll sein, daher finster. Aber auch strömenden Regen hab ich in dieser Nacht erlebt.

Die Kirche war ein Eiskeller, aber da sie immer bis zum letzten Platz gefüllt war, wärmten wir uns gegenseitig. In der Kirche herrschte wie immer an solchen Tagen feierliche Feststimmung, dazu trugen nicht zuletzt auch die festlichen Roben, hauptsächlich der Besucherinnen, bei. Sämtliche Kirchenbesucher empfingen in dieser Nacht auch die Heilige Kommunion. Dieses Bedürfnis der Kirchenbesucher konnte man damals nur zweimal im Jahr registrieren, und zwar auch am Gründonnerstag, nur mit dem Unterschied, daß nicht so viele Menschen den Gottesdienst besuchten. Meistens dauerte die kirchliche Zeremonie in der Christnacht bis halbzwei Uhr. Danach traten noch die Turmbläser in Erscheinung. Die wunderschönen Melodien, die weit hinaus in die klare Winternacht hallten und uns noch ein Stück auf den Heimweg begleiteten, waren immer sehr beeindruckend. Nur für die Bläser war es kein reines Vergnügen: Von meinen Brüdern, die dabei waren, weiß ich, daß die Klappen an den Instrumenten oft eingefroren und die Finger vor Kälte ganz gefühllos wurden. Im Glockenturm war es außer der

Kälte ja auch noch sehr zugig. Um halb drei Uhr morgens waren wir zu Hause. Von dem vorbereiteten Braten, der danach aufgetischt wurde, haben die Mägde oft kaum noch was angerührt, denn die Pflicht kannte kein Pardon, denn um vier Uhr begann für sie schon wieder die Arbeit, daher verdrückten wir uns lieber gleich ins Bett. Weder Sonn- noch Feiertag machte da eine Ausnahme, um halb sieben mußte die Arbeit in Haus und Stall beendet sein, damit man zum Achtuhrgottesdienst zurecht kam.

An den hohen Festtagen – und das war wohl auf den meisten Höfen so – blieb die Bäuerin selbst am Vormittag zu Hause, um das reichhaltige Festmahl vorzubereiten. Manchmal mußte ihr noch eine Magd helfen. Ende unserer Schulzeit wurden wir Mädchen tüchtig herangezogen, denn im Winter, muß ich gestehen, gingen wir Kinder selten zur Kirche, aus dem einfachen Grund, weil wir einfach nicht über die nötige Bekleidung verfügten. Das Mittagessen zog sich an solchen Festtagen fast eine Stunde hin, jeder genoß das gute Essen und ließ sich Zeit dazu. Nach jedem Festessen war es Brauch, daß die Dienstboten sich bei den Bauersleuten, den Dienstgebern, für das gute Essen bedankten. Bei uns aßen die Eltern nie mit am Gesindetisch, daher pilgerten die Knechte nach dem Essen in die Küche, um dieser Pflicht nachzukommen, was vom Moa bis zur kleinsten Dirn meist mit einem Handkuß besiegelt wurde. Bis dann die Mägde in der Küche mit allem fertig waren, war es ungefähr 2 Uhr nachmittag. Die zwei Stunden bis zur Haus- und Stallarbeit wurden meist benützt, um etwas Schlaf nachzuholen. Am Stephanitag* gab es auch noch ein gutes Mittagessen, wenn auch nicht mehr so reichhaltig wie am Christ-, Neujahrs- und Heiligen-Dreikönig-Tag.

Am sogenannten „Johannestag", dem 27. Dezember, kehrte wieder der normale Arbeitstag ein, auch in der Kirche. Aber wenigstens eine der Mägde wurde mit einer Flasche Wein zur Weihe in die Kirche geschickt. Das war dann der Johanneswein.

Am 28. Dezember, dem Tag der Unschuldigen Kinder, war das große Ereignis für die Kinder. Nur den Bauernkindern war dieses Vergnügen – jedenfalls in unserem Bereich – streng untersagt, das wäre dem Betteln gleichgekommen. Betteln war nur jenen gestattet, die nicht genug zum Leben hatten, wie alte Leute, von denen damals kaum jemand eine Rente bezog, Arbeitslose oder kinderreiche Arbeiterfamilien. Der sogenannte Bauernstolz verbot aber den Bauernkindern das „Piesnagea." So nannte man bei uns diesen Brauch am Unschuldigen-Kindl-Tag, wenn die Kinder mit einer Rute bewaffnet von Haus zu Haus zogen und durch leichtes Schlagen mit der Rute auf den Rücken der Hausbewohner ihren Glückwunsch aufsagten: „Frisch und g'sund, frisch und g'sund, lang leben und g'sund bleib'n!" Dafür bekamen die Kinder allerhand gute Sachen, zum Beispiel Kletzenbrot*, Kekse, Nüsse, Äpfel usw. Manchmal bekamen sie auch Geld. Bauernkinder waren da stets im Nachteil, sie durften zwar viel arbeiten, dafür gab es weder Vergnügen noch Geld. Auch unsere Schulfreundinnen durften wir sonntags nie besuchen.

Am Neujahrs- und Heiligen-Dreikönig-Tag gab es keine besonderen Bräuche, außer dem Festessen zu Mittag und dem feierlichen Hochamt in der Kirche. Es gab zwar auch damals schon Silvesterveranstaltungen, aber von der weiblichen Bevölkerung der entlegenen Bauern hat kaum jemand daran teilgenommen, weil ja der Neujahrstag zum Kirchgang verpflichtete.

Lea Mondo

Ich konnte nicht schlafen von der vielen Aufregung und dem Bohnenkaffee

Lea Mondo wurde 1913 als zweitjüngste von zwölf Geschwistern in Grünburg bei Steyr (Oberösterreich) geboren, wo die Familie vom Glaserhandwerk des Vaters lebte.

In Erzählungen und Gedichten, von denen einige auch veröffentlicht wurden, hat Lea Mondo, die seit vielen Jahren in Wien lebt, ihre Lebenserfahrungen festgehalten. Hier erinnert sie sich an ihre Kindheitsweihnachten in ihrer Heimat.

Wir hatten, soweit ich zurückdenken kann, die schönsten Weihnachten, die es für Kinder nur geben kann. Im Oktober fing meine Mutter schon zum Keksebacken an. Die Menge kann ich nicht mehr genau aufzählen, denn zu Ostern gab es noch immer Weihnachtsbäckerei. Von einer Mühle in Adlwang hatte Vater drei Laib Störibrot* geholt. Zwei Kilo wog so ein Laib, der sich noch bis Ostern frisch hielt und dann erst am besten war. Kletzenbrot* machte meine Mutter selbst. Es wurde ja nur zu dieser Zeit gebacken.

Vater bestellte den Baum, den der Bauer selbst heimlich brachte. Wir bekamen nie etwas zu sehen. Um 18 Uhr war es dann endlich so weit, da wurde die Weihnachtskerze angezündet. Sie brannte 24 Stunden. Ja, aber das Warten wurde unerträglich: Die Mutter betete den Rosenkranz mit uns, ich hörte gar nicht mehr zu und plapperte nur mit.

Dann wurde das ganze Haus „extra“: Das Feuer in der Küche ging den ganzen Tag und die ganze Nacht nicht aus. Vater weihte mit Tannenzweigen über Holzkohlen. Er spritzte mit Weihwasser herum, und auch wir zwei Mädels bekamen es zu spüren. Mutter ging mit dem

Weihbrunnkessel. Sie sparte damit nicht, denn das ganze Haus vom Dachboden bis in den kleinsten Winkel wurde fest geraucht. Als es endlich 20 Uhr wurde, kam mein liebster Bruder Ferdl von Steyr mit dem letzten Zug an, der die meisten Geschenke erst mitbrachte. Nun kam endlich die ersehnte Überraschung.

Es war eine Selbstverständlichkeit, daß wir zur Mitternachtsmesse gingen, wo wir die warmen Hauben und Schals von meinem Bruder gleich tragen durften. Vorher gab es noch eine halbe Stunde Turmblasen. Meine Mutter mußte mit glühenden Schürhaken die Balkontüre auftauen, damit wir die Bläser von Steinbach herüber hören konnten; die Steyr trennte Grünburg von Steinbach. Es war unvergeßlich jedes Jahr. Die Kälte machte uns gar nichts aus. Nie war die große Kirche so voll wie in dieser heiligen Nacht.

Nach der Mette gingen wir immer zu meiner Firmpatin ganz in der Nähe. Da gab es Bratwürsteln und noch so allerhand. Bis wir wieder nach Hause kamen, war es meist zwei Uhr morgens. Ich konnte nicht schlafen von der vielen Aufregung und dem Bohnenkaffee. Den gab es nur zu Weihnachten und zu Ostern.

Wenn Sie mich fragen, ob ich heute ein Kind sein möchte oder ob mir meine Kindheit viel lieber war? Ich möchte mit keinem noch so reichen Kind von heute meine schöne, natürliche Kindheit tauschen! Mit 14 Jahren glaubten wir noch immer an das Christkind, und meine Eltern sorgten dafür, daß wir unseren Glauben an all dieses Schöne lange bewahrten. Alles war so feierlich und religionsbedacht. Die kleine Bahn fuhr von Klaus bis Steyr und an Unterhimmel vorbei, wo die Kirche Christkindl ist. Oft hatten wir gebettelt, dort hinauf zu gehen, aber meine Mutter war dagegen. Heute weiß ich erst warum: Keine Illusion wurde uns genommen.

Karl Kaulich

Mit dem Mehl konnte das ganze Haus Kekse backen

Karl Kaulich wurde 1909 in Steyr (Oberösterreich) als zweites von vier Kindern geboren. Der Vater war Buchdrucker, die Mutter führte den Haushalt und arbeitete bei einem Onkel als Kellnerin. Wegen seiner führenden Rolle im Steyrer Druckerstreik wurde der Vater 1913 des Landes verwiesen. Die Familie zog nach Graz, von wo sie 1920 nach Steyr zurückkehrte.

1929 kam auch in Steyr die große Krise; Anfang der 30er Jahre waren von den 22.000 Einwohnern 11.000 von der Arbeitslosenunterstützung ausgesteuert*. Mein ehemaliger Chef der Konsumgenossenschaft holte mich nach Krems, und ich war daher nie arbeitslos wie meine Brüder und Kollegen in Steyr. In Niederösterreich verdiente ich damals mit dem Leistungsmodus so gut, daß ich die Fahrprüfung ablegte und mir ein Motorrad (Puch 220) kaufte. Zu Weihnachten und Neujahr fuhr ich immer auf eine Schutzhütte mit den Ski, was damals nicht so üblich war.

Und ich spielte immer den Weihnachtsmann. Zu Weihnachten 1929 gab ich auf dem Frachtenbahnhof in Krems einen Sack Weizenmehl Ogg* mit 85 Kilo nach Steyr auf, und damit konnte das ganze Haus (Schiffmeistergasse 11) Kekse backen. Den Frachtbrief habe ich noch heute aufgehoben. Es war meine erste Hilfe für Steyr. Mein Vater war Fürsorgerat und schilderte mir die Schwierigkeiten mit der Verteilung der vielen Spenden, die aber doch zu wenig waren in dieser großen Not.

Weihnachten der Familie Kaulich, Steyr 1926

„1920 waren wir von Graz wieder zurückgekommen nach Steyr, wo es uns schon besser ging. Die Hausgemeinschaft in Steyr war kleiner, aber auch gut. 1926 war ich im letzten Lehrjahr zum kaufmännischen Angestellten, mein Bruder Hermann begann die Lehre als Tischler, und der jüngere Bruder, Fredl, war noch im letzten Schuljahr. Meine Schwester war nicht mehr daheim.

Typisch auf dem Foto der Mostkrug (Oberösterreich) beim Kartenspiel unter dem Baum und die Fenstervorhangerl, die in Arbeiterwohnungen erst später durch Vorhänge ersetzt wurden. Im Unterschied zu Graz gab es aber schon elektrisches Licht, da der Waffenfabrikant Josef Werndl in Steyr die erste elektrische Beleuchtung Europas geschaffen hatte.

Nach dem Kartenspiel gab es Familienmusik: Vater mit seiner Zither, ich mit der Gitarre, Hermann mit der Mandoline und mein kleiner Bruder, der damals schon Musikus war und auch Ehrenmitglied der Stadtkapelle Steyr ist, mit einigen Instrumenten. Wenn meine Schwester dabei war, wurde auch viel gesungen, da mein Vater bei verschiedenen Gesangvereinen war und es noch kein Radio gab."

ERHARD TEICH

Unterm Tisch hörten wir uns das alles an

Erhard Teich wurde 1915 in Frankenthal in Sachsen geboren. Sein Vater war Hilfsarbeiter bei der Deutschen Reichsbahn, später dann Lokomotivheizer und Beamter. Die Mutter arbeitete als Helferin in der Landwirtschaft und führte die Hauswirtschaft. Die Mutter gebar elf Kinder, Erhard war das fünfte der sechs überlebenden Kinder. Er schrieb seine Lebenserinnerungen für seine Enkel auf. Teile seiner Aufzeichnungen erschienen im „Ottakringer Lesebuch" (Böhlau-Verlag, Wien 1988).

Wenn heute schon viele Wochen vor Weihnachten auf den Straßen und Plätzen die Christbäume stehen und dann im Dunklen die Lichter brennen, dann, lieber Fritzi, ist es wohl wunderschön. In unserem kleinen Dorf gab es vor dem Heiligen Abend nie einen Christbaum und schon gar nicht einen im Freien. Aber man merkte sehr gut, daß sich irgend etwas tut. Es gab viel Heimlichkeiten. Jeder hatte was zu tuscheln und zu wispern, und kam man mal unverhofft in die Nähe, waren sie plötzlich verstummt. Es gab im Dorf nur wenig Geschäfte, und ein paar Fenster waren dann mit Tannenreisig und buntem Papier und Flitter geschmückt. Wenn Mutter im Geschäft war, stand ich dann vorm Fenster und drückte mir an den Scheiben die Nase platt. Dabei wünschte ich mir, alles was da drin ist, sollte mir gehören. Aber was ich damit anfangen sollte, da hatte ich bestimmt keine Ahnung. Nur haben wollte ich es. Selten gab es eine Kleinigkeit zu naschen. „Das ruiniert nur den Magen", sagte dann die Mutter, und damit war jedes Betteln sowieso umsonst. Zu Hause waren es die größeren Geschwister, die einen immer wieder warnten: „Du, sei ja nicht frech und folg! Sonst bringt dir das Christkind gar nichts, kriegst höchstens die Rute vom Knecht Ruprecht!" Es war etwas Geheimnisvolles um diese Zeit. Auch so etwas wie einen Krampus habe ich in Erinnerung, oder waren es mehrere Teufel, die des Nachts ihr Unwesen trieben? Meine Mutter hat nie einen solchen Gesellen hereingelassen. Schon wenn die Rute ans Fenster klopfte, waren wir unterm Tisch verschwunden und haben gezittert. Obwohl wir sonst ganz schön frech waren.

An eine Begebenheit kann ich mich noch gut erinnern. Meine große Schwester Liesbeth mußte abends vom Bauernhof vom Brunnen Wasser holen. Unser eigener Brunnen hatte kein Trinkwasser. Sie kam zurückgerannt mit nur halbvollen Kannen. Sie schlug die Haustür hinter sich zu und verriegelte sie. Sie war dem Weinen nahe und rieb sich die Wadeln. Die Krampusse hatten sie erwischt und waren nicht gerade zärtlich gewesen. Hinter einer Maske und mit der Rute in der Hand war es leicht, einem Mädchen gegenüber den starken Mann zu zeigen. Jetzt pochten sie mit den Ruten gegen die Tür. Unterm Tisch hörten wir uns das alles an. Mein Onkel von nebenan kam in den Hausflur, hat eine Kanne genommen und, wie sie wieder gegen die Haustür polterten, aufgemacht und die draußen mit Schwung alle angeschüttet. Wir haben es deutlich plantschen gehört und das Geschrei dazu. Unser Onkel war der Held des Tages, und wir alle hatten nun unserer Ruhe.

In der Adventzeit sahen wir in den Fenstern der Häuser selbstgebastelte Adventsterne und an den Scheiben bunte Bilder aus Seidenpapier. Sie waren besonders schön, wenn drinnen Licht brannte. Adventkalender mit diesen kleinen Türchen und Datum drauf gab es in jedem Haus. Nur war nie etwas drin wie bei Dir, mein lieber Fritzi; wir wußten nur, wie weit es noch bis zum Heiligen Abend war.

Für Weihnachten wurde schon zeitig gerüstet. Mutter hatte beim Bäcker seit Ostern immer etwas Geld gespart und nun alle Zutaten für die Bäckerei eingekauft. Eine Woche vor den Feiertagen ging das große Backen an. Mutter machte den Teig für Kuchen und Christstollen fix und fertig, und wir Kinder schafften dann das Ganze mit unserem Leiterwagen, in Bottichen gut verpackt und in warme Tücher eingewickelt, zum Bäcker. Es war alles Germteig, und wir hatten unseren Termin. Bis wir dran kamen, konnte der Teig noch etwas gehen. Es waren schon etliche Leute in der Backstube, und es roch unheimlich gut. Der Bäcker nahm dann unseren Teig, schlug ihn mit Wucht auf den Tisch, zerriß ihn ein paarmal und knetete ihn wieder zusammen. Der Stollenteig wurde geteilt, ausgewalkt und übereinandergeschlagen. So bekam er die typische Stollenform. Ein Zettel mit unserem Namen drauf, und dann hinein in den heißen Ofen. Dann kam auch schon unsere Mutter und brachte etliche Auflagen für die Kuchen mit. Der Teig wurde wieder ausgewalkt in Kuchenblechgröße, und Mutter belegte dann diesen mit vielen guten Sachen. Da gab's dann Mohnkuchen, Schokoladekuchen, Eierschecke, Bienenstich und Quarkkuchen, das ist Topfenkuchen. Ein besonders gutes Rezept hatte die Tante und war dafür berühmt und bei uns Kindern natürlich besonders beliebt. Es war nämlich Topfen mit Sahne und viel Eiern, und es roch so gut nach Vanille. Mit Safran bekamen die Kuchen auch so eine schöne gelbe Farbe. Der ganz gewöhnliche Kuchen war der Streuselkuchen. Er blieb auch meist übrig, bis es keine Auswahl mehr gab. Später, wenn die Feiertage vorüber waren, dann schmeckte er schon wieder, auch wenn er schon recht hart war. Dann tunkte man ihn halt vorher etwas in den Kaffee, und er schmeckte wieder weihnachtlich gut. Wir waren eine große Familie, und an den Feiertagen kamen viele Verwandte und Bekannte zu Besuch. Und da mußte man schon gerüstet sein. Schon allein wegen der sonst üblen Nachrede.

Wenn dann für uns und für die Wohnstube Großreinigung angesetzt war, dann war der Heilige Abend nah.

Das war ein Gefühl! Schlafengehen vor Weihnachten. Die Eltern gingen um Mitternacht zur Christmette, und wir konnten meistens nicht einschlafen und horchten auf jedes Geräusch. Zu uns kam das Christkind immer am ersten Feiertag in der Früh. Anders hatten die Eltern keine Möglichkeit, in Ruhe alles herzurichten. Und Vater hat den Tannenbaum auch erst am Heiligen Abend geholt und hat ihn wunderschön aufgeputzt. In unserer Schlafkammer war's heroben unterm Dach im Winter eiskalt. Auf der Tuchent beim Mund war in der früh manchmal sogar etwas Rauhreif. Aber darunter war's herrlich warm. Es waren nämlich richtig dicke Federntuchenten. Die Federn darin hatte die ganze Familie an langen Winterabenden gemeinsam geschlissen*, und jedes Jahr kamen ein paar Handvoll neue dazu. Kein Wunder, wenn sie dann hoch und schwer waren. Weil es darunter nun gar so schön warm war, fiel uns halt das Aufstehen gar so schwer.

Aber so schnell wie an diesem Morgen, als von unten die Glöckchen heraufläuteten, waren wir noch nie aus den Federn gekommen und stürmten nun im Hemd hinunter. Die Stube schaute mit dem erleuchteten Christbaum ganz fremd aus, und wir trauten uns gar nicht hinein. Nur die Großen waren die ersten bei den schönen Geschenken. Es gab nie Pakete, alles war schön aufgestellt und ausgebreitet. Wenn's auch draußen noch so kalt war, herinnen war es kuschelig warm. Mein schönstes Geschenk, an das ich mich noch erinnern kann, war ein kleines Leiterwagerl, vollgefüllt mit Nüssen. Eine Peitsche dazu mit einem Pfeiferl hinten dran. Dieses Wagerl war mir das liebste Spielzeug. Es war so fest gebaut, daß es sogar mich tragen konnte. Auch Strümpfe und warme Sachen bekamen wir, die wir meistens dringend nötig brauchten. Mein größerer Bruder Willy bekam ein Schaukelpferd, ein ganz einfaches, richtig primitives. Es war schön bemalt und ging wunderbar zum Hutschen. Wenn es frei war, saß ich schon drauf und habe mich endlos lang schaukeln können. Weißt Du, Fritzi, mir hat es so gut gefallen, daß ich unserem Gerhard, als er drei Jahre alt war, ebenfalls zu Weihnachten solch ein Schaukelpferd angefertigt habe. Doch das allerschönste in der Stube war doch der Christbaum. Der herrliche Tannenduft und das Glitzern der Kugeln. Äpfel, Nüsse und Lebkuchen waren aufgehängt sowie Schokolade und Geleeringerl, die immer eine magische Anziehungskraft besaßen und mit der Zeit immer weniger wurden. Ich habe mich gern unter den Baum gelegt und in die Zweige hinaufgeschaut und war wie in einem fernen, weiten Märchenwald. Ich stellte mir vor, wie mich der Knecht Ruprecht mit seinem leeren Schlitten und dem Christkind hinten drauf durch den tiefverschneiten Wald führt, hinauf über die Bäume, über die Wipfel und in die tiefhängenden Wolken, direkt in den Himmel, zurückkehrte. Anfangs habe ich mich gewundert, daß sich die Großen bei den Eltern bedanken. Später bin ich draufgekommen, warum das so ist. Mich haben sie lange Zeit im Unklaren gehalten, weil sie mich mit meinem Glauben an das Christkind immer sehr gut einschüchtern konnten.

Es gab noch kein Radio und erst recht kein Fernsehen, dafür wurde im Gasthaus Theater gespielt. Eine große Abwechslung für uns Kinder. In einer Weihnachtsgeschichte kam auch das Gedicht vom Knecht Ruprecht vor. Weil es so oft aufgesagt wurde, konnten wir es bald auswendig:

Von drauß' vom Walde komm ich her, ich muß Euch sagen, es weihnachtet sehr!
Allüberall auf den Tannenspitzen, da sah ich goldene Lichtlein blitzen.
Mal droben aus dem Himmelstor, sah mit großen Augen das Christkind hervor.
Und wie ich so stapf durch den finsteren Tann, da rief's mich mit heller Stimme an:
Knecht Ruprecht, alter Gesell, hebe die Beine und spute dich schnell.

Die Kerzen fangen zu brennen an, das Himmelstor ist aufgetan,
und alt und jung sollen nun, von der Last der Arbeit einmal ruhn,
und morgen flieg ich hinab zur Erden, denn es soll wieder Weihnachten werden.
Ich sprech: Ach lieber Herr Christ, meine Reise bald zu Ende ist,
ich will nur noch in diese Stadt, wo es lauter brave Kinder hat.
Christkind sprach: Ja hast denn das Säcklein auch bei Dir? Ich sprach:
Ja, ja, das Säcklein hab ich, denn Apfel, Nuß und Mandelkern haben alle Kinder gern.
„Ja hast denn die Rute auch bei Dir? Ich sprach: Die Rute habe ich hier,
doch nur für die Kinder, für die schlechten, die trifft es auf den Teil, den rechten!
Christkind sprach: So ist es recht, nun geh mit Gott, mein treuer Knecht.
Von drauß' vom Walde komm ich her, ich muß euch sagen, es weihnachtet sehr!
Nun sagt mir, wie ich's herinnen find, seids braven Kind? Seids schlimmen Kind?
Ich muß nur noch in die Wiener Stadt, wo's lauter brave Kinder hat.
Christkind sprach, so ist es recht, nun geh mit Gott, mein treuer Knecht.
... und wenn ihr heut abend nach Hause geht, schaut euch nur um, ob ihr auch schon das Christkind seht.

Zum Spielen gab es auch Zinnfiguren, Reiter und Soldaten, leider auch richtiges Kriegsspielzeug – Gewehre mit Luftdruck und Stoppel vorn drauf. Trommeln, Trompeten und Pfeifen, die zusammen einen höllischen Lärm verursachten, lagen oft bei den anderen Spielgefährten unter dem Christbaum. Nach den Feiertagen war's erst richtig schön, wenn sie zu uns zu Besuch kamen und ihre neuen Spielsachen mitbrachten. Dann haben wir sie oft ausgetauscht und spielten mit viel Phantasie.

Als die Tage länger wurden und die Sonne die Kälte vertrieb, rieselten auch die Nadeln von unserm Christbaum. Am liebsten hätten wir ihn ja trotzdem bis Ostern behalten, aber Mutter brauchte wieder den Platz in der Wohnung. Als Trost blieb uns die Verteilung der noch restlichen Süßigkeiten vom Baum. Da wurde gewürfelt, wer der erste war, der sich etwas nehmen durfte, und die Reihenfolge der anderen. Da gab es keinen Streit, und alle waren glücklich und verschmatzten unsern lieben Christbaum. Bevor er eingeheizt wurde, machte Vater aus dem oberen Teil des Baumes Quirln für die Mutti zum Essenkochen.

Hertha Bren

Ich träumte von den Erlebnissen, die das Tagebuch einmal aufnehmen sollte

Hertha Bren wurde 1922 in Wien geboren und erlebte ihre Kindheit im Arbeiterbezirk Meidling. Der Vater war Angestellter einer Waagenfabrik, die Mutter besorgte den Haushalt. So wuchs die Tochter als Einzelkind in geordneten, sozialdemokratischen Verhältnissen auf und konnte eine Höhere Schule im benachbarten 13. Bezirk besuchen. Nach dem Krieg promovierte sie und wurde Prokuristin einer österreichischen Großbank.

Hertha Bren betreibt seit vielen Jahren lokalhistorische Forschungen zur Zeit-, Wirtschafts- und Sozialgeschichte und stellt ihre Studien in Artikeln und Vorträgen der Wiener Bildungs- und Kulturarbeit vor. Hier erinnert sie sich an ihre eigenen Weihnachten.

Für mich begann schon Wochen vor Weihnachten die aufregendste Zeit des Jahres, die am Heiligen Abend vor dem im Kerzenschein strahlenden Christbaum ihren Höhepunkt fand. Sie begann mit dem Weihnachtsputz: Sämtliche Kästen, Kastln und Laden wurden ausgeräumt, gewaschen und ihr Inhalt geordnet. Dann erst kamen die Fenster und Türen dran, und den Abschluß bildete der Fußboden.

Was meine Mutter im großen vollbrachte, übte ich in meinem kleinsten Bereich: Das Nachtkastl und die große Kastenlade, die mir für meine Spielsachen zur Verfügung standen, wurden ausgeräumt und die kleinen Schätze geprüft, ob man nicht das ein oder andere liebgewonnene Spielzeug einem ärmeren Kind zum „Christkindl" schenken sollte. Ich wollte meiner Mutter nacheifern, die wahre

Kunststücke vollbrachte, um mit möglichst wenig Kosten armen Menschen zu helfen. So erfuhr ich schon als Kind, wie beglückend es ist, andere Menschen mit Geschenken zu überraschen.

Ich kann mich nicht erinnern, ernstlich an ein körperlich vorhandenes Christkind geglaubt zu haben, das in der Heiligen Nacht herumfliegt und Geschenke bringt. Doch daß am Heiligen Abend ein Wunder geschieht, ein Wunder der Liebe von Mensch zu Mensch, daran glaubte ich und glaube ich noch heute.

Ein Problem war es, Geschenke für die Eltern vorzubereiten; denn daß man die „echten" Weihnachtsgeschenke selbst anfertigen sollte, war für mich selbstverständlich. Unsere Wohnung war nicht groß, und so hockte ich in einer Zimmerecke am Boden und stickte und malte. Zahlreiche Deckerln und bemalte Schachteln für meine Mutter geben noch heute davon Zeugnis.

Mit dem Vater hatte ich da weniger Probleme, denn er kam ja erst abends vom Büro nach Hause. Da er ein leidenschaftlicher Raucher war, bekam er natürlich Zigaretten – aber keine fertig gekauften, sondern „gestopfte"; die seien nicht so gesundheitsschädlich, behauptete die Mutter. So übte ich denn von früher Kindheit an die Kunst des Zigarettenstopfens: das Auflockern des Tabaks, das Einfüllen der richtigen Menge in die Metallhülse und das Hineinstopfen in die Papierhülse, Marke Olleschau. So standen Weihnacht für Weihnacht ein bis zwei Schachteln mit je 100 Stück mühsam gestopfter Zigaretten, schön verpackt, für Papa unter dem Christbaum. Und merkwürdig: Obwohl er ja wußte, was da drinnen war, zeigte er sich beim Auspacken immer wieder überrascht und erfreut. Vielleicht dachte er daran, wieviel Liebe ich in jede Zigarette hineingestopft hatte?

Ich erlebte als Kind und auch als junges Mädchen glückliche, strahlende Weihnachten. Für damalige Verhältnisse wurde ich reich beschenkt: eine Puppe oder ein Teddybär,

Puppenküche, Spiele und natürlich Bücher, nicht zu vergessen das von Mama genähte neue Kleid.

Ein Höhepunkt vor dem Heiligen Abend war der Sonntag, der die Weihnachtswoche einleitete und den man in Wien den „Goldenen Sonntag" nannte. Die Geschäfte hatten ganztägig geöffnet, und viele Weihnachtsgeschenke wurden erst an diesem Tag besorgt. Für mich bot der Goldene Sonntag die seltene Gelegenheit, auch den Papa vor die festlich geschmückten Auslagen führen zu können und mehr oder weniger diskret auf erstrebenswerte Dinge aufmerksam zu machen. Der Erfolg blieb dann meistens nicht aus, denn er hatte ja die leichtere Hand zum Geldausgeben, und meine Mutter, die die Finanzen zu verwalten hatte, mußte oft bremsend eingreifen.

Eines Goldenen Sonntags also wurden Papa und ich allein zum Einkaufen geschickt, da meine Mutter noch mit der Weihnachtsbäckerei beschäftigt war. Ich sollte einen Hubertusmantel bekommen. Zu diesem Zweck suchten wir ein großes Kleiderhaus auf. Ich mochte damals 13 Jahre alt gewesen sein und war, was Kleidung anbelangt, ziemlich verwöhnt, da meine Mutter eine ausgezeichnete, phantasievolle Schneiderin war. Doch Hubertusmantel bleibt Hubertusmantel, daran ist nichts zu rütteln. Die richtige Größe war bald ausgesucht, und schon ging's ans Zahlen. Da kam der Chef des Hauses auf die Idee, uns einen englischen Trenchcoat mit ausknöpfbarem Kamelhaarfutter zu zeigen. Ich schlüpfte hinein, drehte mich vor dem Spiegel, wuchs dabei um einige Zentimeter und präsentierte mich wortlos dem Papa. Der konnte angesichts der Komplimente des routinierten Verkäufers für das „Fräulein Tochter" nicht nein sagen. Als wir sehr beschwingt nach Hause kamen, schlug meine Mutter wegen des Preises die Hände über dem Kopf zusammen.

Doch der Trenchcoat tat seine Dienste: Nachdem ich herausgewachsen war, trugen ihn noch meine beiden Cousinen, und in wessen Besitz er dann gelangte, blieb ungewiß, denn er wurde in der Nachkriegszeit gestohlen.

Zu Weihnachten 1933 zählte ich noch immer zu den glücklichen Kindern, die um ihre Wünsche gefragt wurden. Zögernd, weil ich nicht unbescheiden sein wollte, gab ich meinen Wunsch preis: ein Tagebuch! Am Weihnachtsabend lag es unter dem Christbaum: aus rotem Leder, mit Goldschnitt und einem kleinen Schloß, so daß man Geheimnisse darin einsperren konnte. Meine Freude war unbeschreiblich. Ich strich über das glatte, weiße Papier und träumte von den Erlebnissen, die diese Blätter einst aufnehmen sollten: von fremden Ländern, Abenteuern und der ersten Liebe.

Es kam ganz anders, als ich es ahnen konnte: Meine erste Eintragung galt den Februartagen* 1934. Schon Tage bevor der Sturm losbrach, spürten auch wir Kinder, daß etwas Unheimliches, Bedrohendes im Gange war, das wir uns nicht erklären konnten: die besorgten Gesichter der Erwachsenen, die vielen Wachleute, die berittene Polizei, die ich so gar nicht mochte, weil sie „vom hohen Roß herab" ihre Überlegenheit so protzig zur Schau trug.

Und dann die ersten Schüsse. Ich suchte Zuflucht bei meiner Mutter. Erst als mein Vater nach Hause kam, fühlte ich mich etwas sicherer. Gerüchte tauchten auf, der Bebelhof* würde mit Kanonen beschossen werden, wenn ihn der Schutzbund* nicht aufgeben sollte. In der Steinbauergasse wurden Autos mitten auf der Straße umgeworfen; „verbarrikadieren" nannte man das.

Als ich einen Blick aus dem verschlossenen Fenster wagte, sah ich, wie Soldaten mit Stahlhelmen, aus der Steinbauergasse kommend, um die Ecke in die Assmayergasse liefen und mit dem Gewehr auf die Fenster unserer letzten Stockwerke zielten; noch viele Jahre danach sah man die Spuren der Einschüsse. Mein Freund Erich und ich verkrochen uns unter die Betten meiner Eltern. Zitternd vor Angst hielten wir uns an den Händen. Dann wurde es ruhig; nur in der Ferne hörte man noch den Kanonendonner. Bürgerkrieg! Nun kannten wir die Bedeutung dieses Wortes. Nach einer Woche kehrte Ruhe ein, Grabesstille!

Die Februartage 1934 waren eine Zäsur in unserer Kindheit. Die Furcht, daß unser kleines Glück wieder einmal von außen her bedroht werden könnte, war uns nicht mehr zu nehmen. Die Familien schlossen sich enger zusammen, man wurde vorsichtiger gegenüber Außenstehenden, und vieles besprach ich auch mit meinem Freund Erich nicht mehr. Aber noch lernten und spielten wir gemeinsam und taten so, als ob alles beim alten wäre.

Auf diese Kindheitsweihnachten folgten bald sechs Kriegsweihnachten. An sie möchte ich nicht erinnern; da wurde am Heiligen Abend mehr geweint als gefeiert. Doch an das erste Friedensweihnachten 1945 denke ich trotz der damaligen Armut gerne zurück. Weihnachten in Frieden und Freiheit – man konnte es gar nicht glauben! Am Heiligen Abend saßen wir in der Küche. Im „Hausfreund" knisterte das kleine Feuerchen, das zum Kochen und zur Beheizung diente. Ein Kranz aus Tannenzweigen, die ich im Wienerwald mühsam zusammengeklaubt hatte, und eine Kerze verbreiteten weihnachtliche Stimmung, und die eingebrannten wurmigen russischen Erbsen*, ohne die wir zweifellos verhungert wären, schmeckten wie immer.

Doch dann kam eine Überraschung: Meine Mutter stellte eine Torte auf den Tisch, eine der äußeren Form nach wunderschöne Torte, nur – es war eine Erbsentorte! Und sollten Sie das Rezept vergessen haben, ich kann es Ihnen verraten:

Erbsen einen Tag lang einweichen, abseihen, die Würmer entfernen, dann roh faschieren. Die grünliche Masse mit Öl, Zucker und Backpulver abtreiben, in die Tortenform füllen und langsam backen. Auskühlen lassen, in der Mitte durchschneiden und – soferne vorhanden – mit Marmelade oder Kaffeesud füllen.

Eva Hacker

Meine Mutter hat einen Kompromiß zwischen Christbaum und Chanukka gefunden

Eva Hacker, geb. Abelis, wurde 1925 in Linz geboren. Die Familie besaß Textilfabriken in Traun und Wien. 1939 gelang die Ausreise nach Argentinien, wo Eva Hacker in Buenos Aires ihren späteren Mann im Österreichischen Klub kennenlernte. Sie kehrte über Mailand und Haifa 1952 nach Österreich zurück und lebt in Wien.

1992 führte Michael John mit Eva Hacker ein lebensgeschichtliches Interview. Für die Überlassung der folgenden Passage sei ihm an dieser Stelle gedankt.

Mein Vater war ein äußerst kultivierter und vermögender Mann. In seiner Sprache, in seiner ganzen Art war er nicht so sehr weit entfernt, was ein armer Ostjud dargestellt hat, der eben seinen jüdischen Akzent gehabt hat. Also ich glaube kaum, daß er irgendwann so auffällig war, daß er etwas herausgefordert hätte. Mein Vater war ein Freidenker, ein sogenannter, und ein Humanist. Nun, durch seine Kindheitserfahrungen in der Schule war er dem Judentum absolut zugeneigt, und er hat, ich meine, gewußt, ich bin ein Jude, und das bin ich, und dazu hab ich auch zu stehen. Aber wir haben, wir sind nie, oder einmal im Jahr in den Tempel gegangen oder gar nicht, ich kann es Ihnen gar nicht mehr sagen, weil ich eben sehr jung war. Den einen oder anderen Festtag haben wir gehalten, den Jom Kippur*, das ist ein Fasttag, also der wurde gehalten, der Versöhnungstag, und dann wurde nicht das Christkindl gefeiert, sondern es war doch Chanukka*, aber meine Mutter hat einen Kompromiß zwischen Christbaum und Chanukka gefunden. Meine Familie war wie gesagt nicht religiös, also überhaupt nicht. Es wurde Chanukka und nicht das Christkindl gefeiert, und meine Mutter hat dann eben eine Kompromiß gefunden, indem sie sich ein Holzgerät in Form eines großen Chanukka-Leuchters hat machen lassen, denselben dann mit Tannengrün geschmückt, und so war das wie eine Tannenwand, und da waren auch Kerzchen darauf und dasselbe drauf, was auf einem Christbaum ist. Denn sie hat gefunden, ein Christbaum ist etwas so Wunderschönes, das sollte jedes Kind haben.

Martha Willinger

Martha Willinger wurde 1928 in Wien geboren und schrieb die Weihnachtserinnerungen ihrer Mutter Mathilde Willinger, geborene Gašek (1908–1981), ihres Vaters (1901–1993) sowie ihre eigenen Erinnerungen auf.

Nie wieder Weihnachtsmann!

Wenn ich heutzutage die Kinder „kleiner Leute" betrachte, wie sie gut gekleidet daherkommen und gelangweilt an Süßigkeiten lutschen oder in dicke Wurstsemmeln beißen, waren wir Kinder des „gehobeneren Standes" von 1920 direkt Waisenknaben! Ich kam zwar immer gut gekleidet daher, auch fehlte es mir nie am nötigen Essen, sogar Naschwerk gab es, da ich - vielbeneidet und damals seltenes Einzelkind, Familien mit über 10 Kindern war der Durchschnitt - einen gutverdienenden Kesselschmied als Vater hatte, der in der ganzen Monarchie herumkam. Dennoch gab es nur an „hohen Feiertagen", also an meinem Geburts- und Namenstag, eine Semmel und dazu 5 dkg Extrawurst. Wie „schonte" ich mir dieses Wurststückchen, um damit recht lange auszukommen! Dabei war ich Gold daran gegenüber meiner besten Freundin Steffi, deren Vater Glasmacher war. Steffis Mutter mußte als Maurerweib dazuverdienen und nebenbei für Leute stricken. Steffi hatte von der Schule aus die Erlaubnis, während des Unterrichts, wenn nicht geschrieben wurde, zu stricken, um ihrer Mutter beim kargen Verdienst zu helfen. Als Steffi eine Schwester als Spätling dazubekam, ging es ihr noch schlechter. Oft mußte sie vom Unterricht fern bleiben, um daheim zu kochen und zu waschen.

Die Wünsche der Kinder, so sie überhaupt welche äußern durften – denn Wünsche hatten sie sicher, welches Kind nicht –, waren außerordentlich bescheiden. So wünschte sich Steffis kleine Schwester Hilda, das Christkind persönlich zu sehen. Wegen der Unmöglichkeit der Sache wurde ihr dies ausgeredet und der Weihnachtsmann als Alternative angeboten, was schließlich akzeptiert wurde.

Und ich wurde dazu ausersehen, den Weihnachtsmann zu mimen! Mir war zwar etwas mulmig zumute. Doch durch Mutters Geschick wurde ich zu einem Weihnachtsmann verkleidet, in dem ich mich selbst nicht erkannt hätte. Somit schritt ich am 24. Dezember am Spätnachmittag der nachbarlichen Wohnung zu, stilgemäß Hildas Geschenke – das waren eine Fetzenpuppe, ein Fetzenball*, eine Kleiderschürze, selbstgestrickte Strümpfe und ein Täfelchen Schokolade – auf einem von Vater selbstgebastelten Schlitten hinterherziehend, der am Gang einen Höllenlärm verursachte. Dazu bimmelte ich mit einem Eisenglöckchen ebenso stilgemäß. Hilde sah mich mit teils erschrockenen, teils strahlenden und bewundernden Blicken lang und ausgiebig an. Ich murmelte verlegen und unschlüssig etwas wie „Gruß vom Christkind", das selbst keine Zeit hätte, und betrachtete es als eine Erlösung, als Steffi mit ihren Eltern laut – als wäre das Christkind schwerhörig – „Stille Nacht, heilige Nacht" anstimmte. Endlich stürzte sich Klein-Hilda über ihre Geschenke, so daß ich unbemerkt abrauschen konnte.

Tags darauf gab es die nachbarlichen Besuche, und so kamen auch Steffis Eltern mit den beiden Mädchen zu uns. Als Hilda mich nachdenklich ansah, ahnte ich schon nichts Gutes. Plötzlich platzte sie heraus: „Na so was! Der Weihnachtsmann hat gestern genau dieselben Ohrringe gehabt wie Thildi!" Hilda vergaß zwar gleich darauf ihre Entdeckung – ich aber schwor mir: Nie wieder Weihnachtsmann!

Jedem Kind wurde ein Christbaumast zugeteilt

Zu meinen schönsten Erinnerungen an Papa gehören seine Erzählungen aus der Kinder- und Jugendzeit. Sie war zwar nicht schön, denn eine einfache Arbeiterfamilie mit 12 Kindern konnte keine hohen Sprünge machen. Vielleicht lernten deshalb die Kinder frühzeitig, sich durchzuschlagen, und wußten sich zu helfen. Damals konnten die Kinder viel „dazuverdienen". Denn Sachen, auch Abfälle, die heute achtlos weggeworfen werden, ja, die es vielleicht gar nicht mehr gibt, wurden da und dort angekauft. Kein Wunder, wenn dann die Kinder vor oder nach der Schule „strotten"* gingen. Apotheker kauften die weißen „Hundstrümmerln" und das Haspelkraut, und nicht nur einmal hat der Magister Papa mit seinen Mannen um Blutegel in die Tümpel um Floridsdorf geschickt. Auch Knochen, Glasscherben, Zinn, Zink, Kupfer und Eisen wurden gekauft, somit von den Kindern emsig gesucht. Natürlich mußten die Kinder das Geld daheim abliefern, um so zum Haushaltsbudget beizutragen. Aber wer konnte den Kindern nachweisen, wieviel Materialien sie gefunden und verkauft hatten? Jedes Kind schlug sich einige Kreuzer brach, um sich heimlich davon etwas zu kaufen. Bei Papa waren es Kakao und ein Stück altes Brot. Aber die Kinder legten sich die spärlichen Moneten auch heimlich auf die hohe Kante. Die Kleinen wurden ja auch oft für Botengänge herangezogen, die auch etwas abwarfen.

Papa und seine Schwestern und Brüder legten ihre Notkreuzer zusammen, um sich darum in der Adventzeit Christbaumbehang aus Schokolade zu kaufen. Das war nämlich so: Der Christbaum wurde zwar vom gestrengen „Herrn Vattern" gekauft, für die Behänge mußten aber die Kinder selber aufkommen. So wurden jedem Kind ein oder zwei Christbaumäste zugeteilt, die sie mit ihren Schokoladestückchen, das Geld bitter vom Mund abgespart, behängen durften. Jedes Kind bewachte dann wie ein Zerberus seine Äste mit den Schätzen darauf, und wehe, ein Kind vergriff sich am Eigentum eines anderen! Da kannte der gestrenge „Herr Vatter“ nichts, und das Rohrstaberl trat unerbitterlich in Aktion, um den gemeinen Dieb zu bestrafen. Der Christbaum für die Kinder reichte immer vom Fußboden bis zur Zimmerdecke – klar, bei so vielen Kindern. Ich hatte stets einen Christbaum in meiner Größe und war glücklich damit. Ich brauchte ihn ja mit niemandem zu teilen ...

Vater schob die Zweige in die Besenstiellöcher

Wenn ich heute zurückdenke, welcher Christbaum mir in meinem Leben die meiste Freude gemacht hat, muß ich sagen: jener im ersten Nachkriegsjahr 1945, als es weit und breit nichts gab, weder viel zu essen noch einen Nadelbaum. Da ich mich damals jedoch noch in einem Alter befand, in dem man gerade auf einen Christbaum großen Wert legt, ging mein guter Vater unter die Erfinder und am Heimweg von der Arbeit in der abendlichen Dunkelheit „auf Raub aus“. Zwei Tage vor Weihnachten kam Vater auf dem Fahrrad daher wie weiland ein Panzer in Tarnung: um und um von stacheligem Grün umgeben, das sich als Tannenreisig entpuppte.

Aber noch war das duftende Gezweig kein „Christbaum“. Obwohl Mutter kreischte, bohrte Vater tiefe, malerische Löcher in den Besenstiel, spitzte die Zweige zu und schob sie, leicht mit Kleister beschmiert, in die Besenstiellöcher. Der Besen selbst fungierte als Ständer, mit allerlei Gestein und sonstigem umgeben und mit meinem grünen Rock schamvoll verdeckt.

Wir strahlten über diesen gleichmäßig „gewachsenen“ Christbaum sehr. Nur: Was sollten wir daraufhängen? Unser Christbaumschmuck war während der Kriegsereignisse in die Binsen gegangen. Mutter wußte Rat (welche Mutter weiß keinen?): Alter, weißer Tüll wurde zerschnitten, ein Steinchen hineingewickelt – und so hatten wir uneßbare „Bonbons“. Ich selbst als alte Bastelsuse bemalte Weinbergschneckengehäuse mit Wasserfarben, ebenso aus Pappendeckel geschnittene Sterne, Herzen, „Lebkuchenreiter“. Vater tauchte Zapfen in Kalk, und statt mit Glitzerfäden behängten wir die Zweige mit bunten Wollfäden. Feuer konnte der Christbaum ja nicht fangen, weil es an Kerzen völlig mangelte.

Er sah aber sehr hübsch aus, unser Besenstiel-Christbaum. Zuletzt war mir nämlich noch eingefallen, leichte, flache Steine ebenfalls zu bemalen, mit einer Stoffschlaufe zu bekleben und sie in die Zweige zu placieren. Gab es auch kaum Geschenke, so hatten wir einen Christbaum und hatten den Krieg gesund überstanden. Infolgedessen kam unser „Stille Nacht, heilige Nacht“ aus dankbaren, fröhlichen Herzen. Heute biegen sich allüberall unsere Christbäume in Luxus – auch bei uns. Jener „Besenstiel-Christbaum“ aber war mir der liebste von allen.

Hans Stejskal

Weihnachten beim Hochofen

Hans Stejskal wurde 1916 in Wien als jüngstes von drei Kindern geboren. Der Vater starb im Ersten Weltkrieg, und die Mutter bekam als Kriegerwitwe eine Tabak-Trafik in Feldbach in der Steiermark, wohin die Familie übersiedelte. Nach 8 Klassen Volks- und Hauptschule besucht er die Staatsgewerbeschule.

Für die Finanzierung meines Studiums war ich gezwungen, über einen längeren Zeitabschnitt im Hüttenwerk Donawitz als Praktikant zu arbeiten. Der Hochofen- und Stahlwerksbetrieb erfordert einen kontinuierlichen Ablauf rund um die Uhr. Dies stellte ein Problem in bezug auf die Freizeit an Sonn- und Feiertagen dar. Von den drei Schichten hatte immer eine Schicht achtundvierzig Stunden von Samstag 14 Uhr bis Montag 14 Uhr frei; die beiden anderen Schichten mußten diese Zeit zusätzlich zu ihrer Arbeitszeit hereinbringen.

Hierfür gab es in den einzelnen Abteilungen verschiedene Regelungen. An meinem Arbeitsplatz, dem Hochofenbetrieb, galt folgendes: In einem Intervall von jeweils acht Stunden Arbeits- und Freizeit mußte der Schichtwechsel erfolgen, und das für alle Eingeteilten dreimal, bis wieder der normale Wochenturnus erreicht war.

Mein Dienst begann am Heiligen Abend um 14 Uhr. Infolge der Wegzeit von einer Dreiviertelstunde war ich schon um 13 Uhr unterwegs. Meine Mutter hatte mir zu der Verpflegung etwas Weihnachtsgebäck mit in die Aktentasche gegeben. Für die zur Schicht eilenden Hüttenarbeiter war dieser Tag ein Arbeitstag wie jeder andere. Lediglich eine beleuchtete Fichte am Tor des Einser-Portiers erinnerte daran, daß heute eigentlich der Heilige Abend sei, was mich etwas traurig stimmte. Am Arbeitsplatz verabschiedeten sich die Abgelösten schon in einer gewissen Feiertagsstimmung; sie waren die Glücklichen, die freihatten. Uns Zurückgebliebenen nahm der Arbeitslauf gefangen. Alle mußten gemäß ihrer Einteilung ihre Arbeit aufnehmen. Die Vorbereitung des Ofenabstiches erforderte von jedem einzelnen den vollen Einsatz.

Meine Aufgabe war die Überprüfung einer Reihe von Anzeigegeräten und Instrumenten, die den Betriebsablauf anzeigten. Es ging um Werte wie: Winderhitzer-Temperaturen, Gichtgaswerte, Rohrleitungsdrücke, Ofentemperaturen, Gebläsewinde und Abgase sowie um die Förderung von Koks und Erz. Die abgelesenen Ergebnisse mußten dem schichtführenden Ingenieur übergeben werden; nach diesen richtete er seine Anordnungen und den Zeitpunkt für den ersten Abstich. Für unbelastete Zuschauer war dies immer ein einmaliges Erlebnis, wenn die glühende Schlacke und das flüssige Eisen in die bereitstehenden Pfannen rannen. Die ganze Ofenumgebung wurde in einen rotglühenden Flammenschein getaucht. Durch den verbrannten Kohlenstoff leuchteten millionfach verglühende Sternchen auf. Für einen flüchtigen Augenblick sah ich die Sternspritzer* meiner Kindheit, die am Christbaum immer mein ganzes Entzücken waren. Dann ging es weiter. In Asbestanzügen, mit dunklen Brillen gegen Feuer und Licht geschützt, auf alle Handgriffe genau achtend, verrichtete die unmittelbare Ofenbesatzung ihre Schwerstarbeit.

Die nachher eingelegten Pausen konnten nicht allzulange ausgedehnt werden, weil der ganze Ablauf noch einmal wiederholt werden mußte, was wieder eine Reihe von Vorbereitungen erforderte. Nach fünf Stunden war auch der zweite Abstich vorüber. Die vollen Pfannen wurden von der Werksbahn abtransportiert, ein imposantes Schauspiel war zu Ende. Die Ofenumgebung war wieder in Dunkel gehüllt, nur die Glühbirnen sorgten für spärliches Licht. Allmählich fanden sich alle zur großen Pause im Aufenthaltsraum ein. Ich mußte noch die gezogenen Eisenproben für das Labor den Eisenträgern übergeben, dann fing auch für mich die Pause an. Ein kleines, mit einigen Kerzen geschmücktes Bäumchen stand auf dem Tisch, um den die Männer schweigend saßen und ihr mitgebrachtes Essen verzehrten. Es wurde nicht viel gesprochen. Sie waren in Gedanken zu Hause bei ihren Familien. Auch ich dachte an zu Hause, an meine Eltern, meine Schwester, im gemütlichen, warmen Zimmer beim Christbaum sitzend. Dann ging die Arbeit wieder weiter, das gleiche Spiel begann noch einmal, bis unsere Ablöse kam. Mit einem „Frohe Weihnacht!" verabschiedeten wir uns.

Draußen hatte es geschneit. Die Zweige des vor dem Tor stehenden Christbaumes waren leicht mit Schnee bedeckt. So geriet ich trotz meiner Müdigkeit in eine festliche Stimmung. Die Straßen waren menschenleer. Die beiden Häuserfronten der Siedlung links und rechts der Straße mit noch zum größten Teil beleuchteten Fenstern, deren Licht auf die schneebedeckten Vorgärten fiel, gaben der Umgebung ein festliches Gepräge. Ein langes Stück meines Heimweges war häuserlos, nur mit dem spärlichen Licht der damaligen Straßenbeleuchtung beschienen und mit Neuschnee bedeckt. Die Stille und Einsamkeit umfingen mich wohltuend und befreiend.

Zu Hause hatte meine Mutter noch auf mich gewartet. Ich war zu müde, um die weihnachtlichen Köstlichkeiten würdigen zu können. Mit den Geschenken unter dem Arm ging ich in mein mollig warmes Zimmer. Nur ein kurzer Schlaf war mir vergönnt, denn am Christtag früh um 6 Uhr mußte ich am Arbeitsplatz sein, wo sich bis 14 Uhr der gleiche Ablauf wiederholte. Der freie Nachmittag mußte für einen kurzen Schlaf genützt werden, denn um 22 Uhr mußte ich noch einmal für acht Stunden meiner Beschäftigung nachgehen. Erst am Stephanitag* ab 6 Uhr früh war mein Feiertagsturnus zu Ende. So erlebte ich Weihnachten, wie es viele in der Hüttenindustrie schon öfters erlebt haben und auch in Zukunft immer wieder erleben werden.

Die folgende Version zählt zu einer der ältesten Versionen des Arbeiter-Stille-Nacht. Es existiert eine Vielzahl von Texten zu Stille Nacht, heilige Nacht – von den Freidenkern, bis über als Marschlied umgetextetes Nazi-Stille-Nacht.

Arbeiter-Stille-Nacht

Stille Nacht, traurige Nacht,
ringsumher Lichterpracht!
In der Hütte nur Elend und Not,
kalt und öde, kein Licht und kein Brot,
:/: schläft die Armut auf Stroh :/:

Stille Nacht, traurige Nacht,
hast du Brot mitgebracht?
fragen hungrige Kinderlein.
Seufzend spricht der Vater: „Nein.
:/: Bin noch arbeitslos!" :/:

Stille Nacht, traurige Nacht,
drunten tief in dem Schacht
schlagen Wetter welch gräßliche Fron!
Gräbt der Bergmann für niedrigen Lohn
:/: für die Reichen das Gold :/:

Stille Nacht, traurige Nacht,
Henkersnacht hält die Wacht;
in dem Kerker gefesselt, geächt',
leidet schmachtend für Wahrheit und Recht
:/: mutige Kämpferschar :/:

Stille Nacht, traurige Nacht,
Arbeitsvolk aufgewacht!
Kämpfe mutig mit heiliger Pflicht,
bis die Weihnacht der Menschheit anbricht,
:/: bis die Freiheit ist da :/:

Worte:
nach Boleslaw Strzelewicz
Musik:
Stille Nacht, heilige Nacht

Dieses Arbeiter-Stille-Nacht wurde, verkürzt auf drei Strophen, in den dreißiger Jahren auf Schallplatte gepreßt und durchaus am Weihnachtsabend gespielt. Gerhard Pfeisinger, Jahrgang 1954, lebte mit seinen Eltern bis zu seinem neunten Lebensjahr bei seiner Großmutter in Graz. Dort wurde bisweilen am Weihnachtsabend – auch in Angedenken an den Großvater, der Brauereiarbeiter war und in den Februarkämpfen 1934 auf Seiten des Schutzbundes* gegen die Austrofaschisten kämpfte – dieses Arbeiter-Stille-Nacht am Weihnachtsabend gespielt. Erst nach dem Umzug in das neugebaute Haus der Eltern ging dieser Familienbrauch verloren.*

LUISE ZIPPERLE

Ich spielte einen Engel

Luise Zipperle wurde 1922 in Wien geboren und wuchs mit ihrer Familie in Wiener Neustadt auf. 1936 beendete sie die Schule und ging in den Dienst zu einer Familie in Felixdorf. Von dort lief sie weg und fand Verständnis bei ihrer Firmpatin. Durch Vermittlung eines Religionsprofessors, der mit der Familie befreundet war, erhielt Luise einen Freiplatz im Kloster der Schwestern in Theresienfeld und besuchte dort die zweijährige Haushaltsschule. Jedes Mädchen bekam beim Eintritt in das Kloster einen Namen und eine Nummer zugeordnet. Luise Zipperle durfte ihren eigenen Vornamen behalten und war ab nun Luise P 6. Die Höhe der Nummer richtete sich nach den Familiennamen – ihr Mädchenname war Drechsler –, und dadurch war die Zahl niedrig.

Es nahte mit Riesenschritten das schönste Fest des Jahres – Weihnacht – heran, und mit viel Liebe und Eifer studierten wir ein Theaterstück, „Die Sternenwiese", ein, in dem ich einen Engel darzustellen hatte. Ich war mit Feuereifer bei der Sache, denn es war dies ja ein wunderbares Erlebnis für mich. Die Aufführung war ein großer Erfolg, und alle Mädchen, die mitgewirkt hatten, waren sehr stolz. Die Zuseher sparten nicht mit Beifall, und dieses war der allerschönste Dank für uns alle, die wir mit so viel Eifer dies alles einstudiert hatten. Nach der Aufführung gab es dann eine allgemeine Bescherung, und jedes Mädchen bekam ein kleines Packerl mit etwas Nützlichem und auch Süßigkeiten, worüber wir alle große Freude hatten. Es war alles so festlich und stimmungsvoll für uns, daß man am liebsten vor Freude geweint hätte.

Luise Zipperle vermutet, daß das Stück „Die Sternenwiese" von den Schulschwestern selber geschrieben wurde. Luise Zipperle als Engel, sitzend, links außen mit einem Kreuz gekennzeichnet.

Es ging dann gemeinsam in den Speisesaal zu einem Festessen und um Mitternacht in die Kapelle zur Christmette. Wie schön und froh man in einer Gemeinschaft feiern kann, habe ich hier erstmals erlebt und nie mehr so innig wie hier! Wir hatten ja auch zu Hause jedes Jahr einen kleinen Baum, der auch aufgeputzt wurde. Wir stellten auch eine schöne Krippe darunter, die heute noch in meinem Besitz ist. Dann gingen wir bei Kälte und knirschendem Schnee in die Domkirche – eine gute halbe Stunde zu Fuß –, um in der Christmette die Geburt unseres Herrn mitzufeiern. Wenn wir dann wieder unser Heim erreicht hatten, räumten wir vor Hunger den mühsam aufgeputzten Baum wieder ab, um diesen „zu entlasten". So ging dies jedes Jahr, und gerade darum war Weihnacht im Kloster etwas so Einmaliges und Erhabenes, so ein inniges Erlebnis, wie man es nicht beschreiben, sondern nur erleben kann.

Es gab auch für uns keine Adventzeit ohne Rorate*-Gehen, und wenn es noch so kalt war und der Schnee unter den Schuhen knirschte. Wir waren oft halb erfroren, bis wir in die Kirche kamen, aber beim Singen der alten Lieder wurde einem doch ganz warm ums Herz, und die Lebensgeister meldeten sich wieder. Nach der Rorate durfte ich schon immer in meine Schulklasse und konnte mich dort aufwärmen, bis die anderen Schüler kamen. Wenn dann in der Pause die Schulmilch ausgeteilt wurde – die wir gratis bekamen –, war wieder alles in Ordnung!

Anna Siebenhandl

Nicht einmal den Heiligen Abend durfte sie in der Stube verbringen

Anna Siebenhandl wurde 1926 in Alt-Waldhäusl bei Münichreith (Niederösterreich) als zweites von drei Kindern geboren. Sie kam mit zehn Jahren zu Bauern in Dienst. Nach 15 Jahren wechselte sie auf einen anderen Bauernhof bei Melk, diente dort zwei Jahre und übersiedelte nach der Heirat nach Breitenfurt bei Wien. Sie verfaßte ihre Lebenserinnerungen für ihre Angehörigen. Ein Teil davon ist im Band 3 der Reihe „Damit es nicht verlorengeht ..." (Böhlau-Verlag, Wien 1984) abgedruckt.

Die graue Maus der Arbeitslosigkeit nagte an unserem Dasein. Deshalb freuten wir uns auch jedes Jahr auf den Neujahrstag. Lange vorher schon lernten wir Sprüchlein, die wir von Haus zu Haus aufsagten. Wir bekamen dafür dann auch ein paar Schillinge oder Krapfen. Etwas bekamen wir immer, und es ging uns eine Zeitlang wieder besser. Köstlichkeiten gab es fast gar nicht, denn zu Hause war immer Schmalhans Küchenmeister.

Was mich besonders erschüttert, ist die Tatsache, daß es so gefühllose, herzlose Menschen gibt, die ein Kind schlimmer behandeln als ein Tier. Ich hatte eine einmalig liebe Nachbarin, die leider längere Jahre schon tot ist, deren Schicksal mich heute noch erschüttert, wenn ich an sie denke. Wir unterhielten uns gern und erzählten aus vergangener Zeit, wenn uns ein wenig der sowieso knappen Zeit blieb. So erzählte sie mir, daß ihre Mutter starb, als sie selbst fünf Jahre alt war. Was das heißt, fühlte ich zu gut; ich war vierzehn, als meine Mutter an Brustkrebs nach vielen Jahren Leiden starb. Diese Frau war ein Kind von fünf Jahren und kam zu Verwandten. Man stelle sich vor, welche entmenschte Kreaturen sie waren, andere Worte finde ich nicht dafür: Nicht etwa, daß sie sich ein Bett für dieses Kind besorgt hätten – es hätte ja sein können, daß es das Bett unrein macht, da hätte ihnen ja gegraust. Sie schickten das fünfjährige Mädchen auf den Heuboden zum Schlafen. Man braucht sich ja nur einmal die Angst vorstellen: Das Heu raschelt bei jeder Bewegung, Mäuse knabbern, der Wind pfeift, die Dachbalken ächzen und stöhnen. All das muß ein Kind erst anhören, bis es erschöpft einschläft. Alte, grobe Roßdecken oder Lumpen zum Zudecken, ja sogar im Winter mußte sie am Boden schlafen. Ja nicht einmal den heiligsten aller Tage, den Heiligen Abend, durfte sie in der warmen Stube verbringen, mußte auch da hinaus und durfte nicht teilhaben an Weihnachtsfreuden und Christbaum. Sie hätten sich ja möglicherweise schämen müssen mit so einem Kind, das niemand hat, der sich um es kümmert.

Maria Trettler

Der Vater kam nur zu Weihnachten

Maria Trettler wurde 1928 in Kaisersdorf im Bezirk Oberpullendorf (Burgenland) als Älteste von vier Geschwistern geboren. Ihre Muttersprache ist Kroatisch. Ihr Vater, von Beruf Zimmermann, wurde 1901 und ihre Mutter, Hausfrau und Landwirtin, 1903 geboren.

Der Großvater mütterlicherseits, dessen Sohn und auch mein Vater waren Zimmerleute. Da es im Burgenland keine Beschäftigungsmöglichkeiten gab, waren sie gezwungen, schon damals auszupendeln, und zwar waren es überwiegend die westlichen Bundesländer bis Vorarlberg und das Dreiländereck. Das dauerte vom Frühjahr bis vor Weihnachten, das heißt, sie kamen nur einmal im Jahr nach Hause.

Meine Eltern besaßen eine kleine Landwirtschaft im Ausmaß von eineinhalb Hektar Eigengrund und zwei Joch Pachtgrund, eine Kuh, eine Ziege, zwei Schafe, Schweine, Hühner und Gänse. Dies alles wurde von der Mutter betreut. Da wir eine achtköpfige Familie waren – Eltern, meine Großeltern väterlicherseits und vier Kinder –, reichte dies bei weitem nicht aus, so daß mein Vater gezwungen war, in der Fremde zu arbeiten. Um die Familie tatsächlich ernähren zu können und anfallende Zahlungen leisten zu können, war auch die Mutter gezwungen, noch nebenbei nach Verdienstmöglichkeiten zu trachten. So arbeitete sie nebenbei noch bei den größeren Bauern, ging im Sommer Beeren brocken und Pilze sammeln und verkaufte diese an den Händler, um uns hungrige Mäuler zu versorgen. Alles was wir Kinder bekamen, mußte mit den Großeltern gerecht geteilt werden.

Wenn mein Vater vor Weihnachten nach Hause kam, brachte er auch nicht allzuviel Erspartes mit, denn schließlich schickte er, wenn er Arbeit hatte, schon zwischendurch Geld nach Hause, mußte sich selbst verpflegen und auch noch die Hin- und Rückfahrt bezahlen. Zur damaligen Zeit war dies eine kleine Weltreise. So war dann auch Vater gezwungen, anstatt auszuruhen, im Winter nach anderem Verdienst zu suchen.

Vor allem wurde in großen Mengen Birkenzweige geschnitten. Diese wurden dann in der Küche oder auch in der Wohnstube, je nachdem wo es gemütlich warm war, zu Besen verarbeitet. Sie wurden nach Möglichkeit verkauft und von dem Erlös wieder das Notwendigste – wie Petroleum für die Lampen, Zucker, Kaffee – eingekauft. Natürlich mußte es sich auch auf fünf Zigaretten oder 1/4 Liter Wein ab und zu ausgehen.

Besonders vor und zu Weihnachten war es eine sehr schöne Zeit voller Erwartungen und Überraschungen. Mutter hatte immer die Hände voll zu tun und viele Vorbereitungen zu treffen. Bereits am Nachmittag des Heiligen Abends war unsere Mutter verschwunden, das vordere Zimmer war abgesperrt, die Fenster standen weit offen, denn bei Eintritt der Dunkelheit kam das Christkind, und zwar kam es – wie könnte es auch anders sein, nachdem mein Heimatort rundum von Wald umgeben war und noch heute ist – vom tiefen dunklen Wald, mit goldenem Wagen, von Schimmeln gezogen, die man aber nie sah. Sowohl ich als auch meine Geschwister waren an diesem Nachmittag äußerst brav. Wir verrichteten, ohne uns zu zanken, an diesem Tag die uns aufgetragenen Hausarbeiten. Einer füllte in der Küche die Holztruhe mit Holz, der andere hat den Stall gereinigt und dem Vieh eingestreut, alle mitsammen bereiteten wir das Futter für die Kühe vor, indem wir die Futterrüben häckselten, Stroh und Kukuruzstroh mit der Maschine schnitten und alles abmischten. Das Vieh wurde versorgt, nachher wurden wir in einem Waschtrog gebadet. Wenn die Abendglocken erklangen, haben wir uns alle zum Abendgebet eingefunden. Nach dem Beten ertönte ein Glöcklein, die Tür zum großen Zimmer ist aufgegangen, drinnen stand das Christkind im weißen Kleid. Es war eine alte Frau, die täglich zu uns zum Abendgebet kam. Der Christbaum – eine Tanne, vom Boden bis zur Zimmerdecke reichend – stand im Lichterglanz der Wachskerzen vor uns. Schüchtern traten wir näher, knieten nieder und beteten mit den Eltern und Großeltern zum neugeborenen Jesuskind. Anschließend sangen wir Weihnachtslieder in Kroatisch und Deutsch.

Geschenke gab es nur für uns Kinder, und zwar selbstgestrickte Socken, Fäustlinge, Schals, Trainingshosen, Strümpfe, Schuhe und eventuell Schulrequisiten. Spielzeug gab es normalerweise keines, außer wir bekamen von unseren Verwandten aus Berndorf und Leobersdorf übertragenes. Den Christbaum schmückten Äpfel, Lebzelten, rote und blaue, in Silberpapier gewickelte Nüsse und Würfelzucker, selbstgemachte Gußschokolade und Girlanden. Die Spitze zierte ein goldener Engel. Nach der Bescherung wurde das Nachtmahl gegessen, anschließend gingen wir zu den Verwandten und Bekannten die Christbäume anschauen. Da mein Großvater mütterlicherseits allein war und am anderen Ende des Ortes in circa einem Kilometer Entfernung wohnte, haben wir auch ihn besucht und überbrachten ihm einen Nuß- und Mohnstrudel. Auch er hatte ein Bäumchen auf der Tramdecke* hängen, ebenfalls mit Äpfeln, goldenen Nüssen und Orangen, Backwerk behangen. Um Mitternacht besuchten wir alle die Mette; entweder der Vater oder der Großvater blieben im Haus. Oft gab es schon sehr tiefen Schnee, und es war grimmig kalt, wovor wir jedoch nicht zurückschreckten. Da es noch kein elektrisches Licht gab, waren die Straßen stockfinster, die Kirche von Kerzen hell und feierlich erleuchtet. Es war sehr schön! Der Höhepunkt war das Lied „Stille Nacht, heilige Nacht" oder bei uns „Tiha noć, sveta noć". Wenn wir um circa 1 Uhr nach Hause kamen, gab es selbstgemachte Bratwürstel und Tee, dann gingen wir schlafen. Die Mutter ging danach noch in den Stall und besprengte diesen mit Weihwasser.

Dona Schulz-Krüger

„Woast, nur solche Bäum' darf ma nehma, welche koan Platz zum Wachs'n ham."

Dona Schulz-Krüger wurde 1928 als Berta Meier als Tochter des Posthalters in St. Georgen bei Dießen am Ammersee (Oberbayern) geboren. Ihre Eltern betrieben außerdem eine kleine Landwirtschaft. Dona ist ihr Ruf- und Kosename. Sie hatte zwei ältere Brüder, eine ältere und eine jüngere Schwester. Dona Schulz-Krüger hat ihre Erlebnisse in dem Band „Ein Guter vertragt's. Erlebnisse aus frühen Jahren 1935–1956" in der edition Fischer im R. G. Fischer Verlag, Frankfurt 1990, veröffentlicht.

In meiner Kindheit gab es viel mehr Schnee als heute. Ging es auf Weihnachten zu, war für mich eine große Freude, wenn Vater mich mitnahm, aus dem tief verschneiten Wald einen Christbaum zu holen. Schon die Ankündigung „Morgen geh'n wir ins Holz" versetzte mich in Hochstimmung. Das Holen eines Christbaumes war das beste Anzeichen, daß Weihnachten vor der Tür stand.

Früher gingen die Leute vom Dorf nicht in den *Wald,* sie gingen ins *Holz.* Wie die Erwachsenen liebten wir Kinder Wald und Bäume, der Wald gab uns Beeren und Pilze, die Bäume das Holz für den warmen Ofen; der Wald war für uns das halbe Leben. Betraten wir den Wald, war uns romantisch und feierlich zumute, wir dachten an Märchen- und Sagengestalten, freuten uns, äsende Rehe zu sehen, und betrachteten die vielen Tierspuren, welche mit ihren Abdrücken im weichen Waldboden oder im Schnee uns verrieten, welche Tiere vor uns den Weg gekreuzt hatten. Vater und ich stapften durch den hohen Schnee ins Holz, ich hinter ihm mich bemühend, in seine großen Fußstapfen zu treten, damit ich nicht mit meinen kleinen Füßen bis übers Knie im Schnee versank. Große Schritte mußte ich machen, obwohl Vater sich bemühte, Fuß vor Fuß zu setzen, um mir den Weg zu bahnen.

Vater suchte zielstrebig die Bäume ab. „Woast, nur solche Bäum' darf ma nehma, welche koan Platz zum Wachs'n ham." – „Der hier vielleicht?" – „Na, der hat Platz g'nua. Der muß steh'n bleib'n und wird amal a großer, fester Baum. Aber der da, den druck'n die ander'n so zamm', daß er verkümmert. Den nehma mir. Er muß jung sterb'n, aber vorher darf er a schöner Christbaum werd'n." – „Ob's dem Bäuml' freut?" – „Freust du di net, wenns d' schön an'zog'n und g'schmückt bist? Und der da hat a schöne Spitz'n, so wie mir's mög'n!"

Vater suchte immer lange, bis er den wirklich schönsten, voll und dicht benadelten Tannenbaum mit gutem, geradem Wuchs gefunden hatte. Obwohl ich bei der langen Suche zu frieren begann, war mir wohl und heimelig ums Herz, mir kamen weihnachtliche Verse in den Sinn, die ich im stillen Wald laut vor mir hersagte:

„Von drauß' vom Walde komm ich her,
ich möcht Euch sagen, es weihnachtet sehr,
und überall auf den Tannenspitzen
sah ich goldene Lichtlein blitzen . . ."

Es begann schon zu dämmern, wenn wir den Heimweg antraten, aber den Weg hätten wir auch in der Dunkelheit gefunden, so vertraut waren uns alle Pfade und Stege, Schneisen und Lichtungen. Mutter erwartete uns mit heißem Tee und Weihnachtsplätzchen, deren Duft vom Bakken zog herrlich durch das ganze Haus; im Kachelofen brutzelten Bratäpfel.

Wenige Tage später war dann endlich Heiliger Abend! Wir sangen „Stille Nacht, heilige Nacht", und nachdem ein Glöckchen erklang, durften wir die große Wohnstube betreten. Da stand er, der noch immer nach frischem Harz duftende und nun schön geschmückte Baum im Glanz der Kerzenlichter, war gar nicht mehr wiederzuerkennen, wie ein König des Waldes kam er mir vor. Unterm Baum lagen unsere Geschenke, stets nützliche Sachen, die wir sowieso gebraucht hätten: Handschuhe, Schal, warme Schuhe und Kleider. Bekamen wir Mädchen eine Puppe oder gar ein Buch, fühlten wir uns maßlos verwöhnt. Weil ich so gern und viel las, erfreute man mich jedes Jahr mit einem Buch von Johanna Spiry; deren Erzählungen mochte ich besonders gern. Ich las sie mehrfach hintereinander, das erstemal noch an Heiligabend. Ich nahm meinen großen bunten Teller, gefüllt mit Weihnachtsplätzchen und anderen so selten erhaltenen Süßigkeiten, und zog mich samt Buch in eine stille Ecke zurück.

Vater hatte an Heiligabend Großeinsatz bei der Post. Todmüde kam er spätabends heim, nachdem er Berge von Paketen mit Fahrrad oder Schlitten den Empfängern auf langen Wegen zugetragen hatte. Dennoch ging er mit uns allen nachts die mehr als vier Kilometer zur Mitternachts-Mette in der Dießener Klosterkirche. Las ich in späteren Jahren die Verse „Advent" von Rainer Maria Rilke, erinnerten sie mich an das Christbaumsuchen mit Vater im Holz.

ALOISIA HINTERHOFER

Der Sternenhimmel, die Lichter auf den schneebedeckten Gräbern und das schöne Lied – das brachte mich zum Weinen

Aloisia Hinterhofer wurde 1921 als erstes von zwei Kindern in Hausenbach bei Karlstetten im Dunkelsteinerwald (Niederösterreich) geboren. Die Eltern hatten eine kleine Landwirtschaft in Pacht.

Vor Weihnachten machte die Mutter überall gründlich: Holzsachen wurden gerieben, Fußböden geschrubbt, Messing geputzt, halt alles auf Glanz hergerichtet. An Abenden, wenn wir zwei Kinder schon im Bett waren, machte sie Bäckereien, billige natürlich; Vanillekipferln gab es nicht.

Drei Tage vor dem großen Fest buk die Mutter Brot, Weißbrot, Guglhupf, Mohnstrudel und Kletzenbrot*. Vater schlug immer den Guglhupfteig mit einem großen Holzschläger ab. Wir sahen ihm zu und kosteten den Teig, er schmeckte. Die Mutter schimpfte immer mit uns, sie sagte: „Der rohe Germteig ist ungesund!" Vater brachte Scheitholz in die Küche, und der Backofen wurde geheizt. Die Mutter machte uns Feuerflecken* und gab Rahm darauf; diese Flecken mundeten. Wenn das Holz verbrannt war, hatte der Backofen die richtige Hitze, und das Brot, Strudel und Guglhupf wurden hineingegeben. Das ganze Haus roch sehr gut nach den Feiertagsbackwaren. Man merkte ganz genau, daß nur mehr ein paar Tage auf Weihnachten fehlten. Kletzen* und gedörrte Zwetschken kochte die Mutter, das gab eine Zwetschkensuppe.

Am Heiligen Abend richtete Vater den Christbaum im Schuppen zurecht: Er wurde ins Christbaumkreuz eingepaßt, und fehlende Ästchen wurden eingebohrt; Vater gab sich immer Mühe, daß ein einseitiger Baum ein schöner wurde. Stolz trug er ihn in Großvaters Stube. Wir Kinder durften dann nicht mehr hinein. Wenn der alte Großvater herauskam, frugen wir, ob er das Christkind schon gesehen hätte. Er sagte: „Ja, es ist beim Fenster schon vorbeigeflogen. Aber wir müssen brav sein, sonst fliegt es weg, es wollte sicher herein!" An diesem Abend waren wir sehr brav.

Die Eltern zogen sich um, Vater band eine blaue Halbschürze um, auch die Mutter nahm eine frische Kleiderschürze. Um 18 oder 19 Uhr läutete es. Die Eltern nahmen uns bei der Hand, und wir gingen hinaus ins Vorhaus. Die Stubentür war offen, es stand ein großer, wunderschöner Lichterbaum in der Stube. Heute, mit sechzig Jahren, sehe ich den Baum genauso vor mir stehen. Alles wurde bewundert, Vater zeigte uns jedes einzelne Schmuckstück. „Die Engelhaare sind von den Engeln, die dem Christkind geholfen haben beim Baumschmücken", sagte er. Unvergeßlich sind mir die Sternspritzer*, ich glaubte an Sternderl vom Himmel. Es war alles so, als wäre es direkt vom Himmel gekommen, Bäckerei, Äpfel und ein paar Schokoladestückerl hingen an dem Baum.

Dann beteten wir drei Vaterunser – eines galt den Verstorbenen – und das Glaubensbekenntnis. Anschließend sangen wir „Stille Nacht, heilige Nacht!" Nach einiger Zeit sagte die Mutter: „Jetzt löschen wir die Kerzen wieder aus, damit wir sie am Alt- und Neujahrstag auch wieder anzünden können."

„Heute wird gewacht bis nach Mitternacht, und um elf Uhr gehe ich in die Mette", sagte der 84jährige Großvater. Er holte die Laterne, putzte die Gläser mit Zeitungspapier und gab eine Kellerkerze hinein. Um halb elf Uhr zog er sich warm an, setzte seine Pudelhaube auf, nahm den Gehstock und die Laterne und marschierte los. Die Mutter sagte: „Der Vata sollte nicht so früh fortgehen, es ist alles verschneit, kein Pfad!“ Es hatte ja den ganzen Tag über geschneit, die Dorfbewohner sollten erst Pfad treten. Nachdem um 24 Uhr die Mette war, mußte Großvater schon um 23 Uhr weggehen, da er nicht mehr so schnell gehen konnte, und der Weg war ja drei Kilometer lang.

Die Dorfbuben hatten ihre Freude, wenn sie den Großvater oben auf der Höhe mit der Laterne sahen. Sie rannten ihm nach, bald hatte er eine Schar Buben um sich. Rings um die Kirche ist der Friedhof. Auf vielen Gräbern brannten Kerzen, ebenso beim Kriegerdenkmal. Das war rührend. Die Kirche war wunderschön beleuchtet. Zur Mette, zum Altjahr-Segen und zur Auferstehung ist das riesige Bild des Heiligen Ulrich auch ringsherum beleuchtet. Ein großartiger Anblick.

In der großen Kirche war es sehr kalt – die Sitzplätze glichen kalten Steinplatten –, trotzdem war sie gesteckt voll Menschen. Nach der Mette warteten die Buben schon wieder auf den Großvater. Im Vorhäusl zündete er die Kerze in der Laterne an, und die kleine Schar trat den Heimweg an. Im Turm waren die Turmbläser und spielten „Stille Nacht, heilige Nacht!“ Viele Menschen blieben im Friedhof stehen und lauschten in dieser Stille dem Lied. Man mußte weinen: das schöne Lied, der Sternenhimmel, die Lichter auf den schneebedeckten Gräbern und das Kriegerdenkmal beleuchtet. Es stimmt, wie es im Lied heißt: „Weihnacht, wie bist du so schön!“

Nach dreiviertel Stunden Fußmarsch waren sie zu Hause. Bei uns gab es eine Leberknödelsuppe, Bratl, Krautsalat, nachher Tee, Mohnstrudel und Guglhupf. Alles schmeckte sehr gut. Diese köstlichen Sachen gab es nur viermal im Jahr: zu Ostern, Pfingsten, Weihnachten und Neujahr. Außerdem war die Mutter eine vorzügliche Köchin.

Der Heilige Abend war bis Mitternacht ein Fasttag. Die Mutter mußte immer bei uns zu Hause bleiben, als wir noch klein waren, und sie hatte ja alle Hände voll zu tun.

Allein mit den Kindern getraute sich Mutter nicht zu bleiben, da ja unser Haus allein steht, deshalb blieb Vater bei ihr zu Hause. Lange ließ uns Kinder die Mutter nicht zur Mette gehen; sie sagte: „Bei diesem vielen Schnee ist es um Mitternacht sehr kalt, ebenso die Kirche und die Sitze: Ihr werdet krank!"

Mit elf Jahren durfte ich das erstemal in die Mette gehen, und da sah ich all dieses Schöne.

Eleonore Redos

Es stand in der Ecke ein kleiner Fichtenbaum

Eleonore Redos wurde 1921 in Waidbruck am Eisack in Südtirol geboren und hatte sechs Geschwister. Als sie zu Weihnachten 1934 aus dem Mädchenpensionat heimkehrte, war das elterliche Geschäft geschlossen.

Dieses Jahr werde ich nicht vergessen! So vieles geschah, und es war alles so unverständlich für mich! Als ich in die Weihnachtsferien fuhr, war ich sehr erstaunt und verwundert, daß mich unser Chauffeur „Tony“ in der Kreisstadt nicht mit unserem Fiat erwartete. Tante „I“, wie wir sie nannten, stand am Bahnhof, als ich vom kleinen Bergbähnlein ausstieg. Sie war sehr ernst und sagte: „Du mußt heute mit der Eisenbahn nach Haus fahren!“ Irgendwie war ich stolz, alleine fahren zu können, aber es schien mir alles so komisch.

Auf der Reise, die eine dreiviertel Stunde dauerte, träumte ich schon von der herrlichen Weihnachtsauslage unseres großen Geschäftes, dachte an die duftenden Tannenzweig-Girlanden, die vielen bunten Christbaumkugeln, an das rotierende Engelkarussell. Auf einem großen Metallring tanzten zwölf kleine Holzengelein, die durch elektrischen Strom bewegt wurden.

Es war schon leicht dämmrig und sehr kalt. Ich stieg aus dem Zug mit meinem Gepäck, ging alleine über die Brücke am Eisack, doch aus der Ferne sah ich, daß mein Elternhaus ohne Beleuchtung war. Ich konnte dies nicht verstehen ... Stromausfall!? ... Nun stand ich am Hauptplatz, unser Haus stand ganz im Dunkeln, an allen Fenstern unseres Geschäftshauses klebten große Transparente und ich las: „FALLIMENTO TOTALE" – Total-Ausverkauf – Konkurs!

Ich stieg die vielen Stufen zu unserer Terrasse hoch, überall war es dunkel und still, nur im großen Hausgang brannte ein Licht. Die große geschnitzte Holztür stand offen, „Stine", unser Kinderfräulein, kam mir mit ernstem Gesicht entgegen. Aus dem Zimmer meiner Eltern kam Mamma, auch mit ernstem Gesicht und sagte: „Papa ist krank, komm einen Sprung zur Begrüßung, er darf aber nicht sprechen!" Mein Vater lag im großen Bett, das Gesicht war ganz weiß und eingefallen, kein Lächeln, die Augen hatten keinen Glanz. Im Kinderzimmer saßen meine Geschwister am großen Tisch und spielten. Christian stand auf und drückte mir herzlich die Hand, es wurde mir etwas wohler ums Herz.

Am nächsten Tag ging ich zu meiner Firmpatin. Sie heulte wieder, genau wie beim Abschied vor der Abfahrt ins Pensionat. Sie sagte so viele unverständliche Dinge, ich wurde richtig traurig. Traf ich in den nächsten Tagen Bekannte auf der Straße, immer diese ernsten Gesichter und alle die Reden, die ich nicht verstand. Der Herr Pfarrer war auch ganz anders als ich ihn früher kannte, er sprach von Tragik, Betrug, Testamentänderung, Krankheit meines Vaters, lauter unverständliche, unfaßbare Dinge!

Der Heilige Abend kam. Aber es stand nicht der große, bis an die Zimmerdecke reichende Tannenbaum im großen Stuben-Wohnraum, es stand in der Ecke ein kleiner Fichtenbaum. Am kleinen Harmonium spielte ich „Stille Nacht, heilige Nacht", und die Buben – meine Brüder – sangen mit mir einige kleine Weihnachtslieder. Am Christtag oder Stephanstag* gab es keine lustigen Schlittenfahrten mehr, wie in früheren Weihnachtsfeiertagen. „Stine" sagte, im Stall stünden keine Pferde mehr. Das Geschäft sei geschlossen, ein italienischer Verwalter hätte nun alles unter seinem Kommando! Auch meine Stute „Flora" oder der „Astor", alle Pferde? Überhaupt alles ist weg und alle Angestellten vom Geschäft und den Höfen und den Stallungen seien fort, nur sie – „Stine" – sei noch geblieben, obwohl auch sie schon einige Zeit kein Gehalt mehr bekommen hätte.

Ich fuhr dann zu Dreikönig wieder ins Pensionat zurück, mit einem schweren Herzen, ohne viel Freude und weil ich wieder weg von meinen Geschwistern mußte, besonders von Christian. Ich wußte nicht, was passieren würde.

Maria Horner

Ich ließ alles liegen und stehen, die Frau oben in den Wehen ging allem voraus

Maria Horner wurde 1917 als uneheliches Kind einer Magd und eines Knechts in Maria Rojach im Lavanttal (Kärnten) geboren und wuchs im nahen Gemmersdorf bei ihrer Großmutter auf. Zunächst war sie Dienst- und Kindermädchen, bis sie schwanger wurde und 1937 den Kindsvater heiratete, als dieser Arbeit im Bergbau fand.

Der Anschluß eröffnete Maria Horner die Möglichkeit, ihren langgehegten Ausbildungswunsch zu verwirklichen und eine Hebammenschule (in Graz) zu besuchen. 1941 ließ sie sich als freipraktizierende Hebamme in Judenburg (Steiermark) nieder.*

Die Lebenserinnerungen von Maria Horner erschienen als Band 4 der Reihe „Damit es nicht verlorengeht ..." (Böhlau-Verlag, Wien 1985).

Die Kriegsjahre 1941 bis 1945 stellten an mich große Anforderungen: Es waren fast keine Ärzte, wenig Medikamente, ich hatte kein Fahrzeug außer meinem Fahrrad. Die Entfernungen betrugen oft zehn bis zwölf Kilometer, zu Einschichthöfen* auf Berge und in Gräben hinein. In unserer Stadt waren nur zwei Ärzte, und die waren schon alte Männer. Der Primarius vom Krankenhaus war ein Kriegsversehrter aus dem Ersten Weltkrieg; dann war noch ein praktischer Arzt, der Herr Medizinalrat. Wenn ich weit weg zur Geburt mußte, war es schwierig, diese Ärzte dorthin holen zu lassen.

An einem Weihnachtsabend um siebzehn Uhr kam ein fünfzehnjähriger Bauernjunge, um mich zu einem hochgelegenen Bauernhof zu holen. Zu Hause hatte ich für diesen Abend, so gut es damals im Krieg eben ging, die Vorbereitung gemacht: einen Christbaum und ein reichhaltigeres Abendessen. Ich ließ alles liegen und stehen, die Frau oben in den Wehen ging allem voraus.

Es war Schneefall, und der Weg war verschneit. Der Junge, der mich geholt hatte, stapfte voraus und ich hinterdrein, zuerst eine Gehstunde auf ebenem Gelände, dann eine Gehstunde bergan mit furchtbarer Anstrengung. Ganz durchnäßt und müde trafen wir bei diesem Einschichtbauern ein.

Dort war alles armselig: eine dunkle Kammer, ein Bett mit kaum einer Bettwäsche und darin ein junges Mädchen in Geburtswehen. Es war die älteste Tochter von sieben Kindern. Sie war erst siebzehn Jahre alt und erwartete ein uneheliches Kind. Ihre Angehörigen waren darüber nicht erfreut. Nachdem ich die Untersuchung gemacht hatte, war es klar, daß es wohl am Termin, die Geburt aber noch lange nicht zu erwarten war. Das Haus war kalt, nur um den Ofen in der großen Stube, wo das Bett stand, war es etwas wärmer. Mir wurde im selben Raum auch ein Lager errichtet, denn ein Nachhausegehen war nicht mehr möglich. In meinem Bett sowie auch in dem der werdenden Mutter waren so viele Wanzen und Flöhe, daß an ein Einschlafen nicht zu denken war. Meine Gedanken kreisten um das arme werdende Kind.

Es verging der Heilige Abend, auch der Christtag. Ich wendete Mittel an, die zur Beschleunigung der Geburt helfen sollten, keine Medikamente, sondern warme Sitzbäder und dergleichen. Erst am Stephanitag* ging die Geburt nach vielen Stunden vorüber. Mutter und Kind waren gesund. Aber die ganze Geburt war voller Hindernisse gewesen und ich in großer Sorge. Ich wußte, ich habe keinen ärztlichen Beistand: Die zwei Ärzte waren zwei Gehstunden entfernt und solchen Strapazen nicht mehr gewachsen. Die junge Mutter war erschöpft, aber ihr Gesichtsausdruck zeigte Freude und Liebe zu dem kleinen

Würmlein. Der Ausgang hat mich für alles entschädigt – den weiten Weg und die Tage, die ich in diesem unsauberen Gehöft mit Flöhen und Wanzen verbrachte.

Einige Stunden nach der Geburt machte ich mich auf den Heimweg, der mir nicht mehr so beschwerlich vorkam. In mir war eine große Zufriedenheit, trotz des bis zu den Knien verschneiten Weges.

Sodann kam für mich und meinen vierjährigen Sohn erst der Heilige Abend. Für das Kind war es ein langes Warten gewesen, denn den bescheidenen Christbaum und das Geschenk hatte ich in ein Kabinett eingesperrt, in dem Glauben, ich komme bald nach Hause. Und nun hatte es sich bis zum Stephanitag hinausgezogen. Die Entschädigung für mich war, daß es eine Komplikationsgeburt gewesen war und ich Mutter und Kind doch gesund zurücklassen konnte. Für meinen Sohn aber war es ein endloses Warten auf Mutter und Christkind gewesen, nur war er zu klein, es zu verstehen. Er war in der Obhut einer siebzigjährigen Frau, die ihm das Warten mit Beten und Geschichtenerzählen erleichterte.

Ich mußte dann noch jeden zweiten Tag dieselbe Strekke machen. Diese Weihnachten werde ich nie vergessen.

Im Krankenhaus in unserer Stadt gab es während des Krieges noch keine Anstaltshebammen; daher habe ich das Krankenhaus auch mitbetreut. Ich wurde geholt, wenn Frauen zur Geburt eingeliefert wurden. Auch wenn eine Frau, die sich bei mir zur Geburt angemeldet hatte, ins Krankenhaus mußte, machte ich dort die Geburt.

Kriegsweihnachten 1943 wurde in unser Krankenhaus eine Trapezkünstlerin, die bei einer Wanderbühne für Soldaten arbeitete, zur Geburt eingeliefert. Sie war eine kleine, zierliche, junge Italienerin. Wegen ihres durchtrainierten Körpers ging die Geburt sehr langsam voran, und knapp vor achtzehn Uhr kam ein winziges Knäblein zur Welt. Im Wochenzimmer war schon ein Christbaum geschmückt, und unter diesen Baum stellte ich das Kinderbettchen mit dem jüngsten Erdenbürger. Es war immer so Sitte, daß der Herr Primarius gemeinsam mit Ärzten und Schwestern den Patienten frohe Weihnachten wünschte. Es war doppelt so feierlich mit den neugeborenen Kindern unter dem Baum. Natürlich flossen bei den Müttern die Tränen. Im Stiegenhaus war die ganze Wandertruppe versammelt, und an diesem Abend durften alle die junge Mutter beglückwünschen. Auch für mich war es ein schöner Weihnachtsabend.

Einige Tage darauf ging ich wieder zu einem Einschichtbauern. Die junge Bäuerin erwartete das erste Kind. Es war der Silvestertag, ein schöner Wintertag, aber der Weg zum Gehöft war beschwerlich. Das Kind ließ sich Zeit, aber das ist bei einer Erstgeburt ganz natürlich. In der großen Bauernstube war ein heimelig warmer Kachelofen und noch so manches am Abendtisch, was es für gewöhnlich in den Kriegstagen 1943 nicht mehr gab. Aber in der Einschicht haben die Bauersleute von der Ablieferung wohl etwas zurückhalten können. Es wurde oft ein Schwein in einem hinteren Winkel, wo es die Kontrollorgane nicht leicht finden konnten, aufgefüttert. Daher gab es auch einen guten Braten mit gutem Brot. Bei so einem Essen waren die Stunden nicht so lange. Die Geburt ging dann problemlos vorüber, beide, Mutter und Kind, waren gesund, und es war eine große Freude im Haus.

Nach zwei Stunden machte ich mich auf den Heimweg. Es war Mondenschein, und der Schnee glitzerte, als wenn lauter Sterne am Boden liegen würden. Der Schnee war hart gefroren, deshalb ging ich, meinen Schäferhund an meiner Seite, über die verschneiten Wiesen, um den Weg abzukürzen. Und wie ich auf der Anhöhe war, hörte ich, wie vom Kirchturm mit Flügelhorn das neue Jahr verkündet wurde. Trotz der Kälte und dem Weg nach Hause um Mitternacht war es mir so wohl im Herzen. Ich war glücklich: die problemlose Geburt, der Mondenschein mit dem glitzernden Schnee und vom Kirchturm her die Melodie – ich habe nie mehr eine so schöne Silvesternacht erlebt.

Richard Schubert

Der SS-Mann bat mich, für seine Kinder Spielzeug zu machen

Richard Schubert wurde 1908 im schlesischen Golleschau (heute Polen) geboren und wuchs in Freistadt an der niederschlesischen Grenze auf. Sein Vater war Meister in der städtischen Ziegelfabrik. Nach dem Ersten Weltkrieg übersiedelt die Familie zunächst nach Bischofshofen, dann nach Schärding (Oberösterreich) und schließlich 1924 nach Salzburg. Richard Schubert beginnt eine Lehre als Maschinenschlosser, wird jedoch immer wieder arbeitslos. Er tritt dem Arbeiterturnverein bei und organisiert Theateraufführungen. Als Wehrturner ist er automatisch Mitglied des Schutzbundes und wird 1933 kurzfristig verhaftet. Nach dem Einmarsch der Nationalsozialisten findet er in Wien Arbeit als Monteur, und seine Frau und sein Kind können nach einiger Zeit nachkommen. Auf einer Montage in Krakau wird Richard Schubert auf Veranlassung der Salzburger Gestapo im Herbst 1941 verhaftet und nach 11 Wochen im Gefängnis Monte Lupic nach Salzburg ins Landesgericht überstellt. Richard Schubert wird zunächst nach Berlin-Moabit verlegt, wo im Jänner 1942 der Prozeß stattfindet. Er wird aus politischen Gründen zu 8 Jahren Haft verurteilt – zählbar nach dem Krieg. Er wird nach Straubing bei München verlegt und von den Nazis auf den sogenannten Todesmarsch nach Dachau geschickt. Auf dem Weg nach Dachau werden die Häftlinge von den Amerikanern in Geisenhausen an der Isar befreit.*

Schubert tritt nach 1945 der KPÖ bei und ist Mitbegründer des KZ-Verbandes.

Die Biographie von Richard Schubert wurde uns dankenswerterweise von der Forschungsgemeinschaft Boltzmann-Institut/Steinocher-Fonds in Salzburg zur Verfügung gestellt. An dieser Stelle sei Ingrid Bauer und Erika Thurner für die Unterstützung gedankt.

Von nun an hatte ich dann von der Gestapo Ruhe, und ich wurde ins Landesgericht Salzburg überstellt. Etwas menschlicher war es hier insofern, als ich nur zu zweit in der Zelle war und ein etwas geregelteres Leben hatte, weil man etwas besser verpflegt wurde. Hier war es auch etwas leichter, von der Außenwelt zu erfahren. Allerdings waren es meistens deprimierende Nachrichten, erfuhren wir doch schon die ersten Todesurteile von Kameraden. Mein Zellengenosse war für mich auch nicht gerade der geniale Kamerad. Er weinte den halben Tag und beteuerte mir gegenüber, daß er überhaupt nicht wisse, wie er dazukommt, denn er hat ja nur einige Schillinge bei Sammlungen gegeben, und selbst da wüßte er nicht, für welche Zwecke es war. Ich erfuhr, daß er der Gruppe der Revolutionären* Sozialisten angehörte. Das hätte mich jedoch am wenigsten gestört, aber sein ganzes Benehmen war nicht das eines Kämpfers. Sein egoistisches Benehmen zeigte sich sogar bei der Essensausgabe. Er war stets als erster beim Guckloch, wo das Essen hereingegeben wurde. Am allermeisten jedoch machte ich mit ihm am Heiligen Abend mit. Von unserem Zellenfenster sahen wir zur Festung, wo er seine Wohnung mit Familie hatte. Ich bestreite nicht, daß es mich etwas angeknackt hat, als wir von der Festung einen Bläserchor hörten und so nahe und doch so fern von unseren Lieben waren. Es ist vielleicht nicht ganz schön, über einen Kameraden so etwas zu sagen, aber auch das ist eine Erinnerung, an der ich beinahe selbst zugrunde gegangen wäre. So war ich eigentlich froh, obwohl ich wußte, was mir bevorstand, als ich erfuhr, daß ich am 20. Jänner nach Berlin zur Verhandlung gebracht werde.

Weil man uns ja als vollwertige Arbeitskräfte brauchte, ließ man uns das erste Jahr nach dem Mittagessen eine halbe Stunde in Zweierreihen im Kreise des Hofes spazierengehen. Neben dem Weg am Wiesenrand wuchsen einige Pilze. Ich glaube, daß diese absichtlich dort wuchsen, denn das war wieder ein Punkt, an dem sich die Aufseher ergötzten. Es gab natürlich immer einige, die sich hinreißen ließen und sich auf die Pilze stürzten. Die Folge war bis zu sieben Tagen Kostentzug, was wieder ein Grund für manche Aufseher war, sich bei der Direktion auszuzeichnen. Man wußte nämlich genau, daß keiner dieser ausgehungerten Gestalten diese Zeit überstehen kann, und so paßten sie wie Hunde auf, um wieder einige Opfer zu erwischen. Wir waren über 40 Mann in einer Arbeitsgruppe, und natürlich haben wir von unseren kargen Brotzuteilungen stets einen oder zwei mitschleppen müssen, um sie nicht dem Hungertod zu überlassen. Es hat viele solch unglaublicher Methoden gegeben, um sich an unserem Elend zu erfreuen. Der Höhepunkt wurde aber am Heiligen Abend gesetzt. Der Einmarsch nach der Arbeit ging sekundenmäßig vor sich. In dem Sternbau kamen von allen Seiten zugleich die Gefangenen herein und mußten an der Kanzel, die sich im Zentrum befand, mit abgenommener Mütze beim Direktor vorbeimarschieren. An dem genannten Abend aber mußten wir in Einzelreihen vor der Kanzel stehen bleiben und uns vollkommen nackt entkleiden. Der Befehl kam dann, alle bücken und in Grätsche gehen, denn in der Werkstätte fehle eine Feile. Jedem einzelnen wurde in den After geschaut, natürlich ohne Erfolg. Das dauerte mindestens eine halbe Stunde, und es kam uns wie eine Ewigkeit vor. Nachdem alle schon vom ungeheizten Gang und Steinboden unterkühlt waren und schon einige umfielen, war also die Weihnachtsbescherung zu Ende. Nicht alle überlebten, und es sollte ja auch wohl der Zweck sein.

Plötzlich merkte ich, daß unser SS-Mann in Zivil nicht mehr sehr gelaunt war, und ich kam einmal zu einem Gespräch mit ihm. Daraus erfuhr ich, daß er an der Front verwundet wurde. Er hatte schon seine Schnauze voll, weil der Vormarsch zu stocken begann und in der Heimat die Not begann. Er war übrigens ein ganz feiner Kerl. Es ging also schon wieder der Weihnachtszeit zu, und der SS-Mann, mit dem ich schon einiges reden konnte, ersuchte mich, jawohl, ersuchte mich, ob ich nicht für seine Kinder einige Spielsachen fabrizieren könnte, er würde mir dafür Brot bringen. Ich übernahm das Risiko und fertigte einen Bierwagen mit Fässern an. Als ich ihm einige Tage vor Weihnachten diesen Wagen übergab, wollte er mir zwei Kartoffeln und eine halbe Flasche Limonade geben, die ich aus Zorn nicht annahm. „Sagen sie ihren Kindern wenigstens, daß ein politischer Häftling dieses unter Lebensgefahr für sie baute." Dieser Winter wurde immer schrecklicher, denn die Zellen wurden kaum beheizt, auch die Verpflegung immer weniger und schlechter, und der Zuwachs im Haus immer mehr.

Hanna Sturm

„Sie sind kein Verbrecher, sonst würden Sie die Tanne nicht so schön aufstellen."

Hanna Sturm wurde 1891 im damals westungarischen Klingenbach (seit 1921 Burgenland) in ärmlichsten ländlichen Verhältnissen geboren. Mit acht Jahren trat sie in bäuerliche Dienste, zog dann aber die Arbeit in der Fabrik vor. 1907 ging sie nach Wien, wo sie sich bald gewerkschaftlich und in der Sozialdemokratischen Partei engagierte. Mehrfach wurde sie wegen politischer Betätigung entlassen, im Ersten Weltkrieg auch wegen Beteiligung an Rüstungssabotage verhaftet. 1925 trat sie der Kommunistischen Bewegung bei, durch die sie nach Moskau, Berlin, Bremen und Leningrad kam. Mit diesem erweiterten Horizont setzte sie ab 1930 ihre politische Arbeit im Burgenland fort.

Mit dem Anschluß 1938 wurde sie verhaftet und 1939 in das Konzentrationslager Ravensbrück bei Berlin überstellt. Als Leiterin einer Werkzeugkolonne hielt sie dort eine verschworene Solidargemeinschaft zusammen, überlebte die ungeheuerlichen Verhältnisse dieses Frauenlagers und das Chaos nach seiner Befreiung 1945. Hanna Sturm ist 1984 gestorben.*

Ihre Lebenserinnerungen, die sie bald nach dem Krieg in der dritten Person und in der Gegenwartsform abfaßte, wurden 1982 unter dem Titel „Die Lebensgeschichte einer Arbeiterin. Vom Burgenland nach Ravensbrück" von Gero Fischer im Wiener Verlag für Gesellschaftskritik herausgegeben. Darin finden sich auch die folgenden Erinnerungen an Weihnachten 1941, als Hanna Sturm sich bereits als geschickte Handwerkerin hervorgetan hatte und sogar in die Wohnungen der Lagerleitung abkommandiert wurde.

Hanna kriecht in allen Winkeln des Lagers umher, sie kennt alle Magazine der Kommandantur, sie kennt deren Frauen und Kinder, denn zu Weihnachten muß sie überall die Weihnachtsbäume aufstellen. Für Hanna ist es eine Arbeit, die auch für die Kranken etwas abwirft. Sie stiehlt hier einen Apfel, dort ein paar Kekse, und so füllen sich die Pappkartons, aus denen sie Nägel und Schrauben entleert hat, mit Keksen oder anderen Bäckereien, die sie irgendwo erwischen kann. Obendrauf kommen wieder die Nägel, und die Wache am Tor kann nur Nägel sehen. „Wozu schleppst du so viel Nägel, wenn du sie nicht brauchst?" sagt ein junger Kerl. „Und wenn ich sie brauche, kann ich nicht immer ins Lager laufen."

Die Aufseherin, die mit Hanna geht, muß meist in der Küche warten, bis Hanna in der Wohnstube die Tanne aufgestellt hat. Die Kinder der Familie springen und schenken vor Freude Hanna manch leckeren Bissen, den sie aber gleich verzehren muß, denn Papa sagt, das wären alles Verbrecher, die Frauen, die im Lager sind. „Aber", sagt der kleine Knirps des Lagerkommandanten Suhren: „Sie sind kein Verbrecher, sonst würden Sie die Tanne nicht so schön aufstellen." – „Wenn du, Kleiner, wüßtest, was für einen Verbrecher du als Vater hast", denkt Hanna. Laut sagt sie: „Nein, wir sind keine Verbrecher, wir sind nur arm, weil wir keinen solchen Vater haben wie du."

Alle Taschen und Hosenbeine sind voll Leckerbissen. Auch die Nagelkartons. So kommt Hanna ins Lager. Am Tor hat sie Glück. Hier ist Wilms, der Holländer, der Hanna schon manches nachgesehen hat und ihr so manches erzählt, was er eigentlich nicht hätte ausplaudern dürfen. Er war in Auschwitz und hat gesehen, wie man dort die Menschen mordet. Er wurde hierher versetzt, weil er dort vor Grauen gemütskrank geworden ist. Zurück aus der SS-Uniform kann er nicht. Er hat seine Familie hier und fürchtet Repressalien.

Nun hat Hanna genug zusammengetragen, um auch ihren Arbeitskameradinnen, die während der Zeit andere Arbeiten machten, eine kleine Freude bereiten zu können.

Am Heiligen Abend, als die Aufseherin zur Weihnachtsfeier gegangen ist, sitzen die Kameradinnen müde und voll Trauer im Block. „Wie lange noch", fragen sie sich. Und manche Träne fließt in die gefalteten Hände. Hanna hat mit Hilfe ihrer Kameradinnen den langen Tisch, an dem 24 Frauen ihren Platz haben, festlich geschmückt. Die gestohlenen Sachen sind verteilt worden. Jede hat auch ihren Platz, auf dem liegt ein Päckchen für jede und noch ein Stück Brot. Unter dem Tisch ist eine kleine Tanne versteckt. Alles ist daran befestigt, Kerzen und Strahler*. Die Tanne haben die Kameradinnen aus Ästen, die Hanna gestohlen hat, zusammengefügt. Jeder ist im Raum mit sich beschäftigt. Da hebt Hanna auf einmal das Bäumchen auf den Tisch und zündet die Kerzen an, die Strahler sprühen nach allen Seiten. Ein „Ach" geht durch den Raum, und Hanna spricht in die Stille:

„Kameradinnen! Wir wissen nicht, wie lange unsere qualvolle Zeit noch währen wird, wir wissen nicht, ob wir sie überleben. Laßt uns an dieser Stelle und dem Vorabend des Festes des Friedens an unsere toten Kameradinnen denken, die die Freiheit, für die sie gekämpft haben, nicht mehr erleben durften." Alle stehen vor Schreck über das Gesagte und in Erwartung, ob nicht eine Aufseherin die Tür aufmacht, da. Hanna spricht: „Unsterbliche Opfer, die ihr sanket dahin, wir stehen und weinen vor Schmerz, Herz und Sinn!" Hanna weiß, daß keine Aufseherin erscheinen wird, da sie alle beim Fest sind. „Danke!" sagt Hanna und schneidet einen großen Apfel, den sie gestohlen hat, in unzählige kleine Stücke und verteilt sie unter die Kameradinnen.

Da hört sie eine leise Stimme: „Und weiter hat sie sich nicht zu sprechen getraut." Nein, weiter wollte sie nicht sprechen, denn im Block gibt es auch solche, die man fürchten muß, die nach vorn laufen und Verrat üben.

Dann müßte man wieder in den Bunker oder würde am Ende in der Gaskammer landen.

Weihnachten – jedes Jahr, wenn das Fest naht, findet die Lagerleitung irgendeinen Grund, um die Häftlinge mit drei Tagen Essensentzug zu bestrafen. Diesmal haben sie es auf die jüdischen Häftlinge abgesehen. Für die ganzen Feiertage bekommen sie weder Brot noch Mittagessen. Diejenigen, die alle Straßen im Lager und um das Lager herum gebaut haben, die straft man immer dann besonders, wenn die Deutschen an der Front einen Rückzug antreten müssen. Olga Benario-Prestes freut sich: „Wir werden nicht verhungern."

Da kommt Liesel, die Lagerälteste, und sagt: „Eine Französin, eine Sängerin hätte bei der Weihnachtsfeier singen sollen; sie war bis jetzt im Zellenbau als Sonderhäftling behandelt worden, sie aber weigerte sich, für die SS zu singen. Man brachte sie ins Revier, um sie mittels einer Spritze gefügig zu machen, denn man wollte auf jeden Fall eine Sensation haben. Aber die Französin brach aus dem Revier aus, bevor man ihr die Spritze geben konnte, und lief im Nachthemd herum."

Womit sie in die Barackenwand ein Loch machen konnte, war Hanna unklar. Die Baracken haben doch Doppelwände. Sie hatte aber ein so großes Loch ausgebrochen, daß sie durchschlüpfen konnte. Hanna muß den Schaden an der Barackenwand wieder gutmachen.

Die Sängerin wird eingefangen und wieder in denselben Raum gebracht. Man hat sie an Händen und Füßen gefesselt. So liegt sie da, und die Oberschwester Marschall sitzt neben dem Bett und wartet, bis Dr. Rosenthal kommt und ihr eine Spritze gibt. Für einen Moment verläßt die Schwester den Raum. Da flüstert die Gefesselte in deutscher Sprache: „Ich soll für die Bande singen, aber ich will nicht, lieber sterbe ich!" Hanna muß den Raum verlassen, als Dr. Rosenthal kommt. Als sie wieder hineingehen darf, ist Dr. Rosenthal fort. Auch die Oberschwester verläßt den Raum, und Hanna kann ihre Arbeit beenden.

Auf dem Bett ausgestreckt liegt die Sängerin. Hanna greift nach ihren gefesselten Händen. Sie sind eiskalt, die Augen hat sie geschlossen. Hanna hebt das Augenlid hoch, das Auge ist nach innen gedreht. „Tot!", sagt Hanna und drückt ihr das Auge zu. Hanna hat viele Tote gesehen, sie selbst stand an der Schwelle des Todes, aber hier ist ein Mord geschehen, nur weil sie nicht für die SS singen wollte.

Felix Auzinger

Mit zwei Waggon Christbäumen eine Riesenpleite

Felix Auzinger wurde 1917 in Roßleithen bei Windischgarsten (Oberösterreich) geboren. Nach der Hauptschule wuchs er zunächst in die elterliche Landwirtschaft hinein und half seinem Vater bei dessen Landproduktenhandel, den er ebenfalls einmal übernehmen sollte.

Anfangs war mir diese Zukunftsregelung ganz recht. Ich hatte die Schule hinter mir, und die Arbeit schien mir ganz angenehm. Alle landwirtschaftlichen Arbeiten auf der vier Hektar großen Liegenschaft gefielen mir, und dazwischen besorgte ich Vaters Buchführung und Korrespondenz. Zu letzterer lernte ich auf einer alten Schreibmaschine im „Zehnfingersystem" das Maschinschreiben.

Für unsere Familie war jedoch Vaters Handel ein ganz großes Risiko geworden, nachdem er – unerfahren und gutgläubig wie er war – gleich zu Anfang seiner gewerblichen Tätigkeit mit zwei Waggon Christbäumen in Wien eine Riesenpleite erlebte:

Ohne sie zu kontrollieren, hatte er von den Bauern sogenannte Christbäume übernommen, die aber in Wirklichkeit zum Teil Abfälle von Holzschlägerungen oder sonstwie miese Tannenbäume waren. Der Abnehmer in Wien telegraphierte: „Ware entspricht nicht den Bedingungen – weiterverfügen!", worauf Vater mit Mutter nach Wien fuhr. Dort wären natürlich eine Menge Bäume absolut verkaufbar gewesen, aber der Abnehmer merkte die provinzielle Unsicherheit meines Vaters und zeigte ihm nur die unverkäuflichen Stücke, die alles eher als einen Christbaum darstellten.

Ein Wiener Heuabnehmer von Vater versprach, den Baumabsatz zu regeln, doch auch dieser ließ ihn hängen. Dem Rat eines Rechtsanwalt folgend, klagte mein Vater den Abnehmer, der aber einen Offenbarungseid ablegte und damit bewies, daß bei ihm nichts zu holen war. Anstatt daß nun Vater einen errechneten Gewinn von annähernd 3.000 Schilling machte (heute wären das mindestens 50.000 S), kostete ihn dieses Geschäft inklusive Prozeßkosten rund 10.000 S (das wären heute fast 200.000 S).

Vaters Kapital reichte bei weitem nicht aus, und so kam er in Schulden, von denen er sich erst am Ende der dreißiger Jahre befreien konnte. Häufig war da der Exekutor Gast in unserem Haus, und wir verdanken es fast ausschließlich der Mutter, die mit größter Sparsamkeit die Familie durchbrachte, daß wir das Elternhaus nicht verloren.

Diese Rückfahrt zur Kaserne fiel mir am schwersten

Felix Auzinger wurde 1938 nach dem Anschluß gemustert, zunächst nach österreichischen Wehrpflichtbestimmungen, zwei Monate darauf nochmals von einer deutschen Stellungskommission. Beide Male für tauglich befunden, rückte er im Dezember 1938 zu – vermeintlichen – zwei Jahren Militärdienst nach Steyr ein, zur Ausbildung als berittener Fernschreiber der Artillerie.*

Obwohl wir erst am 1. Dezember eingerückt waren, durften jene, die schon gut grüßten, auf eine Woche Weihnachtsurlaub heimfahren. Bei der Grußprüfung hatte ich gerade Stallwache, so daß ich schon Angst bekam, nicht fahren zu dürfen. Da wir aber unser mehr waren, wurde noch schnell ein Vorbeimarsch inszeniert, der wahrscheinlich für einen Außenstehenden zum Lachen reizen mußte; so verkrampfte Grüße konnten eigentlich gar keine sein. Jedenfalls, ich durfte heimfahren.

Das war begreiflicherweise eine Aufregung. Ich glaube, es war der 23. Dezember 1938, als wir, mit der Ausgeh-Uniform angetan, unseren Koffer mit den Zivilsachen unter dem Bett hervorzogen und, von einem Unteroffizier geführt, zum Bahnhof gebracht wurden. Da ich zum Lokalbahnhof mußte, meldete ich mich, in der rechten Hand den Koffer, mit der *linken* Hand grüßend, ab. Der Unteroffizier merkte das nicht oder wollte es nicht merken. Ich hatte es blitzschnell erfaßt und wartete auf ein Donnerwetter – das Gott sei Dank ausblieb.

In einer auf dem Wege liegenden Konditorei kaufte ich Christbaumbehang. Beim Eintreten in das Geschäft salutierte ich vorschriftsmäßig mit Zusammenschlagen der Absätze, worauf mich die Verkäuferinnen lächelnd anstarrten. Da kam mir das erstemal zum Bewußtsein, daß man außerhalb der Kaserne nur bei Anwesenheit von Vorgesetzten zackig sein mußte, wollte man sich nicht lächerlich machen.

Der Weihnachtsurlaub verlief mit einer starken Verkühlung, so daß ich nur ein bißchen mit den Skiern fuhr, sonst aber schön zu Hause blieb. Zivilerlaubnis hatte ich ja auch nicht, und in Uniform hatte ich Angst, einem höheren Dienstgrad zu begegnen.

Diese Rückfahrt zur Kaserne fiel mir, wenn ich alle späteren Urlaube – auch aus Rußland – vergleiche, am schwersten. Es war mir klar, daß mich und uns alle schwere Monate erwarteten. Sie vergingen und waren zu ertragen, aber nur gemeinsam; ein einzelner wäre verzweifelt.

Der Militärdienst ging für Felix Auzinger unmittelbar in den Kriegsdienst über: Er war beim Angriff auf Polen dabei (1. 9. 1939), beim Frankreichfeldzug (10. 5. 1940) und beim Überfall auf die Sowjetunion (22. 6. 1941).

Es wurde ein nicht zu stark alkoholisiertes Fest

Weihnachten 1940 an der französischen Kanalküste:

Am 2. November setzten wir uns in Richtung Calais in Marsch. Das war ein Ereignis: Das erste Mal am Meer! Beim Hinunterfahren zur Küste glaubten wir, am Horizont einen eigentümlich blauen Himmel zu sehen, derweil war's das Meer. Von oben sahen wir außerdem die Küste von Dover – in England! Lange kamen wir aus dem Staunen nicht heraus. Wir suchten und fanden Muscheln, ließen den Sand durch die Finger gleiten und waren rechtschaffen müde; das hing mit dem Nullpunkt der Meereshöhe zusammen.

Die Geschütze wurden am Nordrand von Calais an der Küste aufgestellt, um eventuellen Landungsversuche der Engländer entgegnen zu können. Es passierte aber nicht das geringste. Der Großteil der Pferde und der Troß sowie die Schreibstube waren südlich von Calais in Guemps einquartiert.

Das einstöckige Schulgebäude war für uns Kantine und Festsaal. Am Heiligen Abend verband die ganze Batterie ein mit Genußmitteln reich bestellter Gabentisch, den Leon und ich zusammengestellt hatten. Leon schrieb die Namenstafeln, und ich stellte die Geschenke zusammen. Es wurde ein sehr schönes und nicht zu stark alkoholisiertes Fest.

Der Spieß beauftragte mich, die vier Säcke Post zu holen

Weihnachten 1941 an der Ostfront bei Orel:

Auf dem Rückweg vom Lazarett in Orel zu meiner Truppe vertrieb mir ein Arzt mit Pontresil meine starke Angina, so daß ich mich einem Lkw unserer Abteilung in Richtung Truppe anschließen konnte. Dieser fuhr am 22. Dez. mit der ersten Post für die Batterien der I. Abt. und hatte auch

Weihnachtsfeier in der Schule von Guemps:

Auf den Tischen Geschenkpackerln (u. a. „Malz-Bonbons"), Weihnachtsäpfel, Wein, mit Tafeln für die Einheiten; hinten links ein Klavier, rechts ein Radiogerät; darüber ein tannenumkränztes Bild des „Führers".

Bekleidung geladen. Bis es soweit war, verging mein Fieber, nur schrecklich müde war ich noch.

Wir waren zu viert, Dönisch, Steiner, Kremser und ich, die auf den Bekleidungskisten sitzend die Fahrt begannen. Da griff uns ein russisches Flugzeug an. Wir sprangen ab und gingen auf einem verschneiten Acker so recht und schlecht in Deckung. Schneidender Wind pfiff uns um die Ohren. Nach dem Verschuß seiner Munition, die weder Lkw noch Leute traf, verschwand es wieder.

Wir rumpelten weiter und – fuhren am Anfang des Ortes auf eine Mine! Der gewaltige Krach warf uns an die Planenstangen des Lkws, doch außer Nasenbluten, das ich bekam, waren keine Verletzungen zu verzeichnen. Die Ladung der Mine riß ein Hinterrad aus dem Differential, ein Reifen ging kaputt, und die Splitter verfingen sich in der Bekleidung der Kisten, so daß es uns nur aushob. Wären sie nicht gewesen, hätte es arg ausgeschaut.

Die beiden Fahrer sperrten den Platz wegen Minengefahr ab und machten sich an die Reparatur, bei 30 Grad und eisigem Wind. Wir vier, denen sich noch ein ebenfalls rekonvaleszenter Infanterist anschloß, machten uns zu Fuß auf den Weg zur circa neun Kilometer entfernten Batterie, die in Skorodnoje lag. Müde von der knapp überstandenen Angina, mußte ich alle Willenskraft aufbringen, bei dieser Kälte und dem starken Gegenwind mit den anderen Schritt zu halten. Während dieses unvergeßlichen Letzte-Kraft-Marsches hörte man ganz nah russische MG* und Granatwerfereinschläge. Ich hatte nicht einmal eine Waffe bei mir, weil ich sie bei der Einlieferung ins Lazarett abgeben mußte.

Am nächsten Tag erreichten wir die Batterie: Freudige Begrüßung – wir waren wieder „zu Hause". Da erfuhren wir, daß sie während meines Lazarettaufenthalts bei den Rückzugsgefechten vier Tote, einige Vermißte und mehrere Verwundete und Erfrierungsfälle zu beklagen hatten.

Am 24. Dezember beauftragte der Spieß mich müden Rekonvaleszenten, mit einem Gespann die vier Säcke Post zu holen. Wir erreichten den Lkw, als es bereits dunkelte. Den weiteren Verlauf habe ich dem „Kremstal-Boten" mitgeteilt, der ihn unter der Titelüberschrift „Weihnachtspost" abdruckte [am 2. Jänner 1943]:

Vorsichtig tastend, holte ich mit meinem Fahrer Sack um Sack aus dem Minenfeld — ohne Zwischenfall. Die Post ward schnell auf dem kleinen Schlitten verstaut und es konnte zurückgehen.

Das schon auf der Hinfahrt herrschende Schneegestöber hatte nicht nachgelassen, sondern sich gewaltig verstärkt. Manchmal mußten wir anhalten, da selbst die beiden Russenpferde dem Sturme nicht mehr trotzen wollten. Langsam kamen wir vorwärts. Ich rechnete. Ging alles gut, so müßten wir längstens 8 Uhr trotz des anhaltenden Schneesturmes bei unserer Batterie sein. Wie die schon sehnsüchtig warten werden!

Der Führer hielt an. Hier hören die als Markierung dienenden Strohbüschel auf, meinte er. Ja, von hier aus müßte man halb links einen zirka 500 Meter entfernt stehenden ausgebrannten russischen Panzer sehen, das sei die Wegrichtung, belehrte ich. Man müßte ihn sehen, wenn nicht das abscheuliche, unsichtige Wetter, das kaum den Blick zehn Meter frei gab, sein Unwesen treiben würde. Deshalb Direktion halb links und marsch.

Daß auch 500 Meter zu Kilometern werden können, habe ich vordem nie geahnt. Hier habe ich es erfahren, als wir plötzlich vor einigen russischen Hütten standen und von einem Wachposten angebrüllt wurden. Wir waren bei unserer Nachbardivision gelandet.

Um nicht Zeit zu verlieren, stapfte ich sofort zum Führer dieser Einheit, der sich gerade inmitten seiner Mannschaft bei einer schlichten Weihnachtsfeier befand. Ich konnte im Augenblick gar nichts sagen als ich das brennende Bäumchen vor mir sah. Die Lieben zu Hause und die wartenden Kameraden da vorne tauchten vor mir auf und wechselten einander ab. Nur einige Geschenke lagen unter dem Lichterbaum und doch glaubte ich in allen Augen einen seltsamen Glanz der Freude bemerken zu können. Viel hatte sich an Weihnachtsverpflegung noch nicht nach vorne zu kämpfen vermocht, aber wer frug schon danach?

Die Hauptsache war, daß endlich wieder Post eintraf. Diese Feststellung war es auch, die mir die Pflicht des Weitermarsches unter allen Umständen auferlegte. Auch der Wettergott mochte es eingesehen haben, denn nun ließ er zeitweilig den Mond durchblicken. Mühsam ging es denselben Weg zurück und siehe da — dort stand der Panzer!

Eine Stunde später strahlten mehr als hundert Gesichter bei der Postverteilung und im Leuchten ihrer Augen stand der stumme Dank an die Angehörigen in der Heimat, die ihnen selbst diese Weihnachten zu einem unvergeßlichen Fest der Freude gestalteten.

Uffz. Felix Auzinger, Ostfront.

Ich war natürlich auch beim Postempfang beteiligt. Längst vermißte Briefe von zu Hause und von Mürzzuschlag waren dabei. Es ist unwahrscheinlich, wie sehr der wiederaufgenommene Kontakt mit der Heimat die triste Situation, in der wir uns befanden, verbesserte.

Die Weihnachtsfeier selbst war ja ungewöhnlich bescheiden: Ein paar Kekse und starker Tee waren alles. Nicht einmal einen Christbaum hatten wir. Die Batterie war ja fast in Bewegung und hatte zur Festvorbereitung weder Mittel noch Zeit. Am Christtag nachmittags ging es schon wieder weiter bei eisigem Schneesturm. Bedrängt von den Russen, die wesentlich besser für den Winter ausgerüstet waren und auch die Kälte leichter vertrugen, mußten wir in der leicht hügeligen Landschaft mit unseren matten Pferden rauf und runter.

Im Jahr darauf war Felix Auzinger immer noch in diesem Gebiet bei Orel:

Weihnachten 1942:

Ganz unbemerkt begann es kälter zu werden und schließlich, am 6. November, zu schneien. Für Weihnachten ließ der Spieß schon ab Oktober keine alkoholischen Getränke, die als Marketenderwaren* ankamen, ausgeben. Wahrscheinlich dachte er an die armen Weihnachten des Vorjahres. Aber seine Idee, so wohlwollend sie war, wurde fast zum Verhängnis. Doch noch war es nicht so weit. Ich ritt häufig mit Winterbekleidung, Tarnanzügen, Marketenderwaren und natürlich Lebensmitteln zur Feuerstellung, wo wir stets ein bisserl feierten.

Und dann kam Weihnachten heran. In einem Keller waren pro Mann drei Flaschen Schnaps, eine Flasche Wein und eine Flasche Sekt. Ich richtete wieder den Weihnachtstisch, doch nur für uns in Panikowez; Feuerstellung und Troß feierten getrennt von uns, aber überall gab es selbstverständlich dasselbe. Kekse und Schokolade waren dabei, und ein Weihnachtsbaum leuchtete auch.

Der viele Alkohol führte fast zu Exzessen, die wir hier in Panikowez nur mit Mühe und Überredungsgeschick zurückdrängen konnten. Im Laufe eines Jahres staut sich vieles auf, was durch soldatische Disziplin nicht ausbrechen kann; der Alkohol aber kennt keine Rücksichten. Ich studierte da gerne die Charaktere der einzelnen Männer: Der eine lärmte, der andere schlief, ein anderer weinte, ein vierter sang und ein fünfter stänkerte und war rauflustig. Am nächsten Tag war scheinbar wieder alles vergessen. Ich gehöre Gott sei Dank zu den singenden und lachenden und hatte daher nie Schwierigkeiten. Stänkerte mich einer an, sagte ich: „Erst trinken wir einen, dann reden wir weiter!" Damit hatte ich meistens Erfolg. Unberechenbare mied ich.

Wir waren zuerst in der Handwerkerstube, wo der Gabentisch stand. Dann nahmen wir unsere Sachen und feierten im Quartier weiter. Natürlich zogen wir dann von Quartier zu Quartier, und schließlich besuchten wir auch die Zahlmeisterei, die am anderen Ende von Panikowez lag. Der Heilige Abend war trotz Schnee so warm, daß wird hemdsärmelig zur Zahlmeisterei marschierten.

Für Silvester mußten wir selbst Getränke zurückbehalten, bekamen aber im letzten Augenblick noch etwas von der Zahlmeisterei. Gefeiert wurde im Quartier. Ich lag schon im Bett, als sie zu schreien begannen, Flaschen zusammenschlugen und den Ofen auseinanderreißen wollten, um das Rohr zum Zuschlagen zu nehmen. Ich sprang in die Glasscherben, und mit Gaber konnten wir die Streithähne trennen.

Das war das Ende eines langen und gar nicht lustigen Jahres, das wir dennoch mit Heiterkeit abschlossen.

Weihnachtsfeier im Quartier von Panikowez

Stubenkameraden von Felix Auzinger vor dem kleinen Tannenbaum, der mit Kerzen und Lametta geschmückt ist und in dem einige Kugeln und Zigarren hängen.

Beim schrittweisen Rückzug der Deutschen Wehrmacht an der Ostfront entkam Felix Auzinger im Juli 1944 nur knapp der Einschließung bei Brest-Litowsk. Nach einem Heimaturlaub wurde er an der Westfront bei Aachen erneut eingesetzt und erlebte schließlich das Kriegsende bei Düsseldorf, von wo er sich nach Hause durchschlug.

Gabentische in der Feuerstellung von Panikowez

Geschmückter Tannenbaum, Wein und Sekt (Champagner), diverse Geschenke mit Namenstafeln; an der Wand im Birkenholzrahmen Bild eines gefallenen Offiziers, links Kampfszene mit Panzer

Max Plakolb

Eine Distel als Weihnachtsbaum

Max Plakolb wurde 1922 in Linz geboren. Der Vater war Vertragsbediensteter beim Magistrat der Stadt Linz, die Mutter führte den Haushalt.

1941 mußte Max Plakolb zum Reichsarbeitsdienst, anschließend zur Deutschen Wehrmacht, wo er zum Peilfunker ausgebildet wurde. Sein Funktrupp, der die Verbindung zwischen den Nahkampfgeschwadern der Luftwaffe und den angreifenden Panzerspitzen sicherte, wurde 1942 beim Vorstoß zur Wolga bei Stalingrad mit eingeschlossen (23. November). Max Plakolb war einer der wenigen, die unverwundet aus dem Kessel ausgeflogen wurden.*

Am 10. Dezember erhielten wir Befehl, zur 3. IDmot.* im nordwestlichen Bereich des Kessels zu fahren. In dem Hang einer kleinen Senke errichteten wir unseren Unterstand, der uns und unsere Funkgeräte vor der Kälte und den Luftangriffen schützen sollte. Wie horchten wir auf, als es hieß, daß ein Gegenstoß zu unserer Befreiung gute Fortschritte mache! Sämtliche verfügbaren gepanzerten Fahrzeuge, auch unsere Spähwagen, wurden abgestellt und sollten zum Gegenstoß von innen heraus ansetzen, sobald sich die Entsatztruppen* auf 50 km genähert hätten. Wir sahen nachts bereits die Leuchtkugeln der angreifenden Panzerverbände. Doch plötzlich wurde es still. Aus aufgefangenen Funksprüchen war zu entnehmen, daß unsere Befreier südlich von uns beinahe das gleiche Schicksal ereilt hätte und sie daher eiligst den Rückzug antraten. Die Hoffnung, bis Weihnachten wieder frei zu sein, mußten wir aufgeben und erkennen, daß unser Schicksal immer schlimmer wurde.

Zum Bau unseres Unterstandes benötigten wir Holz, das wir uns am 13. Dezember aus dem Zariza-Tal in Stalingrad holten. Holz war ein rarer Artikel. Die Kommandantur Stalingrad-Mitte war für die Holzbeschaffung zuständig, die nur nach deren Genehmigung zulässig war. Die Zufahrten zur Stadt lagen dauernd unter Beschuß von Artillerie und Granatwerfern, die am gegenüberliegenden Wolga-Ufer aufgestellt waren. Vereinzelt sah man noch Pferdewagen. Die Reste der Pferde säumten den Weg: Unter „Rest" waren nur noch die Hufe und der Schwanz zu verstehen, alles andere war in die Kochtöpfe gewandert. Mit dem wenigen Holz konnten wir gerade unseren Unterstand abdecken. Die darübergeschaufelte Erde bot uns Schutz gegen Beschuß und Kälte.

Die Wolga war längst zugefroren, und das Eis spiegelte in der Sonne. Der Anblick der glitzernden, zugefrorenen Wolga erinnerte uns an das Lied in „Zarewitsch".

Waren zu Beginn der Einschließung noch Vorräte vorhanden gewesen, so schwanden diese nun schnell. Im Kessel befanden sich zirka 300.000 Angehörige der Wehrmacht. Aus dem Lande selbst war nichts zu holen. Unter einer dicken Schneedecke lag öde Steppe. Hie und da standen einige Gebüsche. Der Transport mit der JU 52 wurde immer schwieriger. Man begann mit größeren Transporten mit JU 86 und He 111, die von Jägern begleitet wurden. Die JU 52 kam nur noch nachts. Dabei gab es Schwierigkeiten, denn sobald die Landebahn beleuchtet wurde, erschienen die U 2, kleine russische Flugzeuge, mit Spitznamen „Nähmaschinen" genannt, die überall starten konnten, und warfen Bomben ab.

Die Verpflegung wurde immer karger: die übliche Erbswurstsuppe mittags, und abends etwas Margarine, eventuell zwei Sardinen dazu. Ein Brot mußte für fünf bis sechs Tage reichen. Beim Empfang des Brotes haben wir

„Hast du dort oben vergessen auf mich ...“

Es steht ein Soldat am Wolgastrand

Es steht ein Soldat am Wolgastrand,
hält Wache für sein Vaterland.
In dunkler Nacht allein und fern,
es leuchtet ihm kein Mond, kein Stern.
Regungslos die Steppe schweigt,
eine Träne ihm ins Auge steigt!
Und er fühlt, wie's im Herzen frißt und nagt,
wenn ein Mensch verlassen ist,
und er klagt und er fragt:

Hast du dort oben vergessen auch mich?
Es sehnt doch mein Herz nach Liebe sich.
Du hast im Himmel viel Engel bei dir,
schick' doch einen davon auch zu mir.
Du hast im Himmel viel Engel bei dir,
schick' doch einen davon auch zur mir.

Wolgalied von Franz Lehár

Auf Feldpostkarten fand dieses „Wolga-Lied“ aus Franz Lehars Operette „Der Zarewitsch“ von 1927 an der Ostfront Verbreitung. Es zählte dann – vorzugsweise gesungen von Rudolf Schock – bis in die 60er Jahre zu den meistgewählten Musiktiteln deutscher und österreichischer Radio-Wunschkonzerte.

es in fünf oder sechs gleiche Stücke eingekerbt. Meist blieb jedoch für die letzten zwei Tage nichts mehr übrig. Schwierig war es auch, das Brot so lange aufzuheben. Wir hatten mit einer großen Mäuseplage zu kämpfen. Obwohl ich mein Brot in ein Stoffsäckchen steckte, dieses in einem Feldpostkarton verstaute und unter mein Kopfkissen legte, war es am Morgen von den Mäusen aufgefressen.

Es wurde immer kälter, 22 bis 25 Grad unter Null, der Winter war mit all seiner Härte hereingebrochen. Die Lage wurde immer schwieriger. Die Russen begannen mit kleineren Vorstößen. Wenn einmal ein Einbruch gelang, war niemand mehr in der Lage, neue Schützengräben auszuheben. Die Leute waren aufgrund der mangelnden Ernährung körperlich geschwächt, und der Boden war steinhart gefroren. Hunger, Schnee und eisige Kälte zehrten an den Kräften der Truppe. Tod durch Erfrieren und Fehlen jeglichen Fettgehaltes waren keine Seltenheit mehr. Mittels einer Lötlampe wurde in einem Kochtopf Schnee geschmolzen und das heiße Wasser der ohnehin dünnen Erbswurstsuppe beigemengt, um wenigstens das Gefühl zu haben, satt zu sein. Zwei Schnitten Brot pro Tag konnten den Hunger auch nicht stillen.

Es waren nur noch wenige Tage bis Weihnachten. Das Weihnachtsfest und die Jahreswende fern von den Lieben in aussichtsloser Lage – das drückte die Stimmung, obwohl im stillen doch noch jeder hoffte, aus dem Kessel herauszukommen. Im Radio war laufend der russische Sender zu hören, der zum Überlaufen aufforderte. In dieser Lage waren unsere Gedanken sehr oft zu Hause. Wußten die überhaupt, wie es um die Festung Stalingrad stand?

Als ich einmal den Bunker verließ und die Senke entlangging, blies mir der Wind eine dürre Distel zu. Ich hob sie auf. Sie sah aus wie ein kleines Bäumchen, zirka dreißig Zentimeter hoch, und das brachte mich auf die Idee: Diese Distel soll unser Weihnachtsbaum werden!

Am 23. Dezember hatte ich Nachtdienst. Der Funkverkehr war relativ ruhig, und daher hatte ich Zeit, unseren

Bunker weihnachtlich auszugestalten: Die Distel verpflanzte ich in eine Konservendose. Aus Silberpapier von Zigarettenpackungen formte ich einen Stern als Spitze und kleinere Sterne als Schmuck. Wattefäden ersetzten das Lametta. Mit dünnem Kupferdraht befestigte ich ganz zarte Kerzen an den schwachen Ästen.

Der 24. Dezember begann mit einer Hiobsbotschaft. Der aufgefangene Funkspruch lautete: „Flugplatz Tazinskaja von feindlichen Panzern überrollt!" Es war der Einsatzflughafen für unseren Nachschub, etwa 240 km Luftlinie von uns entfernt. Es wurde uns immer mehr zur Gewißheit, daß ein Entsatz* im Winter nicht mehr möglich war. Gerade am Weihnachtsabend war der Russe sehr aktiv mit seinen Stalinorgeln*. Dazu kam noch die moralische Bearbeitung durch Lautsprecher, die laufend zum Überlaufen aufforderten. In abgeworfenen Flugblättern schilderte der Russe unsere Lage, forderte zum Überlaufen auf und drohte, daß alle, die sich nicht ergeben, erbarmungslos niedergemacht werden.

Gegen 17 Uhr gingen wir zum Bunker des Generals der 3. IDmot., um eine kleine Weihnachtsfeier zu gestalten. Anschließend setzten auch wir uns zusammen, um dieses Fest fern von den Lieben zu begehen. Als wir nun um die geschmückte Distel saßen, die für uns zum Weihnachtsbaum geworden war, und das Lied „Stille Nacht, heilige Nacht" sangen, weilten wir mit den Gedanken daheim, und so manche Träne rann über die Wangen, in denen sich die Lichter des Bäumchens spiegelten.

Für viele war es das letzte Weihnachtsfest, bevor die Tragödie der 6. Armee begann.

Im Radio meldete sich die Festung Stalingrad. Ob die zu Hause wußten, wie es um uns bestellt war? Mit Lautsprechern forderte der Russe zum Überlaufen auf. „Holt euch eure Weihnachtspäckchen, sie warten auf euch! Wenn ihr sie bis zum 10. Jänner nicht abholt, werdet ihr vernichtet!" war laufend zu hören.

„Deutsche Soldaten und Offiziere im Kessel von Stalingrad!"

Deutsche Soldaten und Offiziere im Kessel von Stalingrad!

Blickt auf die Karte und beurteilt selbst Eure Lage:

Nordwestlich von Euch, jenseits des Don, wurden sechs deutsche Divisionen zerschlagen; drei davon gaben sich mitsamt den Stäben und Generälen gefangen.

Im Westen wurden die vom OKW zu Eurem Entsatz eiligst zusammengezogenen deutschen Truppen, darunter die 22. Panzerdivision, aufs Haupt geschlagen.

Im Südwesten (Richtung Rostow) und **im Süden** (Kaukasusrichtung) verfolgen starke Einheiten der Roten Armee, ohne auf ernstlichen Widerstand zu stossen, die Reste der zerschlagenen deutschen Truppen. Alle Eure Vorratslager jenseits des Don sind in den Händen der Roten Armee. Schon jetzt bekommt Ihr die auf dem Luftwege zugestellte Munition nur in kleinen Mengen verabfolgt.

Die deutsche Wehrmacht hat allein in sieben Tagen 90.000 Soldaten und Offiziere verloren, davon 51.000 an Gefangenen.

So sehen nun die Folgen des Hitlerabenteuers aus, vor denen General von Bock so sehr gewarnt hat.

SOLDATEN, OFFIZIERE!

Eure Versuche, den Ring zu sprengen, sind vergebens. Das beweisen die furchtbaren Verluste, die Ihr bei diesen Versuchen trägt. Auch auf Entsatz ist nicht zu hoffen, denn mit jeder Stunde werden die auseinandergesprengten deutschen Truppen immer weiter abgedrängt.

Vermeidet weitere nützlose Opfer und gebt Euch gefangen! Ihr werdet entsprechend den Satzungen des Völkerrechts aufgenommen.

Wer sich nicht ergibt, wird erbarmungslos niedergemacht.

DAS KOMMANDO DER ROTEN ARMEE.

Max Plakolb brachte dieses sowjetische Flugblatt, das er vorsichtshalber mit der Aufschrift „Feindpropaganda" versah, aus dem Kessel von Stalingrad mit nach Hause.

„Das ist Eure Lage"

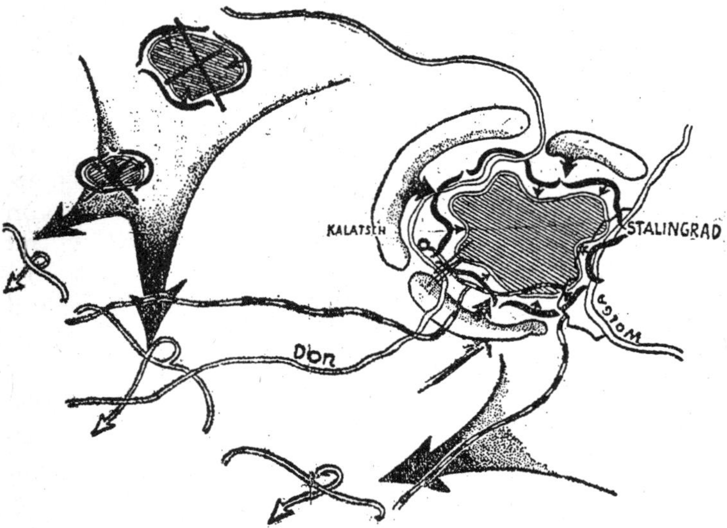

Die Rückseite des sowjetischen Flugblatts zeigte recht zutreffend die hoffnungslose Lage der 6. Armee nach den Erfolgen der Roten Armee bei Millerowo und Tazinskaja (x).

Es kam Neujahr. Die Verpflegung wurde immer weniger. Die Aufklärungsmeldungen bewiesen uns, daß die Panzer und Fahrzeuge rund um den Kessel von Tag zu Tag mehr wurden. Am 3. Jänner erreichte uns der Funkspruch: „Funktrupp Uffz.* Kiefhaber kurzfristig zum Herausfliegen bereithalten, Offizier und Kraftfahrer bleiben bei alter Dienststelle." Sollte es wahr werden? Wieder vergingen Tage.

Am 7. Jänner gelang den Russen am Schnittpunkt zwischen der 29. IDmot. und der 44. ID, der auch Oberösterreicher angehörten, ein Einbruch. In der Nacht vom 8. auf den 9. Jänner kam der Befehl, daß wir am 9. Jänner mittags zum Herausfliegen auf den Flugplatz Pitomnik kommen sollten. Zum Abwehrkampf wurden Funker benötigt, daher wurde vom General des Fliegerkorps die Genehmigung dazu erteilt.

Der Abschied von den Zurückbleibenden war schwer. Jeder schrieb noch schnell Briefe an zu Hause, die wir mitnahmen. Ich wurde von unserem Offizier zum General der 3. IDmot. von Hanstein geschickt, um auch von ihm Post mitzunehmen. Dieser verabschiedete sich mit den Worten: „Da ihr nun einmal das Glück habt und rauskommt, sagt ihnen, sie sollen nur fleißig Munition und Verpflegung schicken. Mit dem Russen werden wir schon alleine fertig!"

In Pitomnik angekommen, mußten wir in den Befehlsbunker des AOK* 6, um die Genehmigung zum Herausfliegen zu erhalten. An den Gesichtern der Offiziere war zu erkennen, wie gern sie selbst mitgekommen wären. Ein Posten brachte uns zu drei Maschinen der Type He111. Die erste war bereits mit Verwundeten beladen, die andere hatte Spezialeinrichtung für Verwundetentransport. Der Kommandant der dritten Maschine, ein Eichenlaubträger*, nahm sich unser an. Als wir um 14.20 Uhr zum Start rollten, warf eine U2 Bomben auf die Startbahn. Gott sei Dank war nichts passiert. Wir schraubten uns über dem Kessel auf 3000 Meter Höhe und überflogen die Flak*sperre.

Nach einem Flug von 1 Stunde und 20 Minuten landeten wir in Nowotscherkask in der Nähe von Rostow am Asowschen Meer. Bei unserer Kompanie angekommen, wurden wir liebevoll empfangen. Ein reichlich geschmückter Christbaum – die Russen feiern Weihnachten erst zu Heilige Dreikönige – stand im Raum, und es wurde uns reichlich zu essen geboten. Wir, die wir so lange hungern mußten, brachten nur wenig hinunter. Die Gewißheit, einem Schicksal entronnen zu sein, dessen wirkliche Konsequenz uns damals noch nicht ganz klar war, und der Gedanke an die Zurückgebliebenen waren stärker.

So war der 9. Jänner 1943 mein zweiter Geburtstag geworden. Von den in Stalingrad verbliebenen Kameraden haben wir nie mehr gehört.

Max Plakolb überlebte auch die weiteren „siegreichen Rückzüge".

Und jeder schöpfte neuen Mut

Nach Auflösung seiner Einheit bei Kriegsende nahe Liezen (Steiermark) schlug Max Plakolb sich bis zu seinem Elternhaus auf der nördlichen Donauseite von Linz durch. Dort aber wurde er von amerikanischen Militärbehörden interniert und Ende Mai 1945 an die Sowjetarmee ausgeliefert. So kam er doch noch für zweieinhalb Jahre in russische Kriegsgefangenschaft.

Seinen Aufzeichnungen über die letzten Kriegstage 1945 und die russische Gefangenschaft gab er den Titel: „Der Umweg nach Hause." Darin erinnert er sich unter anderem auch an die beiden Weihnachten, die er in einem Arbeitslager auf der Halbinsel Krim erlebte:

Weihnacht 1945.

Kurz vor Weihnachten zogen wir in ein anderes Lager um, das in der Stadt Eupatoria lag. Die Räume waren kleiner und die Schlafgelegenheiten etwas besser als im vorigen Lager. Die Kälte hatte wieder nachgelassen. Unser Haupteinsatz war das Wegräumen von Schutt und Abreißen von Hausruinen.

Finster war es noch, wenn wir das Lager verließen, um zur Arbeitsstätte zu marschieren, und als wir zurückkamen war es bereits wieder Nacht geworden. Fröstelnd begaben wir uns in unsere Unterkunft, um auf das

Abendessen zu warten, das meistens aus dünner Suppe und Brot bestand, aber wenigstens warm war.

In dieser vorweihnachtlichen Zeit waren unsere Gedanken häufiger als sonst zu Hause. Über alle möglichen Weihnachtsbäckereien wurde gesprochen, und jeder malte sich aus, wie es sein wird, wenn wir wieder nach Hause kommen.

Dann kam der 24. Dezember, für uns ein Tag wie jeder andere Werktag, da die Russen erst am 6. Jänner Weihnachten feiern. Unsere Arbeitsstätte lag in der Stadt. Aufräumungsarbeiten und Abtragen von Hausruinen waren unsere Hauptbeschäftigung. Zwischen den Ruinen standen vereinzelt Wacholderstauden. Am Abend vor dem Heimweg brach ich einen kleinen Wipfel eines dieser Sträucher ab und verbarg ihn unter meiner Bekleidung. Ich hatte Glück, wir wurden beim Eintritt ins Lager nicht durchsucht.

Den kleinen Wipfel stellte ich in einer alten Konservendose auf den mitten im Schlafsaal stehenden Dauerbrandofen, der nicht geheizt wurde. Einsam wie wir im Innersten stand er da, ohne Schmuck und ohne Kerzen, und trotzdem schauten wir alle zu ihm hin. Erinnerungen wurden wach, und dort und da hörte man leises Schluchzen. Dieses kleine unscheinbare Bäumchen war geistiges Bindeglied zwischen uns und den Lieben daheim geworden.

Aus den anderen Räumen hörten wir bereits Weihnachtslieder. Obwohl auch mir nicht zum Singen zumute war, stellte ich die Frage, ob nicht auch wir ein Weihnachtslied anstimmen könnten. Dann stimmte ich „Stille Nacht, heilige Nacht" an. War zu Beginn der Gesang etwas froh gestimmt, wurde er dann immer leiser, und auch ich merkte, wie es mir die Kehle immer mehr zuschnürte und die zweite Strophe in Schluchzen und Schweigen endete. Jeder war in Gedanken daheim. Es wurde für uns eine wahre stille Nacht der Besinnung im Anblick des kleinen, schmucklosen, grünen, hoffnungsspendenden Weihnachtsbaumes.

Ein Jahr später. Weihnacht 1946.

Aus anderen Lagern auf der Krim waren alle Österreicher herausgezogen worden und zu uns gekommen. Darunter befand sich auch ein angehender Priester aus Kremsmünster, der nachmalige Pater Wintersteller. Die Stimmung war etwas freudiger als im Vorjahr, deutete die Zusammenführung doch darauf hin, daß Aussicht auf Heimfahrt bestand. Die Antwort auf unsere Frage, wann wir nach Hause fahren dürfen, hieß immer: „Skora, skora – bald, bald!" Und das bereits seit zwei Jahren.

Am Abend des 24. Dezember gestaltete Pater Wintersteller eine besinnliche Weihnachtsfeier. Er verlas das Weihnachtsevangelium und weckte in einer kurzen Ansprache Hoffnung auf baldige Heimkehr. Diesmal spürte man auch beim Singen, daß die Weihnachtsbotschaft ihre Wirkung nicht verfehlte und jeder neuen Mut schöpfte in der Hoffnung, das nächste Weihnachtsfest im Kreise der Lieben daheim feiern zu können.

Am 23. November 1947 kehrte Max Plakolb nach Linz zurück und schloß 1949, mit 27 Jahren, seine acht Jahre zuvor unterbrochene Schriftsetzerlehre ab.

Walter Zdrazil

Walter Zdrazil wurde am 20. Dezember 1923 in Lichtenwörth bei Wiener Neustadt (Niederösterreich) als jüngerer von zwei Söhnen geboren. Die Familie übersiedelte 1929 nach Wien-Meidling, wo der Vater als Maler und Anstreicher, die Mutter als Büglerin und später als Badefrau arbeitete.

1942 mußte Walter Zdrazil zur Deutschen Wehrmacht einrücken und war in St. Pölten stationiert.

Unsere Ausgelassenheit konnte nicht darüber hinwegtäuschen, daß uns ganz mulmig zumut war

Im Dezember 1942 – es war der 17. – wurde es ernst, und es hieß: Ab nach Rußland! Unser Truppentransport wurde am St. Pöltner Güterbahnhof zusammengestellt und bestand außer den Verpflegungs- und Materialwaggons mit unserer gesamten Bataillonsausrüstung noch aus Plattformwagen mit unserem Fuhrpark. Außerdem hatten wir noch wenige offene Waggons mit Stroh dabei.

Nun, die nächste Rast war auf einem Abstellgleis zwischen Praterstern und Nordbahnhof in Wien. Der Bahndamm war sehr hoch, und ich erinnere mich: Unser Waggon stand vis-à-vis von einer Konservenfabrik. Wir sahen von unserem Wagen durch die offene Schiebetür in die – ich glaube – offenen Fabriksfenster im ersten oder zweiten Stock. Es gab natürlich ein Hallo mit den dort arbeitenden Mädchen.

Unsere Ausgelassenheit konnte einen Kenner der Situation nicht darüber hinwegtäuschen, daß jedem von uns im Grunde ganz mulmig zumut war, und so nützte ich die Gelegenheit – vielleicht die letzte –, auch noch schnell meinen Eltern eine Nachricht zukommen zu lassen. Es war eine Krampuskarte, und ich schrieb sie am 17. 12. um zwei Uhr:

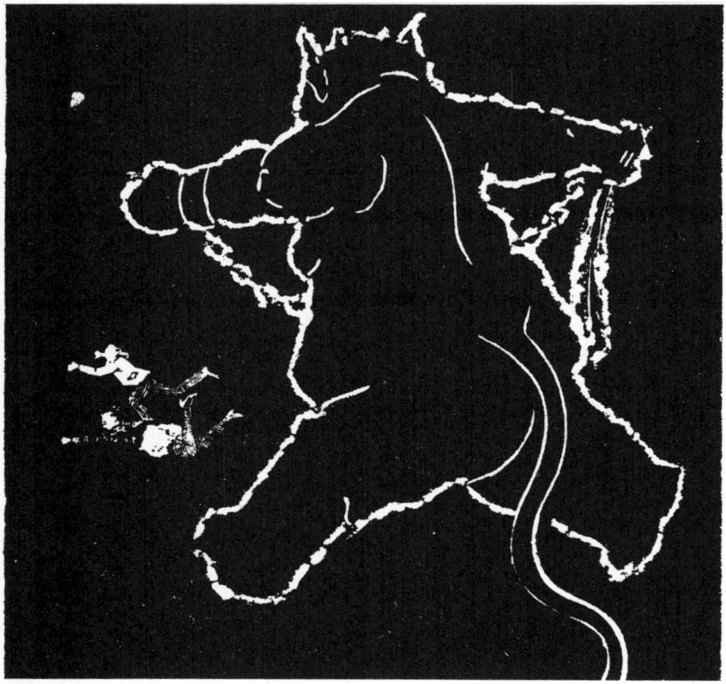

Auf der Rückseite dieser „lustigen" Krampuskarte schrieb Walter Zdrazil mit schwachem Bleistift:

Liebe Mutter! Wien 17. XII.
Bin hier am Nordbahnhof
durchgefahren. Nun geht es nach
den Osten. Sind durch den Meidlinger
Bahnhof gefahren und beim Ar-
senal vorbei, jetzt stehen wir ein
Stückchen nach dem Praterstern
und fassen unser Mittagessen,
es ist cirka 1/2 2 h. Wir haben einen
Ofen im Wagen, es ist ganz lu-
stig. Jetzt muß ich aber schließen,
denn es wird sonst das Essen kalt.
Viele Grüße an Dich, Vater und Poldi
sowie allen anderen Lieben Walter

Nun, so lustig war es doch nicht. Die Karte hatte ich einem Mädchen aus der Konservenfabrik zur Weiterleitung gegeben, natürlich unfrankiert, und so ist sie auch bei meiner Mutter eingelangt.

Am Nachmittag sind wir weitergefahren, und am 19. Dezember waren wir in Krakau. Besonders schnell waren wir ja nicht unterwegs, aber nach meiner Erinnerung war es zügig genug, um an die Front zu kommen. Ja, damals war ich genau 19 Jahre minus 1 Tag alt.

Den Heiligen Abend hatten wir noch im Zug verbracht, waren aber bereits auf russischem Gebiet. Die Weihnachtsfeier war sehr schön und schlicht. Wir hatten natürlich auch einen Tannenbaum, aber ohne Schmuck, nur mit vier Kerzen darauf, und der gedankliche Vergleich mit unserem herrlichen Weihnachtsbaum zu Hause war doch ein bißchen wehmutsvoll.

Feldpostbrief vom 26. Dezember 1942

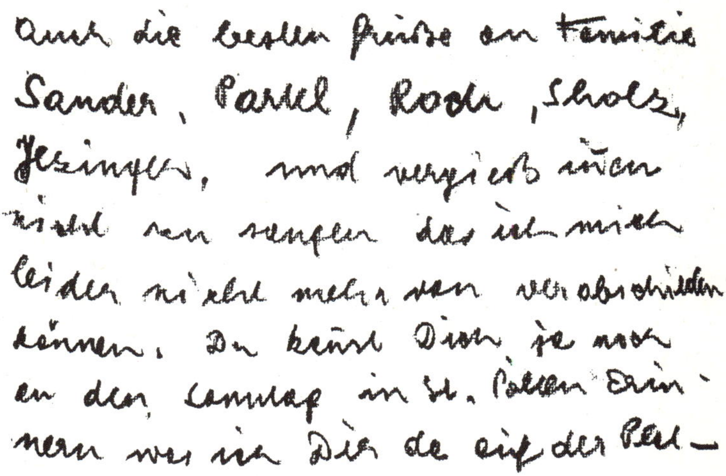
Auch die besten Grüße an Familie
Sander, Partel, Roch, Scholz,
Jesinger, und vergieß auch
nicht zu sagen daß ich mich
leider nicht mehr von verabschieden
können. Du kannst Dich ja noch
an den Sonntag in St. Pölten erin-
nern wo ich Dir da auf der Bah–

Mit vorgetäuschten Familiengrüßen erinnerte Walter Zdrazil seine Eltern an sein Verfahren, mit den ersten Buchstaben der erfundenen Namen den (geheimzuhaltenden) Standort zu verschlüsseln, hier SA-PA-RO-SCH-JE.

Am 25. Dezember war es nicht mehr so stimmungsvoll, denn wir mußten unseren Zug infolge eines größeren Schadens der Bahnanlage entladen und circa vier Stunden vollbeladen mit unserer Ausrüstung und unserem Gepäck, immer im leichten Schneesturm, zu unserer nächsten Verladestelle marschieren. Der Ort der Entladung war Saparoschje.

Am 30. Dezember 1942 hatte ich die letzte Post von zu Hause, genau genommen von der Baumann Trude aus Lichtenwörth, bekommen. Ich habe mich sehr gefreut. Es war eine Neujahrskarte, dieser Glückwunsch war wie ein nachträgliches Weihnachtsgeschenk für mich, und dabei war es Zufall, daß wir die Post bekommen hatten: Es war nur durch die verspätete Abfahrt der dritten und vierten Kompanie aus St. Pölten möglich, denn die hatten uns die Post nachgebracht.

... um halberfroren zur Sonderportion Suppe zu kommen

Am 11. Februar 1943 geriet Walter Zdrazil auf dem Rückzug bei Schachty in russische Gefangenschaft. Über Sammellager bei Stalingrad und ein antifaschistisches Schulungslager bei Kalazin kam er 1944 schließlich in ein Arbeitslager bei Lytkarino südöstlich von Moskau.

Es war am Heiligen Abend im Jahre 1944. An diesem Tag war einer unserer Kameraden gestorben, und abends suchte man um 21 Uhr ein paar Freiwillige: Sie sollten den Toten auf einem Schlitten aus dem Werk schaffen und begraben. Für diese Arbeit versprach man uns nach der Rückkehr eine Extraportion Suppe. Nun, ich war einer der fünf oder sechs Plennis*, die diese Aufgabe übernahmen.

Es war eine sehr kalte Nacht, der Wind blies uns ganz schön den eisigen Schnee ins Gesicht, und bei jedem Schritt, den wir machten, knirschte der Schnee unter unseren Füßen. Wir fuhren fast fünf Kilometer zur Begräbnisstelle, doch knapp davor – wir überquerten gerade den Dorfplatz des nächsten Ortes – fiel uns der Tote vom Schlitten. Uns war ganz unheimlich zumute, als wir uns mit dem Toten abmühten, denn wir waren vor Kälte fast genauso steif wie er. Es war gar nicht so leicht, ihn wieder aufzulegen, der Posten schimpfte, und zu allem Überfluß bellte auch noch ein Hund in nächster Nähe. Wir mußten uns beeilen, denn der Posten wollte nicht, daß man uns sieht. Gott sei Dank, bis zur Begräbnisstelle war es nicht mehr weit, es waren etwa zehn Minuten, dann waren wir dort. Es war ein Hügel, auf dem auch eine Kirche stehen sollte. Ich habe sie bei dem herrschenden Schneetreiben nicht gesehen.

Wir hatten auch andere Sorgen: Wir sollten mit dem mitgebrachten Werkzeug eine Grube ausheben, doch es war erfolglos: Nicht einmal eine Vertiefung von zehn Zentimetern konnten wir dem steinhart gefrorenen Boden abringen. Die russischen Laufgräben, die sich auf dem Hügel befanden, verleiteten uns zu der einzig möglichen Bestattungsart: Wir warfen kurzerhand den Toten – im Einvernehmen mit dem russischen Posten – in einen der Laufgräben und brachten die Grabenränder zum Einsturz. So war der Tote zumindest notdürftig mit Erde bedeckt und vor wild herumstreunenden Hunden geschützt.

Wir wußten, daß es makaber war, aber was sollten wir tun, war sich doch jeder selbst der nächste, und die Kälte war auch fast unerträglich geworden. Wir machten uns daher so rasch wie möglich auf den Heimweg, um halberfroren zu unserer versprochenen Sonderportion Suppe zu kommen.

Erst 1946 wurden nachträglich den bis dahin verstorbenen Plennis Kreuze gesetzt und ordnungsgemäße Gräber angelegt. Auf einem der Kreuze stand auch der Name des von uns am Heiligen Abend 1944 im Laufgraben verscharrten Kameraden.

Ich durfte ein paar Sätze an meine Lieben über Radio Moskau durchgeben

Auch 1946 hielt Walter Zdrazil sich also noch in diesem Lager auf:

Nun, die russischen Feiertage (Jahrestag der Oktoberrevolution) waren kaum vorbei, als Mischa, der russische Magazineur unseres Lagers, Gustl und mich wieder nach Ljuberzi zur Brotfabrik mitnahm. Dabei machte er einen kleinen Umweg und fuhr mit uns bei einem kleinen Fotoatelier vor. Ich erinnere mich: Wir wollten im Auto warten, doch Mischa nahm uns mit. Es war ein ganz kleines Lokal, nicht viel größer als Mutters Küche, und wir konnten uns immer noch nicht denken, was wir hier sollten. Da eröffnete uns Mischa ganz stolz: „Jetzt könnt ihr euch fotografieren lassen." Wir waren sprachlos, und tatsächlich geschah dieses Wunder, und der Fotograf knipste uns von allen Seiten. Allein und auch zu zweit machte er die verschiedensten Brustbilder von uns, und es dauerte auch nicht lange, da brachte Mischa uns voll Freude die entwikkelten Bilder. Daß ich eines dieser Fotos zwanzig Jahre später bei der Durchführung meines ersten Montageauftrages in der Nähe von Moskau zusätzlich erhalten würde, hab ich mir damals beim besten Willen nicht träumen lassen . . .

Damals, im Jahre 1946, freute ich mich jedenfalls riesig, als ich die Bilder von Mischa bekam, stand doch Weihnachten vor der Tür, und ein Bild von mir auf einer Rotkreuz-Karte würde bestimmt für meine Eltern das schönste Weihnachtsgeschenk sein – wenn nicht noch ein anderes Wunder geschah. Im Grunde nämlich war es doch so, daß wir mit einer noch viel größeren Überraschung aufzuwarten hofften.

Doch anfangs Dezember war uns schon wieder klar, daß uns dieser Wunschtraum 1946 nicht mehr in Erfüllung gehen würde, und wir bereiteten uns auf ein Weihnachtsfest im Lager vor. Überall wurde an Geschenken gearbeitet. Ich zum Beispiel zeichnete für Alfred Cygan das Bild seiner

Frau Nini. Doch plötzlich herrschte große Aufregung im Lager, denn es hieß, zehn oder zwanzig Plennis unseres Lagers dürften an einer Gefangenengrußsendung des Moskauer Rundfunks teilnehmen. Zu diesem Zweck sollten in den nächsten Tagen ein paar Rundfunkleute aus Moskau kommen und die entsprechenden Aufnahmen machen.

Ihr könnt euch wohl vorstellen, welche Nervosität sich ab nun in unserem Lager breitmachte. Da war vor allem einmal die Frage: Wer wird wohl bei den wenigen Begünstigten dabei sein? Ich weiß es auch nicht mehr, wer es entschied, glaub aber doch, daß es Unterleutnant Smirnov war, dem ich es zu verdanken habe, daß meine Glückssträhne nicht abriß: Ich war bei den Glücklichen dabei und durfte ein paar Sätze über meine vierjährige Gefangenschaft und mein Wohlbefinden an meine Lieben zu Hause per Radio durchgeben.

Aber das war nicht alles: Auf Wunsch der Moskauer Rundfunkleute sollte auch noch ein bißchen österreichische Folklore mitübertragen werden, um der Sendung einen entsprechend unbefangenen, nationalen Charakter zu geben. Ja, und diese Aufgabe löste Rudi Adam, denn er schrieb zu diesem Zweck einen Einakter mit dem Titel „Klachauer Nächte". Es war ein ländlicher Klamauk übers Fensterln. Das Stück war sehr lustig und doppelt unterhaltsam, da die in dem Stück vorkommenden Mäderl genau wie wir nur Männerhaxen hatten.

Die ganze Aufnahme verlief reibungslos und wurde dann auch tatsächlich genau am Heiligen Abend um 18 Uhr vom Moskauer Rundfunk gesendet. Ein Herr Walter Hosnedl vom Margaretengürtel 22 in Wien war einer der ersten, der meine Grüße hörte und meine Eltern brieflich verständigte. Er war natürlich nicht der einzige, sondern auch viele andere Rundfunkhörer waren so hilfsbereit und machten auf meine Grüße und deren Wiederholung aufmerksam. Doch meinen Lieben zu Hause war es infolge der übergroßen Nervosität zur bewußten Stunde nicht möglich, den Moskauer Sender im 31-Meter-

Band unseres Radios hereinzubekommen. Aber ich nehme an, daß sie trotzdem glücklich waren, zumindest genauso wie wir, die wir damals im Speisesaal unseres Lagers auch Weihnachten gefeiert hatten, und ich glaube sogar das erste Mal mit einem Weihnachtsbaum.

A. ZEMANN
GRUSS-ÜBERMITTLUNGS-BÜRO
WIEN VI.
KASERNENGASSE 4

Postspark.-Konto 190.954 ▼ Postfach 149
Parteienverkehr: Montag—Samstag 1/29-17 Uhr

WIEN, 27.12.46

Herrn S t r a z i l
Frau

Wien, XII/,
Schönbrunnerstr. 247

Wir können Ihnen die sehr erfreuliche Mitteilung machen, dass unser Studio einen Gruss an Sie über Radio Moskau, unter ./. bitte wenden
am 24.12.46 von
Herrn S t r a z i l Walter
aufgefangen hat. Derselbe befindet sich in russischer Kriegsgefangenschaft. ~~Die Anschrift oder~~ sonstige Angaben wurden nicht bekanntgegeben.

Wir erlauben uns, Ihnen in der Anlage ein Prospekt zu senden, bitten um Ihre Mitgliedschaft oder um einen freiwilligen Spesenbeitrag.

Mit vorzüglicher Hochachtung
A. ZEMANN
Gruß-Übermittlungs-Büro

2 Anlagen.

Ein findiges „Gruß-Übermittlungs-Büro" hörte alle Radiosender auf Gefangenengrüße ab und leitete sie an Angehörige weiter, so auch die Weihnachtsgrüße von Walter Zdrazil; ihr Wortlaut (rückseitig): „Ich bin vier Jahre nun in russischer Kriegsgefangenenschaft. Es geht mir gut und ich arbeite in meinem Fach. An die lieben Eltern, Bruder und Poldi sowie alle Verwandten frohe Weihnachtsgrüße sowie die besten Grüße meinem lieben Vaterland. Euer Walter."

Es war eine besinnliche Feier, es war ganz anders als die Jahre davor, man hatte wieder Freunde und Kameraden und vor allem wieder Hoffnung und Glauben, daß alles wieder gut wird. Persönliche Geschenke wurden überreicht, und die Freude des Nächsten wurde genau wie die eigene empfunden. Ich war besonders glücklich, denn am Heiligen Abend hatte ich das zweite Mal Post von zu Hause erhalten. Die Post stammte zwar vom Juni und August, aber Mütterchen Rußland war ja so groß und unergründlich, daß keiner je nach Zeit und Grund gefragt hätte. Ich nehme sogar an, daß die Verzögerung der Postausgabe ein Weihnachtsgeschenk sein und uns Freude bereiten sollte. Wie immer auch – es war wunderschön. Der Band mit den handgeschriebenen Wiener Liedern von Gustl, ein kleines Steckschach von den Leuten meiner Kompanie, das mir der Alfred überreichte, und ein Paar von Stefan Haider handgestrickte warme Wollsocken, das waren Geschenke meiner Kameraden. Sogar das Steckschach ist noch zum Teil erhalten und erinnert mich immer wieder, mit welcher Mühe und Liebe es trotz der kärglichst vorhandenen Mittel gemacht wurde.

Und als Krönung dieses unseres Festtages erhielten wir auch noch, um unsere Freude entsprechend abzurunden, Rote-Kreuz-Karten zum Antworten. Ich schrieb daher bereits am nächsten Tag die folgende Karte und versah sie mit einem kleinen Foto von mir:

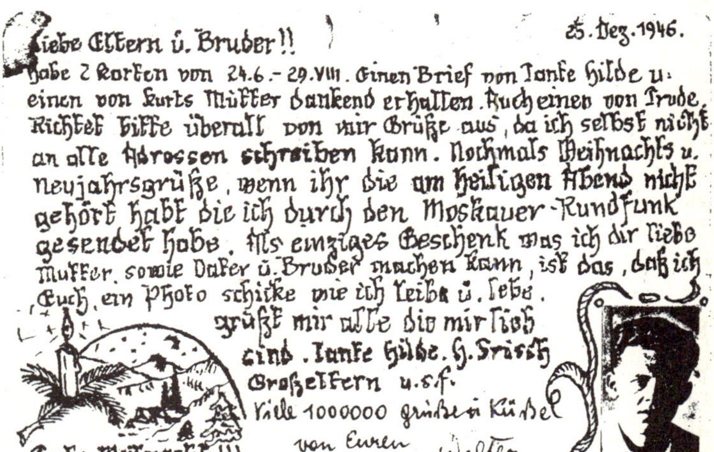
25. Dez. 1946.

Liebe Eltern u. Bruder!!
Habe 2 Karten von 24.6.–29.VIII. Einen Brief von Tante Hilde u. einen von Kurts Mutter dankend erhalten. Auch einen von Trude. Richtet bitte überall von mir Grüße aus, da ich selbst nicht an alle Adressen schreiben kann. Nochmals Weihnachts u. Neujahrsgrüße, wenn ihr die am Heiligen Abend nicht gehört habt die ich durch den Moskauer-Rundfunk gesendet habe. Als einziges Geschenk was ich dir liebe Mutter, sowie Vater u. Bruder machen kann, ist das, daß ich Euch ein Photo schicke wie ich leibe u. lebe.
grüßt mir alle die mir lieb sind. Tante Hilde. H. Frisch Großeltern u.s.f.
Viele 1000000 grüße u. Küße
von Euren Walter

Frohe Weihnacht!!!

Vorderseite dieser Grußkarte vom Roten Kreuz und Roten Halbmond der UdSSR

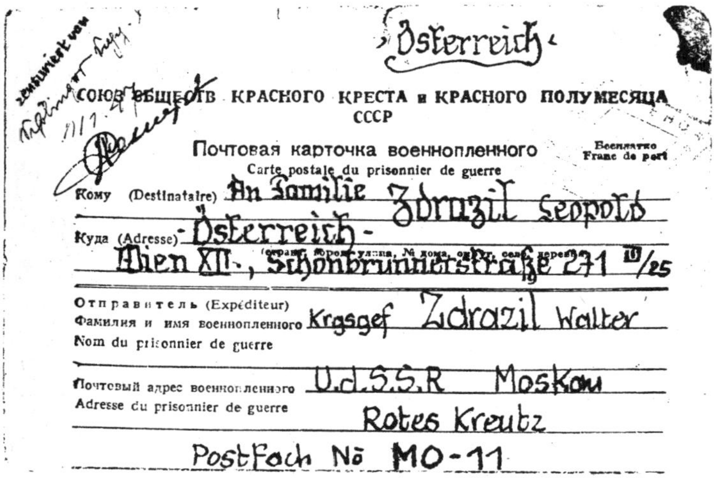
Österreich

СОЮЗ ОБЩЕСТВ КРАСНОГО КРЕСТА и КРАСНОГО ПОЛУМЕСЯЦА
СССР

Почтовая карточка военнопленного
Carte postale du prisonnier de guerre

Бесплатно
Franc de port

Кому (Destinataire) An Familie Zdrazil Leopold

Куда (Adresse) Österreich -
Wien XII., Schönbrunnerstraße 271 10/25

Отправитель (Expéditeur)
Фамилия и имя военнопленного Krgsgef Zdrazil Walter
Nom du prisonnier de guerre

Почтовый адрес военнопленного U.d.S.S.R Moskau
Adresse du prisonnier de guerre Rotes Kreutz
Postfach Nō MO-11

Am 27. 11. 1947 kam Walter Zdrazil mit einem Heimkehrertransport am Wiener Südbahnhof an.

LEOPOLD NOVOSAD

Die sechste Kriegsweihnacht ist herangebrochen

Leopold Novosad wurde 1921 als älteres von zwei Kindern geboren. Der Vater war ursprünglich Schiffskoch in der k.u.k. Marine, die Mutter gelernte Miedermacherin. Nach dem Ersten Weltkrieg kauften sie einen Gemüsestand auf einem Wiener Markt. Leopold Novosad besuchte die Handelsschule und arbeitete zunächst im Geschäft der Eltern mit. 1938 rückte er in die Deutsche Wehrmacht ein und wurde 1944 in Oberitalien durch eine Granate verwundet. Aus dem Lazarett schrieb er folgenden Brief:

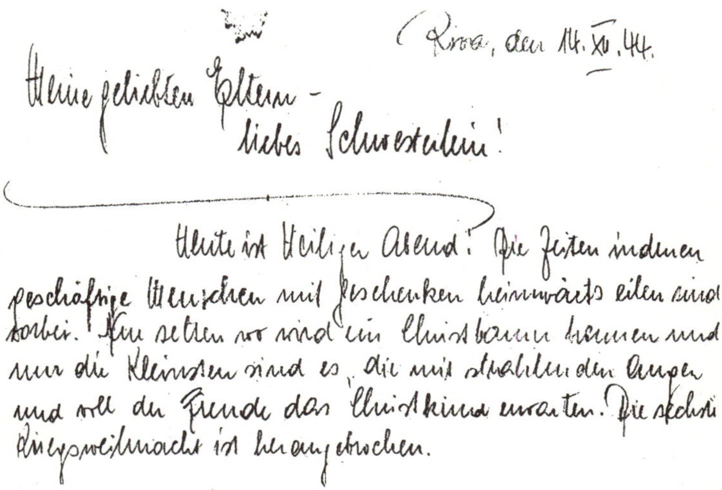
Riva, den 14.XII.44.

Meine geliebten Eltern –
liebes Schwesterlein!

Heute ist Heiligen Abend! Die Zeiten in denen geschäftige Menschen mit Geschenken heimwärts eilen sind vorbei. Nur selten erst wird ein Christbaum brennen und nur die Kleinsten sind es, die mit strahlenden Augen und voll der Freude das Christkind erwarten. Die sechste Kriegsweihnacht ist herangebrochen.

Weit weg von euch muß ich diesmal feiern in der Hoffnung, daß es das letzte Mal sein wird. Auch für Euch sind es keine frohen Weihnachten, wenn ich nicht in Eurem Kreise weilen kann. Das weiß ich zu genau. Ich weiß auch, daß Euch der Weihnachtskarpfen, und sei er noch so gut gewesen, nicht so geschmeckt hat, als wenn ich mitgegessen hätte. Aber bitte denkt daran, daß es einfach nicht geht, daß ich aber trotzdem in Gedanken bei Euch bin. Tränen liebe Mama, machen es nicht besser, sondern allein der Gedanke, daß es mir gut geht, muß Euch froh stimmen. Doch nicht allein der Gedanke, sondern damit in Verbindung auch die Tatsache. Und so wollen wir festlegen, daß genau um 8h Abend unterm brennenden Baum jeder an jeden denkt – ihr an mich und ich an Euch. So sind wir dann doch zusammen, wenn auch nur in Gedanken, das ist ganz gleich. Denken wir dann aber nicht daran, wie es kommen, wie es werden wird – sondern danken wir dem Herrgott, daß auch im vergangenen Jahr alles gut gegangen ist, und denken wir besonders daran, daß jeder schwere Schicksalsschlag doch einer gewissen Vorsehung unterworfen ist. Ich denke da besonders an Susi – bei der das diesjährige Weihnachtsfest alles andere als fröhlich sein kann. Traurig. Und so kann ich auch von mir sagen, daß mich trotz der Verwundung ein kleiner Schutzengel vor Ärgerem bewahrt hat. All diese glücklichen Gedanken bereiten mir so viel Freude, daß auch ich ein glückliches Fest erleben und feiern kann.

Gewiß, einmal läuten die Glocken wieder heller, einmal werden wir so das Fest erleben wie ich es noch als Junge in Erinnerung habe, ja vielleicht ist alles mal leichter zu ertragen sodaß man dann voll Stolz und Ehrfurcht an diese Zeit zurückdenken kann.

So träumen wir von all dem Schönen und all unseren Lieben und vergessen unseren Kälte hier im hohen Norden in dieser weihevollen Nacht, der schönsten Nacht im ganzen Jahr.

Hohe Nacht der klaren Sterne . . . .
Stille Nacht. – heilige Nacht!

Euer [illegible]

Das Ersatz-„Stille Nacht" der Nationalsozialisten

Hohe Nacht der klaren Sterne

Hohe Nacht der klaren Sterne,
die wie weite Brücken stehn
über eine tiefe Ferne,
drüber unsre Herzen geh'n.

Hohe Nacht mit großen Feuern,
die auf allen Bergen sind.
Heut' muß sich die Erd' erneuern
wie ein junggeboren Kind.

Mütter, euch sind alle Feuer,
alle Sterne aufgestellt;
Mütter, tief in euren Herzen
schlägt das Herz der weiten Welt

Die Nazis waren bemüht, sämtliche religiöse Anspielungen aus Weihnachtsliedern verschwinden zu lassen. Dieses Unterfangen erwies sich jedoch als kompliziert, und so entschlossen sich die unterschiedlichsten nationalsozialistischen Gruppierungen, Schrifsteller und Komponisten, neue Lieder zu komponieren und zu texten, die der politischen Tendenz entsprachen: die Umdeutung des christlichen Weihnachtsfestes zum heidnischen Sonnenwend- und Geburtsritual. Hans Baumann, 1914 in Amberg geboren, war Dorfschullehrer in Veithenberg im Bayerischen Wald und lieferte eine Unzahl solcher Lieder, vor allem für die Hitlerjugend (HJ). Die Reichsjugendführung (RJF) war so begeistert, daß sie ihn nach Berlin holte. Baumann ist auch der Urheber des Liedes „Hohe Nacht der klaren Sterne", das über das Ende des Dritten Reiches hinaus Erfolg hatte. Fred K. Prieberg schreibt in seinem Buch „Musik im NS-Staat" über dieses Ersatz-„Stille Nacht, heilige Nacht": „Hier zehrt der Ersatz so intensiv von Melodiefloskeln, Reizwörtern und poetischen Bildern besonders vorromantischer Weihnachtslieder, daß automatische Identifikation, der ‚Schein des Bekannten', zur bereitwilligen Aufnahme dieses Liedes das meiste beitrug." In den zahlreichen Schriften der Nazis, die Empfehlungen zur Weihnachtsfeier vor allem für HJ, NS-Lehrerbund und den NS-

Deutschen Studentenbund beinhalten, steht dieses Lied im Zentrum. Aber auch für die Deutsche Wehrmacht wurde in den Festfolgenempfehlungen dieses „Anti-Stille-Nacht" immer wieder verbreitet.

Lygia Kapraleck

Denkt an mich, vielleicht steck ich grad im Dreck

Lygia Kapraleck wurde 1921 in Wien als erste von drei Töchtern geboren. Der Vater war ein kleiner Beamter der Wiener Fürsorgeverwaltung, die Mutter Hausfrau.

Nach der Schulzeit wandte Lygia Kapraleck sich dem Tanz und der Schauspielerei zu, kam als Varieté-Tänzerin bis nach Italien und in die Türkei und schloß sich schließlich als Schauspielerin dem Städtischen Theater in Steyr an. Im Zweiten Weltkrieg wurde sie zu den Steyrer-Werken dienstverpflichtet, kurz vor Weihnachten 1944 aber von dort zur Flak einberufen.*

Aus diesen Tagen sind die beiden folgenden Briefe an ihre Eltern erhalten geblieben:

Steyr 13. Dez. 1944.

Liebes Vätchen!

Ich schreibe in Eile und großer Verzweiflung und Resigniertheit. Gestern wurden wir aus den Steyrerwerken entlassen, und heute wurde uns auf dem Arbeitsamt mitgeteilt, daß wir uns bereits Freitag, den 15. dieses Monats, also übermorgen, in Krems einfinden müssen, und zwar bei der Flakscheinwerfer-Ersatzabteilung 8, Krems/Donau, Bahnstation Furth-Palt.

Wir sind alle zerschmettert, und die größte Sorge bereitet uns: Wie bringen wir unsere Sachen in Sicherheit? Ich möchte ja so gerne wenigstens einen Koffer mit Kleidern nach Wiesham schicken, aber ich weiß nicht, ob die Post so etwas übernimmt. Ich sitze jetzt mitten unter meinen Sachen und bin ratlos. Auch weiß ich nicht, was ich mitnehmen soll. Auf der Einberufung steht: feste Schuhe, warme Kleider, Decken, Eßbesteck usw. Ich hab ja so was nicht.

Die Zeit bis Freitag wird uns zu kurz, um alles ordentlich erledigen zu können. Auf dem Arbeitsamt gab es Tränenflüsse und Ohnmachtsanfälle am laufenden Band. Ich brachte überhaupt keinen Ton hervor, d.h. zuerst schon: Ich wollte mich wegen Berufung usw. erkundigen, aber alles ist zwecklos. Es wurde verfügt, und damit basta. Was wird das noch werden. Ich hätte nie gedacht, daß ich noch um die Steyrerwerke so trauern würde. Mir steht der Kopf, ich weiß nicht, was ich zuerst anpacken soll.

Auf der Post muß ich mich erkundigen, ob was angenommen wird, und einpacken muß ich. Nach Wien trau ich mir nichts zu schicken. Das meiste muß ich dalassen und gebe es meiner Hausfrau in Verwahrung.

Man ist einfach machtlos. Uns wurde mit Gefängnis und allem möglichen gedroht, wenn wir nicht zur rechten Zeit in Krems sind, weil wir uns am 15. schon als Soldaten zu betrachten haben.

Die meisten heulten gleich, aber ich brachte bis jetzt noch keine Träne hervor. Man wird ganz stur, es hilft ja doch nichts. Auf der Einberufung steht: Heranziehung zum langfristigen Notdienst. Wie lange soll das dauern? Kein Mensch weiß etwas, überall werden die Achseln gezuckt. Ich weiß mir keinen Rat mit meinen Sachen. Die eine Hälfte hab ich noch bei Isabel, und die weiß auch nicht, was mit ihr wird.

Ich muß schließen, weil ich noch so viel zu tun hab. Das hab ich mir nie gedacht, daß es noch schlechter kommt. Vor Weihnachten auch noch dazu. Denkt an mich, vielleicht steck ich grad im Dreck.

Viele Bussi an alle

Deine Lygia

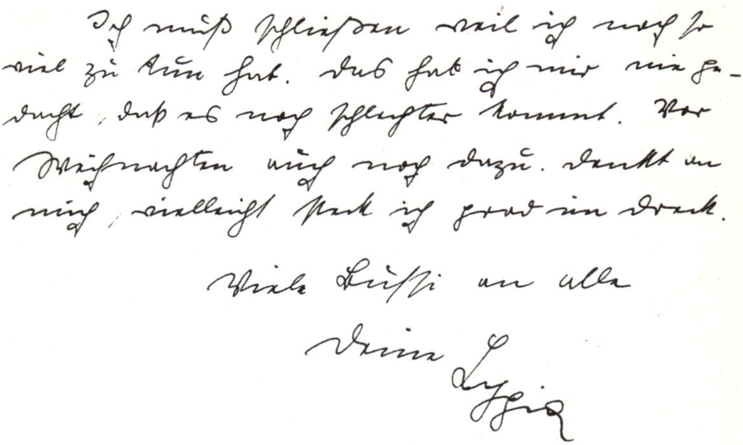
Ich muß schließen weil ich noch so viel zu tun hab. Das hab ich mir nie gedacht, daß es noch schlechter kommt. Vor Weihnachten auch noch dazu. Denkt an mich, vielleicht steh ich grad im Dreck.

Viele Küssi an alle

Deine

Krems-Mautern, 23. XII. 44
im Krankenrevier

Liebes Vätchen und liebes Mämchen!

Eure lieben Briefe vom 10. dieses Monats wurden mir von Steyr aus nachgeschickt, ich danke Euch vielmals, auch den Einschreibe von Vätchen bekam ich. Ich bin so froh, Post ist jetzt das einzige, was mir den Aufenthalt hier erträglich machen kann. Ich war schon ganz verzweifelt, weil ich dachte, ich werde vor Weihnachten überhaupt keinen Brief von Euch bekommen: Heuer verlebe ich sowieso die traurigsten Weihnachten meines Lebens. Ich liege krank und mutterseelenallein im Revier, ohne ein bekanntes Gesicht zu sehen. Ich darf überhaupt nichts denken, sonst heule ich gleich drauf los.

Von unserer Batterie – ich bin bei der vierten – ist so eine schöne Weihnachtsfeier vorbereitet worden. Ich hatte schon wieder die Gesamtleitung in Händen, wir haben auch schon geprobt, da muß ich auf einmal so krank werden, daß ich im Lazarett liegen muß. Hier gefällts mir gar nicht. Außer daß ich ein gutes Bett habe, ist gar keine Annehmlichkeit hier. Und stellt Euch vor: Meine Wäsche, überhaupt alles, was ich habe, ist schon so dreckig, ich auch. Ich habe weder Waschpulver noch Seife, weil es im Lager nichts gibt, und Ausgang gibts auch keinen. Meinen Kopf kann ich hier auch nirgends waschen, überall nur kaltes Wasser.

Ich hoffe, daß ich es nur insofern besser bekommen werde, als ich das Wohlwollen des Majors und des Hauptwachtmeisters (Spieß) errungen zu haben glaube: Ich werde ein Zimmer mit noch einer zweiten allein bekommen, weil ich Kameradschaftsälteste bin. Wie ich Euch schon geschrieben habe, mußte ich gleich die ersten Tage zwei bunte Abende leiten. Ich hielt die Conference, trug verschiedene Gedichte vor und besang auch die anwesenden Männer von der Flak (die Offiziere), von einer Ziehharmonika begleitet, mit dem schmachtenden Lied: „Nur du!", womit ich wie seinerzeit beim Kaufmann in Breitenau größte Heiterkeit erregte. Zwei Abende – ursprünglich war nur einer geplant – waren es deshalb, weil der Major Kunde von dem ersten Abend erhielt, und da er so nett gewesen sein soll, verlangte er, er solle vor seinen Augen wiederholt werden. Das geschah dann auch.

Katja und Inge hatten sich in aller Eile Girltänze einstudiert und mußten sie auch einige Male wiederholen. Ich bin stolz, daß ich auch so einen Erfolg hatte. Es ist nämlich schwer, bei 200 *Mädchen* Gefallen zu finden. Männer waren höchstens 8 Stück anwesend. Bei den vielen Mädchen bin ich, glaube ich, auch allgemein beliebt.

Gestern wurden alle eingekleidet. Nur die Untauglichen, darunter auch ich, bekommen erst später eine Uniform. Jetzt werden nämlich alle Untauglichen für den Innendienst behalten. Ich bekam einen verantwortungsvollen Posten: Ich muß 36–60 Mädchen befehligen als Kameradschaftsälteste. Dieses Amt kann ich natürlich erst nach meiner Genesung ausüben.

Ich bat, ob ich nicht wenigstens den Weihnachtsabend – es soll auch Sekt und gutes Essen geben – mit der Batterie feiern darf, aber die Ärzte sind unbarmherzig und verbannen mich ins Lazarett. Ich bin sehr betrübt.

Eine sehr nette Obertruppführerin hat mir versprochen, sich für mich beim Oberarzt zu verwenden, daß er mich am Abend herausläßt. Ich bin neugierig.

War Muschi bei Euch? Heute abend muß sie ja wieder hier sein. Sie wird Euch ja erzählt haben, wie es hier zugeht. Alles so primitiv, Dreck wo man hinguckt. Ich vermisse die Sauberkeit furchtbar, das macht mich eben so unglücklich, weil ich mich hier nicht pflegen kann und immer in den Kleidern schlafen muß. Ich werde Isabel schreiben, sie soll mir Waschpulver schicken, ich hab in Steyr eine ganze Schachtel voll. Ich hätte es Dir alles geschickt, wenn ich die Wäsche hätte schicken können. Übrigens hab ich der Familie Waldenberger sowieso vor der Absendung des Koffers einen aufklärenden Bittbrief gesandt.

Neben mir liegt so ein lebhaftes Mädchen aus Köln, die redet so viel und hopst fortwährend aus dem Bett. Jetzt hat sie eine Decke um und tanzt nach der Radiomusik. Sie stört mich immer beim Schreiben. Wir liegen fünf in einer Krankenstube. Eine hat Rippenfellentzündung, eine Furunkel im Po, eine Grippe, die Lebhafte (Maria) hat Lungenentzündung und ich Eierstockentzündung. Eigentlich ist es gemein, so mit Ansteckenden zusammen sein zu müssen.

Jetzt hab ich mir schon in Steyr Sorgen gemacht, was ich Euch zu Weihnachten schenken soll, und nun ist mir überhaupt alles unmöglich geworden.

Der Abschied von Steyr ist mir schrecklich schwer geworden. Besonders die Trennung von Isabel fiel mir nicht leicht. Sie war immer so lieb zu mir, wir haben uns herrlich vertragen, ich glaube, ihr wars auch nicht egal, daß ich weg mußte.

Wann wird der Krieg aus sein? Jetzt, seit ich beim Militär bin, kann ich das Ende schon gar nicht mehr erwarten. Man ist ja kein Mensch mehr. Was in der Zeitung steht über den Flakeinsatz der Frauen, wäre schön, wenns den Tatsachen entsprechen würde. – Als wir von Steyr nach einer Bahnfahrt, in deren Verlauf wir sogar über eine Stunde bei Fliegeralarm mit dem Zug in einem Tunnel standen, müde, ausgefroren und hungrig im Flaklager ankamen, mußte wir im eiskalten Kino sitzen, anstatt etwas zu essen zu bekommen. Alle saßen und heulten, vom Film sahen bestimmt nur wenige etwas. Das Mittagessen hier ist nicht schlecht, aber sonst gibts immer bloß bitteren schwarzen Kaffee und scheußliches, steinhartes Brot. Abends ein Stückchen Wurst und 2 dkg Margarine oder Butter. Die Kälte und der Dreck ist manchmal nicht zu ertragen.

Inge Karri und Irmgard Beringer hätten auch einrükken müssen, aber weil sie gute Bekannte haben, sind sie durchgerutscht. Unser ehemaliger Chef, Hans Pernegger, hat sich wieder für Anni Lödl und Lisa Dorian verwendet, und diese konnten auch in Steyr bleiben. So gehts immer, Extrawürste müssen überall sein. Aber wenn man so allein dasteht, machen die Leute mit einem, was sie wollen. Es ist zum Verzweifeln. Das Schönste ist, das Arbeitsamt hat uns hierher geschickt, und als wir hier ankamen, wußte kein Mensch etwas. Daher war auch nichts vorbereitet, kein Essen, keine Heizung usw.

Wann werde ich wieder so ein richtiges Weihnachtsfest feiern können, zu Hause und ohne Sorgen? Ich muß mich jetzt damit trösten, daß der Hansi auch allein ist und es ihm vielleicht noch schlechter geht als mir. Was will ich noch mehr: Ich liege in einem schönen weißen Bett – wenn ich selber auch schmutzig bin – und höre Radio. Morgen spricht ja Goebbels seine Weihnachtsrede, da darf ich nicht unzufrieden sein. Außerdem weiß ich, daß Ihr bestimmt an mich denken werdet, und so muß ich mich bescheiden. Tränen werden natürlich genug fließen, aber ... es geht alles vorüber ... Auch dieses Weihnachtsfest, dieses Jahr und vielleicht auch dieser Krieg. Jetzt werde ich aufhören, weil ich glaube, ich muß gleich zu heulen anfangen.

Lebt wohl, ich habe große Sehnsucht nach Euch
Eure Lygia

PS: Bitte grüßt alle Verwandten und Bekannten.

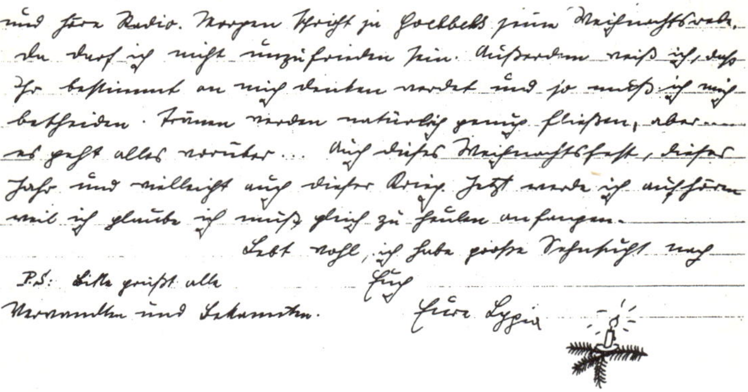

und höre Radio. Morgen spricht ja Goebbels zum Weihnachtsfest,
da darf ich nicht unzufrieden sein. Außerdem weiß ich, daß
Ihr bestimmt an mich denken werdet und so muß ich mich
bescheiden. Tränen werden natürlich genug fließen, aber
es geht alles vorüber ... Auch diese Weihnachtszeit, dieses
Jahr und vielleicht auch dieser Krieg. Jetzt werde ich aufhören
weil ich glaube ich muß gleich zu heulen anfangen.
Lebt wohl, ich habe große Sehnsucht nach
Euch
Eure Lyzi
P.S.: Bitte grüßt alle
Verwandten und Bekannten.

Schluß der erwähnten Rede von Reichspropagandaminister Josef Goebbels, Völkischer Beobachter, 26./27. 12. 1944:

S i e m ü s s e n u n d w e r d e n a m E n d e d o c h s i e g e n ! Wenn sie fallend ein letztes Mal den Namen „Deutschland" aushauchten, so ist das für uns ein kategorischer Imperativ, der in den Zeiten der Not und Gefahr wie mit Posaunenklängen in unsere Ohren dröhnen muß. Wehe unserem Volke, wenn es diesen Ruf jemals überhören wollte, aber Segen und Sieg ihm, wenn es, nur den Gesang seiner Toten im Ohr, seinen Weg fortsetzt, über Gräber vorwärts! In der Würdigkeit vor ihnen wird es dann sein ewiges Leben gewinnen. Die Toten sind stärkere Heere, als wir auf dem Lande, als wir auf dem Meere. Sie schreiten uns voran. Im Lärm der Schlachten des Krieges gingen sie von uns. Im Dröhnen der Glocken eines siegreichen Friedens werden sie zu uns zurückkehren. Mehr als allen Lebenden sind wir ihnen das Reich schuldig. Es ist die einzige Forderung, die sie uns hinterlassen haben. Sie gilt es zu erfüllen. Halten wir dafür unsere Hände und unsere Herzen bereit, dann muß sich bald, wie der Dichter sagt, die Welt erneuern wie ein junggeboren Kind.

28 Jahre nach ihrer traurigsten Weihnacht: Lygia Kapraleck mit ihren drei Nichten Lisi, Christi und Evi, Weihnachten 1972, in der Wohnung ihrer Eltern, mit denen sie bis zu deren Umzug ins Pflegeheim zusammenlebte und wo sie heute noch wohnt.

Helmuth Weber

Helmuth Weber wurde 1927 in Kirchberg in Tirol als fünftes von sechs Kindern geboren. Seine Eltern waren Lehrer.

Weihnachten 1943 – Bomben auf Innsbruck

Das Jahr 1943 sollte für unsere Familie tragisch enden – trotzdem hatten wir Glück im Unglück. Hermann und Franz, meine Brüder, waren damals schon in Finnland, Walter beim Arbeitsdienst in Frankreich. So waren nur mehr drei Kinder bei der Familie – mein zehnjähriger Bruder Herbert, meine fünfjährige Schwester Helga und ich. Das neue Lehrerhaus in der Speckbacherstraße in Innsbruck wurde soeben fertiggestellt. Glücklich zogen wir dort in die große Wohnung ein. Endlich hatte jeder sein eigenes Bett und die Eltern ihr Elternzimmer. Aber wir wohnten nur zwölf Tage dort.

In diesem Jahr wollte der Winter nicht kommen. Es war Mitte Dezember und immer noch sonnig – kein Schnee! Dies paßte natürlich vielen – es gab ja immer weniger Heizmaterial! Der letzte Winter verabschiedete sich noch mit einer klirrenden Februarkälte – minus 34 Grad waren keine Seltenheit. Drei Wochen wurden alle Schulen gesperrt – Kohlenferien* – mit viel, viel Arbeit daheim. Die Aufgaben wurden in der kalten Schule abgeholt und abgegeben! An Wintersport konnte man damals nicht mehr denken!

Es war der 15. Dezember 1943. Die Uhr zeigte 12 Uhr 05 – Englischstunde – Prüfung – auch Weber wurde aufgerufen und hatte nichts gelernt! Unsere Gedanken drehten sich um die Bombenangriffe in den Städten Bozen und München. Wann würde es Innsbruck treffen? Über Innsbruck wurde sogar schon ein Bomber beim Überfliegen abgeschossen – wir schauten zu. Der Pilot hing dann in der Martinswand – mit seinem Fallschirm!

Also – W e b e r – auch nicht die Vokabeln gelernt! Da, die erlösende Sirene! Alle stürmten aus der Klasse. Wir sollten den nächsten Luftschutzkeller aufsuchen! Ich erwischte gerade noch das Trittbrett der Einser-Straßenbahn und kam noch heim.

Mein Vater saß gerade beim Essen – er mußte ja gleich wieder in seine Schule. Herbert kam auch gerade heim, die Mutter war mit der Schwester schon im Luftschutzkeller. Was war das für ein sonderbares Geräusch? Unzählige Bomber kamen über den Patscherkofel – silberne Ungeheuer am tiefblauen Himmel! Und dieses sonderbare Pfeifen, dies sollten die Bomben sein? Herbert und ich sausten über die letzten Stufen zum Luftschutzkeller, unser Vater sprang auch noch über die letzten Stufen. Da: ein Tosen, Bersten, Krachen. Staub und Mauerteile erfüllten die Luft, das Licht erlosch, es war totale Finsternis. Man konnte kaum mehr atmen, die Augen brannten, Weinen und Schreien durchdrangen den Raum. Es waren ungefähr 30 Personen anwesend! Ein beherzter Mann sprang zur rechten, hinteren Ecke, wo ein Notausgang eingemauert war. Kurz darauf spürten wir einen frischen Luftzug, auch Lichtstrahlen erreichten den Keller. Alle 30 Personen hatten überlebt. 5 Tote barg man in der Ruine, sie erreichten den schützenden Keller nicht mehr. Zwei Fliegerbomben hatten das gesamte Doppelhaus in Schutt gelegt. Die doppelte Betondecke hatte das Schlimmste verhindert!

Zuerst sahen wir nur Staub, Rauch und Ruinen, da und dort brannte es noch. Die Sonne sah man tagelang nur mehr durch einen Dunstschleier. Als ich auf dem noch hängenden Balkon meine Schi entdeckte, entrang sich mir der Schrei: „Hurra, meine Schi sind noch da!" Nur wer mein Innerstes versteht, wird mir verzeihen. Mein Vater verstand mich. Es gab viele Obdachlose, die so wie wir durch die Straßen irrten.

Außer meinen Schiern und meinem Kamm besaß ich nichts mehr. Auch alle Schulsachen wurden pulverisiert. Meine Überfallshose und einen Pullover trug ich zufällig beim Angriff. Die Unterstützung für Flüchtlinge lief auf Hochtouren. Bald hatte ich wieder Schischuhe und einen Anorak. Weihnachten verbrachten wir in dem Flüchtlingshotel „Kurhotel" in Seefeld. Man schenkte uns Kekse und Obst. Auch ein Weihnachtsbaum stand in der Halle. Unser Weihnachten verstanden wir so: Die drei Großen lebten in Finnland und Frankreich, wir lebten auch alle, wenn auch in fremden Zimmern. Es entstand ein eigenartiges Glücksgefühl, eben zu leben.

Am 7. Mai 1945 wurde Helmuth Weber als Soldat der Deutschen Wehrmacht gefangengenommen und kam in ein Gefangenenlager in Zagreb (damals Jugoslawien).

Weihnachten im Lager

Ab Mitte Dezember fiel uns auf, daß die Essens- und Brotrationen kleiner geworden sind. Uns wurde mitgeteilt, daß für eine Überraschung zu Weihnachten vorgespart wird. Schon wurde im breiten Gang eine echte Fichte aufgestellt. Tage vor dem Fest schmückten Künstler mit färbigem Papier den Baum. Wie die Kinder freuten wir uns auf die versprochene Überraschung – jemand hatte sogar Kerzen organisiert. Anscheinend waren wir doch nicht ganz verroht! So kam der 24. Dezember 1945! An diesem Abend erhielt jeder eine Schachtel voll Kekse. Natürlich waren diese aus Polentamehl gemacht, doch waren sie so gut, süß – einfach herrlich! Man gab uns zwar den guten Rat, diese ungewohnte Kost langsam zu verzehren, doch viele handelten anders. Zehn Monate *keine* solchen Lekkerbissen – was würden Sie tun? So „fraßen" mehr als die Hälfte unserer Besatzung *alles* Backwerk sofort auf – auch ich war dabei.

Es folgten die Lieder „Es hat sich halt eröffnet" – „Leise rieselt der Schnee" – und natürlich „Stille Nacht". Es gab noch dazu weiße Weihnachten – es schneite leicht. So blieb *kein* Männerauge trocken! Glücklich, in Erinnerung schwelgend, schliefen wir gegen Mitternacht ein. Doch bald sollte die Nachtruhe jäh unterbrochen werden. Unser Klo war am untersten Ende der Baracke. Dorthin lenkten schon um 3 Uhr die ersten ihre Schritte. So sah man eilige Gestalten bis in den Morgen. Mehr brauche ich dem Leser bestimmt nicht sagen.

„Fröhliche Weihnachten", riefen einige Ausgeschlafene am 25. Dezember. Bleich und ruhig lagen die Nachtwandler in ihren Betten. Den ganzen Tag rührten sich diese Helden kaum mehr. Dann kam das Essenfassen! Es gab Nudeln mit Gulasch, sogar erstmalig richtig gewürzt und *gesalzen!* Der Geruch war ja herrlich, aber wir brachten keinen Bissen herunter. So bekamen die Folgsamen zwei Portionen! Denen schmeckten als Nachtisch sogar ihre aufbewahrten Kekse. In dieser Verfassung blieb mir nichts anderes übrig, als an das *nächste* Weihnachtsfest zu denken – hoffentlich in der Heimat!

Am 22. Februar 1946 wurde Helmuth Weber aus der Kriegsgefangenschaft entlassen.

Gisela Fraunschuh

Gisela Fraunschuh wurde am 9. Jänner 1928 in Rutzing bei Seekirchen (Salzburg) als sechstes von sieben Kindern geboren. Sie mußte in den Dienst bei ihren Taufpaten, zu denen sie ein familiäres Verhältnis hatte und die sie Mam und Dad nannte. Erst nach der Geburt ihrer zweiten Tochter konnte sie den Kindsvater, ihren Verlobten, heiraten.

Wir bekamen vom Christkind Stoffpuppen

Schön war die Kindheit, solang ich den Ernst des Lebens nicht kannte. Als sechstes Kind von sieben Geschwistern kam ich am 19. Jänner 1928 in Seekirchen-Rutzing zur Welt. Wir waren zwei Buben und fünf Mädeln. Wir hatten eine wunderbare, fleißige Mutter und einen guten, sparsamen Vater. Da wir einen großen Bauernhof hatten, brauchten meine Eltern zwei Knechte und drei Mägde. Da gab es für Mutter viel zum Kochen, Waschen und Flicken. Wir hatten eine schöne Kindheit, ich fühlte mich nie einsam. Etwas zu spielen oder zu streiten gab es immer, das taten wir auch recht gern. Mit meiner Schwester, die nur eineinhalb Jahre älter ist als ich, verstand ich mich am Besten. Das erste, an was ich mich erinnern kann, als ich fünf Jahre alt war, ist Weihnachten. Wir bekamen vom Christkind Stoffpuppen. Die Mutter kaufte Puppenköpfe, die älteste Schwester nähte uns aus Stoff einen Körper mit Händen und Füßen. Sie stopfte die Puppen mit Sägespänen aus, und einige Kleidchen zum Umziehen bekamen wir auch. Ich kann mich heute noch erinnern, wie die Puppen aussahen. So eine große Freude hatten wir. Die Mutter gab uns alte Leintücher und ein paar alte Körbe, auch einige Pölster. So hatten wir alles, was wir für unsere

Puppenkinder brauchten. Es war unser einziges Spielzeug, das wir hatten.

Zu Weihnachten bekamen wir nur ein Stück Gitterkuchen und ein paar Kekse. Am Weihnachtsbaum hingen ein paar Glaskugeln und auch selbstgebackene Kekse. Die Kekse wurden mit einer Nadel durchstochen und mit einem Faden an den Baum gehängt. Aber diese Kekse waren viel besser als diese auf dem Tisch, obwohl es die gleichen waren. Bevor das Christkind kam, mußten wir uns um den Tisch auf den Boden knien und drei Rosenkränze beten. Wie uns da die Knie wehtaten! Aber meine Mutter kniete frei auf dem Holzboden, ich seh' sie heute noch, wir hatten sie so bewundert, sie war eine gläubige, rechtschaffene Frau. Schokolade gab es das ganze Jahr nicht, auch zu Weihnachten nicht, nur Selbstgebackenes.

Wir bekamen diese Weihnachten den ersten Schmuck

Es wurde Herbst 1949. Es kamen aus Rußland wieder Kriegsgefangene, und da war der Sohn von den Paten dabei. War das eine Freude für das ganze Haus. Weil die Freude so groß war, sagte die Mam: „Heuer werden wir den schönsten Christbaum schmücken für meinen Sohn." Vier Stunden schmückten wir Dirndln den Baum. Die Mam brachte immer wieder einige Schachteln Süßigkeiten, wir wußten schon nicht mehr, wo wir das Zeug hinhängen sollten. Wir bekamen diese Weihnachten den ersten Schmuck, den trug ich nur zum Kirchengehen und zum Tanzen. Am Stephanitag* kamen zur anderen Magd einige Burschen in die Nachtreise, die räumten fast den ganzen Christbaum ab. Als die Mam in der Früh in den Stall kam, weinte sie, sie fragte mich, wer gestern Abend da war. Ich sagte: „Ich ging ins Bett, diese kamen nicht zu mir." Sie war sehr böse auf die andere Magd, weil sie es nicht verhinderte. Sie sagte: „Ich konnte mir nicht mehr helfen, sie waren so verrückt nach den Süßigkeiten."

Wir können im Jänner heiraten

Es war halt überall der Dienst hart. Aber die Zeit verging. Und als es dann soweit war, durfte ich zu meiner Schwester, die schon Bäuerin war, entbinden gehen. Am 9. November war es soweit. In vier Stunden war das Baby da. Es war wieder so ein herziges Kind. War das eine leichte Geburt, ich konnte es fast nicht glauben. Meine Schwester war ganz verrückt nach meiner kleinen Christine, denn sie bekam keine Kinder; ihr Mann war auch in der Gefangenschaft, da war er so ausgehungert und unterernährt, daß er kein Kind zeugen konnte. Aber wer gibt schon gern ein Kind her, obwohl es das Kind bei meiner Schwester gut gehabt hätte. Ich konnte mein Kind bis zum Heiraten doch bei ihr lassen, denn ich ging am 1. Dezember wieder als Magd. Am Wochenende ging ich zu meiner jüngsten und sonst jeden Abend zu meiner älteren Tochter, die schon ganz schön herzig war. Ich konnte mit ihr

schon ganz lieb spielen. Vor Weihnachten kam Franz mit dem schönsten Weihnachtsgeschenk: Wir können im Jänner heiraten, Vater übergibt uns. Er sagte zu Franz: „So geht das nicht weiter. Ihr gehört zu euren Kindern, ich geh ins Austragshaus*." Vater war ja schon 65 Jahre alt. Gott sei Dank. Ich hatte endlich Aussichten, daß ich bei meinen Kinder sein kann.

Barbara Wass

Vater war sehr gründlich und hielt es mit den Bräuchen sehr genau

Barbara Waß wurde 1944 in Scheffau an der Lammer (Salzburg) geboren und wuchs auf einem kleinen Bergbauernhof nahe Abtenau auf. Erst Anfang der 50er Jahre drangen modernere Verhältnisse in diese entlegene Einschicht. Ihr Vater, Jahrgang 1912, war neben seiner Bauernarbeit Holzknecht.*

Nach seinem Tod im Jahre 1975 führte Barbara Waß viele Gespräche mit einstigen Nachbarn und Arbeitskollegen ihres Vaters und schrieb das Gehörte, zusammen mit ihren eigenen Erinnerungen, nieder, veröffentlicht als Band 6 der Reihe „Damit es nicht verlorengeht ..." (Böhlau-Verlag, Wien 1985).

Mein Vater war ein religiöser Mann, und er hielt sich im Zusammenhang mit den religiösen Festen immer noch genau an die Bräuche, wie er sie bei dem Bauern gelernt hatte, bei dem er aufgewachsen war. Einige von den Bräuchen konnte er allerdings auch nicht mehr einhalten: In seiner Jugend war es üblich, daß die Leute auf dem Hof zum Rorate* gegangen sind. Das war nun nicht mehr möglich, schon allein deshalb, weil er ja die ganze Woche auf dem Berg war.

Das Rorate gab es um fünf Uhr morgens. Bei den Bauern haben sich die Leute abgewechselt, so daß jeder einmal drankam. Mit „Bucheln" (einer Art Kienspan) bewaffnet, stapften sie durch den Schnee zur Kirche. Man sah schon von weitem, wenn auch von einem anderen Berg oder einem anderen Graben Leute kamen. Damals gab es für die Frauen noch keine langen Hosen, und auch die Strümpfe reichten nur bis zu den Knien. Die langen

Röcke zogen sie im Schnee nach, was zur Folge hatte, daß sie, während die Frauen in der Kirche waren, steif froren und richtig wegstanden. Nach dem Rorate ging es wieder stundenlang durch den Schnee nach Hause. Frühstück gab es erst nach dem Kirchgang. Anschließend mußten sie wieder an die Arbeit.

Besonders für die Frauen gab es viel zu tun. Da fragte keiner, ob sie um zwei oder drei Uhr aufgestanden waren. Die Kammern wurden geputzt, auch wenn sich dabei Eis bildete, die Wäsche wurde gewaschen, und das Kletzenbrot* mußte gebacken werden.

Für jeden im Haus gab es einen Kletzenlaib. Zibeben*, Rosinen, Feigen usw. mußte sich jeder selber kaufen; den Teig stellte der Bauer. Für jeden Laib wurde der Teig abgewogen und dann auf den Laib ein Namenszettel geklebt. Der größte war der Mettenlaib; dieser Laib wurde am Heiligen Abend angeschnitten. Am Stephanitag* war dann das „Scherzschneiden" Brauch. Die Burschen gingen zu den Mädchen und durften dort den Kletzenlaib anschneiden. Den Scherz* durften sie behalten.

In der Adventzeit wurde früher auch die Kirche geputzt. Dazu stellten die Bauern Frauen zur Hilfe ab. Angeblich soll es dabei manchmal recht lustig zugegangen sein, auch wenn der Pfarrer von Zeit zu Zeit dämpfend eingriff.

Früher gab es aber auch Lustbarkeiten im Advent: das „Matschkern" oder den „Winkitanz". Die jungen Leute verkleideten sich als eine Art Krampus und gingen zu einem anderen Bauern. Sie wußten schon, zu welchem sie kommen durften. Eine Musik fand sich auch, entweder eine Ziehharmonika oder eine Mundharmonika. Wenn nichts anderes da war, taten es auch ein Kamm und ein Stück Papier. Meine Mutter erinnerte sich noch lebhaft an ein solches Ereignis: Sie kamen zu einem Bauern, doch die Leute schliefen schon. Aber sie standen alle auf, und die Bäuerin machte sogar eine große Schüssel „Tunk" (Schlagrahm) für die Besucher, obwohl es ein kleiner Bauer war. Daß es eine nette Unterhaltung war, beweist schon die Tatsache, daß meine Mutter nach über 50 Jahren noch gerne daran zurückdachte. Nach dem Krieg hörten sich diese Unterhaltungen alle auf; bei den Bauern gab es nur noch sehr wenige und schließlich überhaupt keine Dienstboten mehr.

Noch ehe richtig viel Schnee kam, brachte Vater schon Eibenzweige nach Hause, mit denen dann zu Weihnachten die Stube geschmückt wurde. Mit diesen Eibenzweigen mußte man allerdings vorsichtig umgehen, denn sie waren giftig; bei einem Bauern sind einmal zwei Schafe verendet, weil sie davon gefressen hatten. Die Eiben waren gar nicht so einfach zu bekommen, denn es gab in der Umgebung nur ganz wenige Eiben, und die waren alt und hatten unten keine Äste. Später haben dann meine Brüder diese Arbeit übernommen, und als kleines Mädchen bin ich auch mitgegangen. Über Stock und Stein sind wir durch kniehohen Schnee gegangen, und dann mußten wir die Zweige genauso weit nach Hause tragen.

Aber auch frische Wischreiser mußten geholt werden; wir hatten ja keinen Besen, sondern einen Wisch zum Kehren. Er bestand aus einem Holzstiel, der sich unten teilte, etwa wie eine Heugabel; der Unterteil ließ sich auseinandernehmen. Die Wischreiser – dichte Tannenäste – wurden auf den Unterteil gelegt, dann der Oberteil mit der Holzschraube draufgeschraubt. Die Äste wurden dann rundherum zusammengestutzt, und der Wisch war fertig.

Mit dem Christbaum nahm es Vater ganz besonders genau. Er stellte auch vor der Holzknechthütte immer einen Wipfel als Christbaum auf und behauptete, daß dieser seine Nadeln viel länger behalten hat als die anderen. Für zu Hause war ihm ein Baum nicht so leicht schön genug. Wenn ein Zweig nicht genau in der Reihe oder der Abstand ungleich war, dann schnitt er den Zweig ab und setzte ihn an anderer Stelle wieder ein.

An einen Gang von der Schule nach Hause erinnere ich mich noch besonders genau. Es war am letzten Tag vor Weihnachten. Es schneite stark und sehr naß. Die Nachbarskinder waren nicht in der Schule, und ich ging ganz allein nach Hause. Wir hatten in der Schule aus einem Bogen ein Kripperl ausgeschnitten und zusammengeklebt. Dieses Kripperl trug ich in einer Strohtasche mit mir. Ich hatte die Schi immer wieder aus- und angezogen. Ohne Schi brach ich so tief ein, doch an den Schiern blieb unten und oben der Schnee kleben, und sie wurden immer schwerer. Als ich über das lange Feld ging, war ich schon so müde, daß ich mich kaum mehr auf den Beinen halten konnte. Der Schnee fiel so dicht, daß ich nicht einmal den etwa fünfzig Meter entfernten Waldrand sehen konnte. Der Lodenrock wurde immer schwerer, und ich spürte an den Schultern schon die Nässe. Hände und Füße froren, über das Gesicht rann mir das Wasser und zeitweise auch die Tränen.

Ich war damals vielleicht acht Jahre alt, doch immer war mir eingehämmert worden, mich nur ja nicht im Schnee hinzusetzen, sonst würde man eingeschneit und nicht gefunden. Also schleppte ich mich irgendwie weiter. Kurz bevor ich heimkam, kam mir Mutter durch den tiefen Schnee entgegen. Drei Stunden hatte ich für den Weg gebraucht, von der Krippe hatte ich den Stern verloren. Aber ich bin schließlich doch nach Hause gekommen, wenn auch naß bis auf die Haut, müde und hungrig.

An einen Weihnachtsabend erinnere ich mich ebenfalls noch recht genau, obwohl ich damals sehr klein war. Auch damals gab es Schnee, Schnee und wieder Schnee. Seit Tagen hatte es ununterbrochen geschneit. Wir konnten nicht weiter als vom Haus zum Stall. Selbst diesen Weg mußten wir mehrmals am Tag ausschaufeln.

Vater war damals in einer Hütte auf der Rückseite des Berges uns gegenüber. Wir wußten, daß er nicht ins Tal gehen würde, sondern hinauf auf den Kamm und dann über den Sattel herüber. Er hat nie gerne Schneereifen verwendet; er besaß zwar welche, doch er ging viel lieber mit den Schiern. Er hatte sehr lange Eichenbretter, mit Laufflächen aus blankem Holz und einer Riemenbindung; doch Vater kam damit recht gut zurecht. Er hatte auch dafür gesorgt, daß wir Kinder schon ganz früh das Schifahren erlernten, so daß wir im Winter zur Schule oder, wenn nötig, auch sonstwohin konnten. Nur bei Mutter sind all seine Bemühungen fehlgeschlagen. Sie hatte auch mit unseren Brettern wenig Freude, mußte aber zugeben, daß sie recht zweckmäßig waren. Für uns waren Schier kein Sportgerät, sondern einfach ein nützliches Fortbewegungsmittel.

So hätte Vater an diesem 24. Dezember den Weg niemals mit den Schneereifen gehen können. Er hätte damit erst den Berg hinunter- und dann wieder heraufgehen müssen. Mit den Schiern aber konnte er hinauf auf den Kamm, und herunter konnte er sogar fahren. Meine Brüder fuhren schon damals ganz gut, und sie wollten Vater entgegengehen. Mutter war etwas ängstlich, da es sehr stark schneite, doch sie erlaubte es schließlich, denn sie wußte, daß sich die Buben auskannten; sie waren ja mit diesen Gefahren aufgewachsen. Später bereute sie jedoch, daß sie sie hatte gehen lassen, denn weder die Buben noch Vater kamen zurück. Es wurde schon dunkel, und es bestand die Gefahr, daß sie einander verfehlten. Sie kamen erst zurück, als es schon stockfinster war. Alle drei waren durchgefroren und sahen aus wie Schneemänner. In dem tiefen Neuschnee waren sie so weit eingebrochen, daß sie selbst auf den steilen Hängen kaum fahren konnten.

Doch solche Vorfälle konnten meinen Vater keinesfalls daran hindern, den Heiligen Abend wie gewohnt abzuwickeln. Er mußte am 24. Dezember fast immer arbeiten, wenn er auch normalerweise nicht so spät nach Hause kam wie diesmal.

Der Heilige Abend war für uns bis elf Uhr vormittags Fasttag. Dann gab es meist Fleischsuppe. Diese Fleischsuppe wurde aus Knochen vom Schwein gekocht, das zu Weihnachten bei uns geschlachtet wurde. Das Vieh bekam an diesem Abend eine besondere Nachspeise: Tannenzweige wurden ganz fein gehackt, mit Salz und Weihwasser vermischt, und jedes Tier erhielt einen Teil davon.

Am Nachmittag wurde schon alles für den Abend vorbereitet: die Stube mit den Eibenzweigen aufgekranzt, die neue Mettenkerze hervorgeholt und ebenfalls mit einem Eibenzweiglein versehen. Sie war eine ganz einfache, dünne Kerze, die schon vor Weihnachten geweiht wurde. Sie wurde an diesem Tag zum erstenmal angezündet und mußte das ganze Jahr reichen. Sie wurde immer am Samstag beim Rosenkranzbeten angezündet oder wenn ein schweres Gewitter war.

Einige Zeit vor Weihnachten haben wir in einen Teller Korn gegeben, und dieses Korn war dann bis zum Heiligen Abend schön gewachsen. Es wurde etwas gestutzt und in die Mitte des Tellers eine Kerze gestellt. Dieser Kornteller sah am Abend besonders schön aus. Er war irgendwie ein Symbol das nächsten Sommers.

Wenn wir am Abend mit der Arbeit fertig waren, kam das Rauchengehen:

Vater nahm seinen Rauchkübel – eine alte Farbdose, in die er einen Drahthenkel gemacht hatte –, gab Glut hinein und streute Weihrauch darauf. Schon rechtzeitig wurden ein paar eigens dafür bestimmte Holzscheite aufgelegt, die eine richtige Glut gaben, jedoch möglichst wenig Funken bildeten (überhaupt war das Heizen an diesem Tag eine wichtige Sache; normalerweise gingen wir früh ins Bett, doch am 24. Dezember blieben wir bis Mitternacht auf). Schon beim Brennholzmachen wurden besondere Holzscheite für diesen Tag auf Seite gelegt. Wenn ein Stock sehr astig war und sich schwer spalten ließ, dann wurde er für die Rauhnächte* auf Seite gelegt.

Wenn der Rauchkessel richtig rauchte, begann Vater den Rosenkranz zu beten, und wir fingen die Runde durch Stall und Haus an. Eines von uns Kindern mußte mit einem kreuzförmigen Tannenzweiglein überallhin, wo Vater rauchte, Weihwasser sprengen.

Vater war sehr gründlich: In jeden Winkel und jede Ecke rauchte er. Jede einzelne Kuh bekam eine Rauchwolke, damit sie im folgenden Jahr gesund blieb, auch die Schafe, Ziegen, Hühner. Er machte die Scheunentür auf und schwenkte das Faß hin und her, damit das Futter reichte. Wagen, Schlitten, Werkzeug wurden angeraucht, damit kein Unfall passierte, sowie die Brunnen, damit das Wasser nicht abfror oder versiegte. Auf dem Weg zum Haus rauchte er in alle Richtungen, damit die Felder Frucht trügen.

Dann ging es ins Haus. Auch hier gingen wir in jeden Winkel. Bei jedem Bett hob Vater die Tuchent hoch, rauchte hinein und wartete, bis auch Weihwasser hineingespritzt worden war. Die Weihwassertropfen fanden sich später beim Schlafengehen als Eiskügelchen wieder. Vater hob auch die Deckel der Futtertruhe hoch, rauchte Milch- und Buttermaschine an, unsere Schier und Schlitten, die Herde und alles, was eben im Haus war und zum täglichen Leben gebraucht wurde.

Zum Schluß fanden wir uns alle in der Stube ein. Hier wurde noch einmal tüchtig Weihrauch aufgelegt, und Vater blies so lange in seinen Kessel, bis dicke Rauchschwaden herauskamen. Dann mußte sich jeder von uns über den Kessel beugen und den Rauch einatmen. Vater achtete darauf, daß wir das auch wirklich taten, um unsere Gesundheit zu schützen.

Bis zu diesem Zeitpunkt hatten wir ungefähr einen ganzen und einen halben Rosenkranz gebetet. Bis auch der zweite Rosenkranz zu Ende war, knieten wir rund um den Tisch auf dem Boden. Erst dann gab es Essen.

Auf dieses Essen freuten wir uns immer sehr, denn das gab es nur in den Rauhnächten: eine Tunke mit roggenem

Schlögl*, vorher natürlich Erbsensuppe mit Gerste. Die Stücke Schlögl wurden in die „Tunk" eingetaucht, daher wahrscheinlich auch der Name. Für die Tunk haben wir jedes Jahr das alte hölzerne Stoßküberl hervorgeholt, denn wenn der Rahm mit dem Schneebesen gerührt wird, ist die Tunk lange nicht so gut; die alten Stoßkübel kann man heute gelegentlich als Dekoration oder als Schirmständer sehen, doch als Butterfaß wurden sie schon vor dreißig Jahren kaum mehr verwendet. Zum Butterrühren hatten wir ein Blechfaß, das mit einer Kurbel betrieben wurde; doch die Tunk wurde im alten Holzkübel am besten.

Das Butter- oder Tunkrühren mit einem solchen Kübel war eine kleine Wissenschaft: Vor allem war die richtige Temperatur wichtig. Dann mußte man mit dem Holzstiel, an dem unten ein genau in das Kübel passendes Brett mit Löchern war, ganz gleichmäßig auf- und abfahren. Das Schwierigste an der ganzen Sache war allerdings, nicht von dem Rahm zu schlecken, der sich rund um das Loch im Deckel bildete. Unser altes Butterkübel – *das* Kübel ist zwar deutsch nicht korrekt, doch es hieß *das* Butterkübel – war dadurch, daß es das ganze Jahr über nicht benutzt wurde, ganz „zletzn": die Taufeln (Holzdauben) hatten sich zusammengezogen, und es war undicht. Deshalb mußte es schon eine Woche vorher in Wasser eingeweicht werden.

Nach dem Essen beteten wir noch einen Rosenkranz und die Lauretanische Litanei, die Vater auswendig konnte. Anschließend las er aus einem dicken alten Buch das Weihnachtsevangelium und die Weihnachtsandacht vor. Das dauerte eine ganze Weile, denn es war eine lange Andacht.

Erst dann kam das Christkind. Geschenke gab es nicht viele: eine warme Unterhose, Strümpfe oder sonst etwas, was man eben brauchte. Irgend etwas bekam jeder, und Vater achtete darauf, daß keiner zu kurz kam; meist war er es, der einkaufte. Mutter kam nur selten in den Markt, doch Vater ging fast jeden Sonntag in die Kirche, und dabei erledigte er die Einkäufe.

Doch noch etwas gehörte für Vater zu Weihnachten: das Böllerschießen! Schon früh genug holte er sein Schießzeug hervor, schnitzte Holzzapfen für den Böller, richtete die alten Zapfen, die wir beim Heuen wiedergefunden hatten, wieder her und besorgte sich Schwarzpulver und Zündschnur. Mehrmals ging er in dieser Nacht und auch an den kommenden Feiertagen und Rauhnächten seinen Böller laden und abschießen.

Wenn es irgendwie möglich war, hatten wir an den Tagen vor Weihnachten den Weg zum Nachbarn, der sonst im Winter nicht benutzbar war, ausgeschaufelt. Am späten Abend gingen wir dann alle hinüber. Dazu nahm Vater ebenfalls seinen Böller mit, obwohl dieser ziemlich schwer war. Er lud ihn schon zu Hause, und wenn wir in der Nähe des Nachbarhauses waren, schoß er ihn ab. Die Bäuerin ist bei dieser „Anmeldung" einmal so sehr erschrocken, daß sie von der Bank fiel. Bis wir dann wieder nach Hause kamen, war es bald Mitternacht.

Zur Mette konnten wir nicht gehen, das war einfach zu weit. Dafür beteten wir noch einen Rosenkranz, diesmal aber einen „jagrischen"; das hat in diesem Fall nichts mit Jagd zu tun, sondern „jagern" bedeutet so viel wie schnell. Bei diesem Rosenkranz wurden nicht wie sonst jeweils für einen Absatz zehn, sondern nur ein Ave Maria gebetet.

Damit war der Heilige Abend für uns zu Ende. So hatte es mein Vater in seiner Kindheit gelernt, und er hat es so lange gehalten, als wir Kinder zu Hause waren.

Die beiden anderen Rauhnächte verliefen ebenfalls so. Die dritte Rauhnacht, vom 5. auf den 6. Jänner, hieß früher die „Perk-Nacht". Vor dieser Nacht mußte alles sauber zusammengekehrt werden. Es hieß nämlich, daß die Perk überall ganz genau nachsieht, und wenn sie irgendwo Mist findet, dann schneidet sie dem, der nicht zusammengekehrt hat, den Bauch auf und gibt ihm den Mist hinein. So richtig daran geglaubt haben wir zwar schon als Kinder nicht, doch zur Sicherheit haben wir sogar die Tenne blitzsauber gekehrt, auch wenn vor Kälte die Hände ganz steif geworden sind.

Vater hat am Abend des 5. Jänner immer ein Schüsserl mit Suppe und eines mit Tunk auf die Seite gestellt. Er sagte, daß die Perk Hunger habe; stellt man ihr kein Essen hin, werde sie zornig und finde am Ende doch noch in irgendeiner Ecke Unrat. Und wehe dem, der hier nicht fleißig genug war!

All diese Spukgeschichten sind genauso verschwunden wie die alten Bräuche.

Damit kam die moderne Welt in unsere Bergeinsamkeit

Weihnachten 1951 bescherte unserer Familie ein Stück neue Zeit: Mein Vater hatte am 21. Dezember Namenstag (Thomas) und am 2. Jänner Geburtstag. Zu diesem Anlaß bekam er meistens ein paar Päckchen Pfeifentabak. Doch in diesem Jahr wurde alles zusammengelegt. Dafür machte Vater sich und uns allen ein besonderes Geschenk: Er kaufte ein Radio!

Unsere Nachbarn hatten damals schon seit einiger Zeit ein Radio, das mit einem Akkumulator betrieben wurde. Diesen Akku mußte man regelmäßig aufladen lassen. Die Nachbarskinder mußten den Akku meistens mitnehmen, wenn sie in die Schule gingen, und ihn zwei bis drei Tage später wieder nach Hause tragen. Bei einem Sägewerk wurde er aufgeladen. Das war eine recht umständliche Sache, denn die Flüssigkeit im Akku war sehr scharf. Wenn man sie auf die Kleider brachte, konnte es Löcher geben. Dieses Ding zwei Stunden den Berg hinaufzutragen, ohne dabei auszuschütten, war nicht so einfach, schon gar nicht, wenn es kalt war und die Hände froren.

Barbara Waß inmitten ihrer Eltern und Brüder Weihnachten 1959:

„Das ist das erste und letzte Weihnachtsfoto aus unserer Familie:

Wie gewöhnlich hatte Vater die selbstgebaute Krippe mit dem Licht aus einer Taschenlampenbatterie aufgebaut und das Herrgottswinkerl mit Eibenzweigen geschmückt; darüber das von mir gestickte Altartuch mit der Aufschrift ‚Stille Nacht, heilige Nacht!'

Mein Bruder Sepp (links, 21 Jahre) hatte seit kurzem einen Fotoapparat mit Selbstauslöser und hat ihn bei dieser Gelegenheit ausprobiert, es ist also ein gestelltes Foto. Ich habe nur bei Fotos erlebt, daß mein Vater den Arm um die Schulter legte.

Bruder Hans (rechts, 23 Jahre) war seit kurzem bei der Eisenbahn beschäftigt. Ich selber (15 Jahre) arbeitete als Kindergartenhelferin, Sepp und Vater waren Sägearbeiter. Dadurch waren auch die Geschenke reichlicher als die Jahre vorher. Somit drückt dieses Bild gewissermaßen den Aufbruch in eine neue Welt aus.

Wir wohnten damals erst seit knapp vier Jahren im Tal. Es waren die letzten Weihnachten, in denen wir alle zusammen waren."

Vater kannte dieses Problem, und er umging es, indem er ein für die damalige Zeit ganz modernes Radio kaufte: Es lief mit einer Batterie und einem Trockenelement. Natürlich mußte damit gespart werden, und das Radio wurde nur recht selten aufgedreht. Trotzdem kam mit diesem Gerät ein Stück moderne Welt in unsere Bergeinsamkeit. Man konnte manchmal sogar einen jugoslawischen Sender empfangen, den Vater sehr gerne hörte. Er hatte in den Jahren seiner Gefangenschaft die Sprache etwas erlernt und konnte so auch verstehen, was gesprochen wurde.

Verkauft hat uns das Radio ein gewisser „Radio-Franzei"; Elektrogeschäfte im heutigen Sinne gab es damals bei uns noch keine. Der Franzei war ein kleiner, dicker Mann. Er hat nicht schlecht geschwitzt, als er mit dem Radio im Rucksack zu uns hinaufkam. Doch der Mann, der damals schon nicht mehr jung war und inzwischen längst verstorben ist, ahnte wohl etwas von der technischen Entwicklung, die uns bevorstand. Er prophezeite uns, daß es mit der Zeit nicht mehr nötig sein werde, zwei solche Kästen wie unsere Batterie und das Trockenelement für den Betrieb eines Radios zu haben, sondern daß die Energie einer halben Zitrone ausreichen würde.

Damals klang das ganz unglaublich, doch seither sind viele einst utopische Zukunftsvisionen zu alltäglichen Wirklichkeiten geworden.

Marianne Wappelshammer

Wir feierten friedlich und gemütlich bei Petroleumbeleuchtung und Kohleofen

Marianne Wappelshammer wurde 1923 in Wien als zweite von drei Töchtern geboren. Der Vater war ein kleiner Beamter der Wiener Fürsorge, die Mutter führte den bescheidenen kleinbürgerlichen Haushalt.

Nach dem Zweiten Weltkrieg heiratete Marianne Wappelshammer und lebte mit ihrem Mann und ihren zwei Töchtern in einer Gartensiedlung am Stadtrand von Wien. Ende der 50er Jahre trennten sich die Eheleute, und Marianne Wappelshammer zog mit den Kindern in eine Wiener Gemeindewohnung.

Weihnachten habe ich als Kind friedlich, feierlich und wundervoll empfunden. Die Weihnachtszeit war damals für mich fast wichtiger als Schulferien. Trotz unserer kleinen Wohnung hatten wir immer einen geeigneten Platz zum Aufstellen eines großen und reichlich geschmückten Christbaumes.

Das stille, schweigende Heimlichtun (vor allem meiner Mutter), die wunderbaren Gerüche nach selbstgebackenen Lebkuchen und Keksen, die unsere Küche durchzogen, und schließlich die versperrte Kabinettüre: Das alles erfüllte schon vor dem Heiligen Abend mein Kinderdasein mit froherregter Erwartung. Als ich dann mit meiner Schwester auf die Weihnachtsbescherung wartete, hatte ich vor Aufregung richtigen Schüttelfrost. Zitternd saß ich mit ihr auf unserem Fußschemel und starrte voll Ungeduld auf die Wohnzimmertüre.

Nach dem Umzug in eine größere Wohnung – ich war gerade elf Jahre – veränderte sich auch das Weihnachtsfest und die Vorbereitungen. Wir wohnten nun im fünften Stockwerk, und es fand sich jetzt kein „Freund" mehr, der meinem Vater wie in all den Jahren zuvor einen so großen Christbaum besorgt hätte. Meine Mutter brachte uns von irgendwoher einen kleinen künstlichen Tannenbaum aus Draht und Papier, den wir Kinder dann gemeinsam schmücken durften. Am besten kann ich mir noch die weißen Papierrosen vergegenwärtigen, die immer schon an den äußersten Spitzen der Zweige befestigt wurden: Sie waren für mich nun schon Erinnerungen an schönes Vergangenes.

Auch die Geschenke sind mir aus dieser Zeit nicht mehr so im Gedächtnis wie die Spielsachen meiner ersten Kinderzeit, etwa die Puppenküche, das Puppenzimmer, die verschiedenen Puppen und Baukästen. Nun bekamen wir hauptsächlich Bücher. Meine Mutter besorgte sie nach ihrem Geschmack, Buchtitel wie „Wegsucher ins Sonnenland", „Anders als die Anderen" oder „Dämmerstunde". Letzteres war ein Märchenbuch mit düsterem Inhalt, der mir immer wieder eine Gänsehaut erzeugte.

Mit vierzehn beschenkte ich mich einmal selbst zu Weihnachten mit einer winzigen Eisenbahn zum Aufziehen.

Im Krieg war dann Weihnachten noch einfacher und ziemlich unfeierlich. 1940 feierten wir im Turnverein das „Julfest"* mit ungeschmückten Tannenbäumen und darauf Kerzen – je eine für im Krieg gefallene „Turnbrüder". Ich war damals sechzehn Jahre und zählte neun Kerzen auf dem Baum . . .

An etwas kann ich mich aber doch mit Freude erinnern: Zu dieser Zeit war meine ältere Schwester im damaligen „Sudetengau" als Schauspielerin engagiert und schickte von dort richtige Weihnachtsfreuden. Das war ein frohes Auspacken, und wir waren richtig feierlich gestimmt. Es störte mich auch gar nicht, daß unser Papierbäumchen mitten auf dem Eßtisch stand. Unter den Geschenken befand sich ein Likörservice aus zartem, grünlich durchschimmernden Glas. Ich fand es wunderschön – obwohl wir damals keinerlei Likör oder Schnäpse hatten.

1943 brachte unser Vater auch keinen Christbaumbehang mehr mit wie in den vergangenen Jahren (das war immer auf Teilzahlung gewesen, wie ich später erfuhr). Wir wickelten nun Würfelzucker in Seidenpapier, das wir links und rechts in Fransen schnitten und mit grüner Wolle am Baum befestigten. Die Kerzenreste von vergangenen Jahren und die üblichen Papierrosen, bereits vergilbt, waren unser ganzer Schmuck.

Damals brachte ich vom Markt wieder einmal einen echten Baum. Sehr unangenehm war mir die Bemerkung eines Besuchers, der diesen Christbaum als „schön" bezeichnete. Dabei fand ich ihn diesmal besonders armselig in seiner hartnäckigen Schräglage am unmotivierten Platz neben der Schlafzimmertür sowie mit seiner spärlichen Schmückung und mit dem viel zu großen, ausgefransten Stern am überlangen Wipfel. Unfeierlich war auch die hilflose Bescherung meiner Mutter: Als die Kerzen am Baum brannten, schlich sie plötzlich zum Wäschekasten und warf uns Kindern je einen alten Lebkuchen hin. Damals habe ich das ganz entsetzlich gefunden; heute weiß ich, wie unglücklich sie selber über ihre Besitzlosigkeit gewesen sein muß.

1945, nach Kriegsschluß, gab es plötzlich die „Wirtschaftspolizei". Das waren Männer in Zivil, die bei der Paket-Post und bei Reisenden am Bahnhof und in der Bahn nach Lebensmitteln und Spirituosen suchten. Damals zu Weihnachten bekamen wir eines Tages von der Post die überraschende Nachricht, es wäre ein Paket abzuholen. Unsere Freude war groß, denn wir hatten schon manche Weihnachten von unseren Verwandten, die in Oberösterreich eine Bauernwirtschaft besaßen, Lebensmittel geschickt bekommen. Froh und in Erwartung guter Sachen zum Essen ging ich mit meiner Mutter zum Westbahnhof.

Zwei Männer suchten lange nach unserem Paket. Schließlich brachten sie eine mittelgroße Holzkiste. Darauf stand wirklich als Absender der Name unseres Onkels aus Oberösterreich. Als Inhaltserklärung stand außerdem „Gemüse" drauf. Die beiden Wirtschaftspolizisten sagten nun, sie müßten den Inhalt der Kiste überprüfen. Der eine Mann begann eifrig, mit Hammer und Stemmeisen unsere Weihnachtskiste zu öffnen. Ich war wirklich verzweifelt. Leise begann ich zu beten: „Lieber Gott, nimm uns nichts, wir brauchen alles so dringend!" Daheim hatten wir ja nichts zu essen außer den üblichen Erbsen* und dem schwarzen Trockengemüse. Ein Brett des Kistendeckels hatte der Mann schon entfernt, und wir sahen Karotten und kleine Äpfel und auch ein Fläschchen. Nach diesem griff der Mann eilig, öffnete den Verschluß und tat einen kräftigen Schluck daraus, spuckte aber sofort wieder aus und rief seinem Kollegen mit einem verächtlichen Blick auf unsere Kiste zu: „Des is a Christkindl!"

Wir durften unsere Kostbarkeiten nach Hause mitnehmen und waren sehr froh. Zu Hause öffneten wir die ganze Kiste, und da kamen unter den Rüben zum Vorschein: ein Sackerl Mehl, ein Fläschchen Schnaps, ein ganzes Huhn, das Öl und ein großes Stück Bauerngeselchtes. Wir waren selig. Hätte der Mann die andere Seite des Deckels geöffnet, es wäre nicht auszudenken gewesen. Das waren nun wirklich märchenhafte Weihnachten für uns.

Die Zeit kurz nach dem Krieg gab es viel zu wenig Christbäume. Unvergeßlich bleibt mir, wie ich 1948 – ich war 24 Jahre – mit meinem zukünftigen Mann vergeblich durch halb Wien gerannt bin, um einen Baum zu kaufen. Am Karlsplatz fanden wir nur mehr die Reste eines Christbaumverkaufsplatzes. Dort wunderten wir uns über einen zum Verkauf angebotenen dünnen hohen Föhrenstamm mit einem kümmerlichen Zweig an seinem oberen Ende. Betrübt kehrten wir heim zu unserem alten papierenen Weihnachtsbäumchen.

Aber dann kam eine Zeit, da hatten wir zwei Christbäume. Ich war kurz verheiratet, wohnte mit meinem Mann bei meinen Eltern und Schwestern und stand dieser Zweiteilung der Familie bestürzt und ratlos gegenüber. Im Wohnzimmer stand unser künstlicher Baum, und im Kabinett, das ich jetzt mit meinem Mann bewohnte, ein kleines Bäumchen aus der Blumenhandlung – mit viel Gezank, weil viel zu teuer, erstanden. Es war mit winzigen Kerzen und hellblauen Maschen geschmückt, ganz unpersönlich, unfeierlich.

Erst als ich mit meinem Mann allein am Rand von Wien ein Häuschen in Untermiete bewohnte, fand ich Weihnachten wieder schön. Hier feierten wir 1952 mit unserem Hund und den beiden Katzen bei Petroleumbeleuchtung und Kohleofen sehr friedlich und gemütlich. Wir hatten ein kleines, echtes, wunderschönes Christbäumchen an einem passenden Platz stehen. Es war hell und warm im Zimmer. Unser Festmahl bestand aus einigen Heringen und Burenwurst, und es störte uns fast gar nicht, als die eine Katze mit der Wurst unter dem Bett verschwand. Wir waren richtig froh und zufrieden.

Als unser erstes Kind bereits laufen konnte, wurden wir uneinig, wo der Christbaum nun stehen sollte. Ich wollte ihn wieder auf dem breiten Rahmen unseres Klappbetts sehen, mein Mann hingegen unten am Boden. Er meinte, da käme der kleine Baum unserem Kind größer vor. So war mir durch den Streit nicht sehr feierlich zumute. Ich war erst wieder froh über die staunenden Augen unserer kleinen Tochter, ihren scheuen Blick auf den Teddybären, den ich selber gefertigt hatte, und ihre zaghafte Frage, ob sie ihn angreifen dürfte. Da war's für mich wieder weihnachtlich, und ich war wirklich glücklich.

1957, als wir endlich in der Stadt eine Gemeindewohnung beziehen konnten – wir hatten inzwischen eine zweite Tochter –, mußte ich mit den beiden Kindern

Weihnachten 1957 in der neuen Gemeindewohnung

Marianne Wappelshammer fotografierte ihre Tochter Elisabeth in der neubezogenen Wohnung beim Aufsagen eines Gedichtleins vor dem „Wunderbaum", der ihr ein wenig den Kummer über die gescheiterte Ehe vertrieb.

Weihnachten alleine verbringen: Mein Mann hatte uns kurz vorher verlassen.

Da wir nur wenige Möbelstücke besaßen, eignete sich eine der freien Ecken des Wohnzimmers wunderbar als Standort eines Christbaumes. Mit wenig Geld suchte ich am Markt nach einem geeigneten Baum. Ein Christbaumverkäufer gab mir einen so prachtvollen Baum, wie ich noch nie einen erlebte, doch seither immer gesucht habe. Das war für mich wie ein Wunder. Er war dicht und schlank gewachsen und reichte bis zur Zimmerdecke. Seit damals glaube ich an eine himmlische Vorsehung. Mein damaliger Kummer durch die Trennung von meinem Mann wurde beim Anblick dieses Wunderbaumes bedeutend kleiner.

Elisabeth Wappelshammer, 1953 als ältere der beiden Töchter in Wien geboren, blieb dieses Weihnachtsfest ebenfalls sehr intensiv in Erinnerung:

Elisabeth Wappelshammer

Ich und dieser Baum, wir standen im Mittelpunkt

Wir hatten gerade die Wohnung gewechselt, von der Untermiete im Schrebergartenhaus am Stadtrand in den Gemeindebau im 12. Bezirk. Plötzlich gab es Licht zum Anknipsen statt der rußigen Petroleumlampen. Die neuen Räume wirkten auf mich wie eine weitläufige Flucht von Zimmern; anfangs hatte ich sogar Sorge, mich zu verlaufen.

Bald habe ich allerdings mein freieres Leben im Garten vermißt, und auch sonst war es nicht einfach. Die Mittel waren knapp. Die Erwachsenen redeten viel, ohne daß ich und meine Schwester dabei sein durften. Waren die Eltern manchmal beisammen, dann scheuchte uns der Vater aus der Küche, wo diese geheimen Gespräche meist stattfanden. Die allgemeine Stimmung war jedenfalls alles andere als fröhlich.

Trotzdem – vielleicht auch gerade deshalb – ist mir das Weihnachtsfest 1957 in bester Erinnerung geblieben. Ich denke, damals habe ich gelernt, wie Weihnachten-Feiern „geht".

In der Küche roch es nach Bäckerei. Ich durfte Kekse ausstechen und den Teigrest von den Vanillekipferln aus der Schüssel schlecken. Jeden Tag im Advent durfte ich einen Strohhalm oder, wenn ich besonders brav gewesen war, ein Watteflöckchen in die kleine Krippe für das Jesuskindlein aus Wachs legen. Meine Mutter sang meiner kleinen Schwester und mir Weihnachtslieder vor, und oft stand dabei eine Kerze hinter rotem Seidenpapier in einem Kartonrahmen auf dem Tisch.

Am 24. Dezember blieb die Wohnzimmertür für mich verschlossen: Die Engel und das Christkind durften bei der Vorbereitung des Fests nicht gestört werden. Gespannt horchte ich auf alle Geräusche, die sich nach Flügelschlagen anhörten oder nach dem Rascheln seidener Kleider vom Christkind. Und gespannt wartete ich in der Küche nur auf den Moment, wo das Glöckchen läutete und ich endlich in das Zimmer durfte. Dort leuchtete der große Christbaum. Die Lichter, die Engelshaare, der Duft, das viele bunte Papier, die Wunderkerzen, die feierlich ausgebreiteten Leintücher rund um den Stamm des großen Baums mit den Geschenken drauf – selbstvergessen durfte ich davorstehen.

Das heißt, ich vergaß eher die *anderen* – der ganze Zauber war ja für *mich* da: Ich und dieser Baum, wir standen im Mittelpunkt.

Grete Loipl

Aber die Kerzen flackerten, und alles war für mich gut

Grete Loipl wurde 1924 in Schlägl im nördlichen Mühlviertel (Oberösterreich) als jüngere von zwei Töchtern geboren. Ihr Vater, ein Arbeiter in einem Steinbruch, starb nach siebenjähriger Krankheit 1931 mit 37 Jahren an Lungentuberkulose. Ihre Mutter half bei Bauern der Umgebung und nahm als Witwe auch die Schneiderei wieder auf, die sie erlernt hatte.

Grete Loipl wurde zum Kriegsdienst als Schaffnerin in Wien und zuletzt als Schweißerin in einer Flugzeugwerft bei Königgrätz eingezogen. Nach dem Krieg legte sie die Meisterprüfung als Schneiderin ab. Gemeinsam mit ihrer Mutter errichtete sie ein kleines Holzhaus nahe Linz. Sie heiratete einen Polier und wurde Mutter zweier Söhne und Hausfrau.

Es machte uns Schulkindern besonderen Spaß, wenn wir im Advent zur Rorate*-Messe gingen. Wenn uns auch die Augen noch nicht aufgehen wollten, sprangen wir halt etwas tolpatschig aus dem Bett. Aber nur wenn es schon richtig viel Schnee gab, war die Freude groß, und wir kamen uns als kleine Helden vor, wenn wir zur Kirche durch die Schneewehen stapften.

Nur war es ja nicht so, daß wir aus lauter Frömmigkeit zur Messe liefen, obwohl uns gerade diese feierliche Helle in der großen Stiftskirche sehr beeindruckte und wir brav und laut „Tauet, Himmel, den Gerechten" mitsangen. Aber nach der Messe, das war halt so eine Sache, die ich heute nicht mehr ganz so richtig erzählen kann. Wir durften uns in der großen Gesindestube – „beim Torwartl", wie wir sagten – aufhalten, bis es Zeit zum Unterricht war. Da war es halt ganz besonders lustig. Im großen, klobigen Ofen prasselte das Holz. Der kleine Mann mit den grauen Haaren – er war wohl „Mädchen für alles" – war auch der Schulwart, wie man sich heute ausdrückt; die Öfen hatte er zu heizen, die öligen Böden zu reinigen usw. Diese halbe Stunde in der Gesindestube: Welch lustige Spiele gab's da, und niemand schimpfte, wenn es gar laut zuging.

Aber wir sangen auch mitsammen und sprachen über unsere winzigen Wünsche „ans Christkindl". Damals erschienen sie uns auch groß – alles ist immer der Zeit angepaßt.

Wann der Glaube ans „Christkindl" aufhörte, weiß ich gar nicht genau zu sagen; irgendwann in den ersten Schuljahren halt. Erst wehrte man sich dagegen, indem man's gar nicht glauben wollte, aber dann entdeckte man so nach und nach die Heimlichkeiten. Und dann war es auch schön, anders halt.

Ich sehe noch die herrlichen Schokolade-Figuren beim Kaufmann liegen, nicht in solchen Mengen wie heute in den Großkaufhäusern; es waren überschaubare Stücke, weil ja auch viel, viel weniger gekauft wurde. Am Baum hingen meist ja selbstgebackene Kekse und ganz kleine Äpfelchen, die sogenannten „Honig-Äpfel". Auch Körbchen aus Seidenpapier wurden selber gemacht. Aber ein paar dieser glänzenden Schokolade-Figuren – das war halt die stille Sehnsucht.

Da war es ganz eigentümlich: Man wollte selbst überraschen. Ich durfte mir täglich ein „Semmerl" kaufen, kein Wurstsemmerl, das konnte sich in meiner Schulzeit noch keiner leisten; zwei Groschen kostete dieses Semmerl. Dieses Geld legte ich ein paar Tage zusammen, und ich konnte ein Stück dieser Figuren erstehen. Die Qual der Wahl: Wieviel Geduld brachte die Frau hinter der „Budel"* auf, bis man sich endlich entschied! Einmal war's eine Birne, dann eine Glocke, drei Stücke vielleicht. Mehr brachte man nicht zusammen, denn die Sachen gab's damals ja nicht wochenlang vor Weihnachten, sondern nur kurz vorher.

Die Schokolade-Figuren waren einem aber so kostbar, daß man sie gar nicht aufaß, sondern wieder für kommende Weihnachten aufhob, und so wurde der Baum immer wertvoller für uns. Geschah's einmal, daß so eine Figur zerdrückt wurde, so schaute das Innenleben gar nicht mehr nach Schokolade aus. Ganz kurz nur tauchte der Gedanke auf, man sollte sie doch früher vernascht haben, aber fast wie eine Sünde wär's einem vorgekommen, hätte man's wirklich getan.

Es gab auch in meiner Kindheit schneearme Winter. Oft kam der Schnee erst kurz vor Weihnachten, und unsere Sorge, wir bekämen keine selbstgemachte Schokolade, war groß. Wenn wir ihn auch zusammenkratzen mußten: Eine Waschschüssel voll hatten wir dann doch. Heute wäre es leicht, weil wir Kühlschrank oder Gefriertruhe haben; das kannten wir noch nicht.

Es war ein eigenes Ritual, das Schokolademachen, daß sie auch schön glänzte und das Fett sich nicht in Knötchen zeigte. Die Wärme beim Rühren mußte stimmen, auch das Fett; Butter durfte man dazu nicht nehmen. Aber das Schöne, was uns Kinder interessierte, waren ja die Schokolade-Formen, in die die Masse hineinkam. Da gab's Tierformen und kleine Engel und sternförmige Schüsselchen – ach, es war einfach wunderbar! Dann wurde das Förmchen vorsichtig in den Schnee gedrückt, damit die Masse fest wurde. War's so weit, nahm die Mutter die Schalnadel und löste die Form vorsichtig, und wir bewunderten Stück für Stück.

Das war immer die schönste Zeit für uns Kinder damals, die Vorweihnachtszeit. Das Schokolademachen und das Keksebacken machte uns Kinder sehr glücklich. Auch wenn uns von der Schokolade oft genug schlecht wurde und die Kekse die einfachsten waren: Es war eine Seligkeit, die Vorweihnachtszeit.

Als ich das zweite Jahr zur Schule ging, durfte ich den Weihnachtsbaum schon selber schmücken; das Christkind hatte ja genug mit den „kleinen Kindern" zu tun. Aber am Heiligen Abend, da war am Baum plötzlich etwas, was ich nicht glauben konnte: Saß doch ganz versteckt am Stamm eine Puppe! Diese Freude dann, die kann sich heute kein Mensch mehr vorstellen, wo doch jedes Kind schon im Säuglingsalter ein Dutzend Puppen besitzt.

Wie hat man damals ein solches Püppchen – so muß man sagen, denn es war ja nicht größer als etwa zwanzig Zentimeter – geschätzt! Die Mutter mußte aus Resten kleine Röckchen und Blusen nähen. In eine Schachtel wurden dann kleine Polster gelegt, und so hatte es auch schon ein Zimmer mit einem Bettchen. Viele Jahre war es mir ein lieber Spielgefährte. Erst als ich zwölf war, bekam ich eine größere Puppe, mit einem Wagerl dazu.

Ein Spielzeug aus meiner Kindheit ist mir ganz besonders in Erinnerung geblieben; ich hatte es mit etwa zehn Jahren bekommen. Es war ein kleines Häuserl, ungefähr zehn Zentimeter breit und etwas länger; vorne gab es noch ein richtiges kleines Tor, das man auch aufmachen konnte, und ein rotes Biberschwanzdach hatte es aufgesetzt.

Mit wieviel Phantasie spielte ich damit! Im Winter war es für mich der Stall, um den herum ich die Hirten des Krippenspieles aufstellte; das waren so kleine Papierfiguren. Im Frühjahr war es das Häuschen, mit dem ich mich draußen auf der Wiese spielte, einen kleinen Garten rundherum anlegte, mit Blumen und Bäumen darin, und sogar winzige Kieswege legte ich an.

Ich merkte es eigentlich gar nie, daß das Häuschen gar keine Fenster hatte. Für mich war es das allerschönste Häuschen, das es gab. Nach Jahren erzählte mir meine Mutter dann, daß das eigentlich eine Garage gewesen sei, mit einem Auto darinnen. Da ich aber ein Mädchen war, ließ meine Mutter im Geschäft das Auto herausnehmen. Ich bekam das Häuschen, irgendein Bub freute sich wohl sehr über das Auto, und für beide Mütter war es außerdem auch billiger so.

In die Mette durfte ich erst mitgehen, als ich schon zehn Jahre alt war. Vielleicht war das auch damit verbunden, daß man nicht so gute Schuhe und Kleidung besaß. Mit zehn Jahren, da machte einem die Kälte nimmer so viel aus. Und wenn's mal recht stürmte, dann borgte mir meine Tante ein „Schaltuch": Das war ein großes Dreiecktuch, aus ganz dicker Wolle gehäkelt; kreuzweis wurde es um den Körper gewickelt und im Rücken verknotet. Das waren noch Tücher von der Großmutter. Als ich vierzehn Jahre alt war, hatte plötzlich keiner mehr ein Schaltuch; als die Zeit der Mäntel auch auf dem Land kam, verschwanden sie plötzlich in die Truhen und dann ganz.

Die Christmette war für uns das feierlichste Hochamt, bei dem enormen Glanz der Kerzen unwahrscheinlich schön. Beim Nachhauseweg war es auch besonders schön, denn die Lichter der Laternenträger waren dann dichter, weil alle auf einmal weggingen. Nicht jeder hatte eine Laterne, jede Gruppe halt, aber viele waren es doch, sie kamen ja von den entlegensten Orten und Höfen.

Am Heimweg gab's dann genug zu erzählen, und man freute sich ganz besonders aufs Ripperlfleisch, das es gab, wenn man heimkam von der Mette. Das war weit nach Mitternacht, aber ich glaub, wir schliefen trotzdem gut, denn wir waren ja müde genug von all den Aufregungen an einem einzigen Tag. Der Magen mußte halt „Überstunden" machen, was wohl nicht auffiel, denn wir träumten sowieso von diesem und jenem, und das Christkindl von der wunderschönen Krippe in der Stiftskirche lächelte uns auch noch lange zu.

Daß ein Kind gleich nach der Geburt so lächeln kann? Na ja, ist ja auch kein gewöhnliches Kind, dachte ich mir damals schon.

Das Räuchern: Da war immer eine gewisse Feierlichkeit in den Gesichtern der Erwachsenen zu bemerken, wenn mein Onkel durchs Haus ging, die wohlriechenden Sachen in einer Blechpfanne tragend. Weihrauch war's wohl, aber sicher auch noch andere Kräutlein dabei. Ich konnte mir zwar nie erklären, warum die bösen Geister gerade vor diesem Wohlgeruch Reißaus nehmen sollten, aber es wird schon seine Richtigkeit gehabt haben.

Im Stall wurde dieser Brauch ganz sorgfältig vollzogen. Damals war es wohl besonders wichtig, beim Vieh kein Unglück zu haben, und die Angst davor ließ an so einem wichtigen Tag gern alle Heiligen anrufen und sie um Beistand bitten. Es war sicher auch noch ein Überbleibsel aus heidnischen Bräuchen dabei.

Wir Kinder waren fest davon überzeugt, daß Ochsen und Kühe, alles Getier halt, in dieser Nacht, der Heiligen Nacht, auch miteinander reden. Aber weil wir uns in der Dunkelheit nicht in den Stall trauten, hab ich's nie selber gehört; also kann ich auch nicht behaupten, daß es stimmt. Wenn aber in den „Rauhnächten"* die Winterstürme ums Haus tobten und es ganz besonders arg schien, dann glaubten wir ganz fest daran, daß die „wilde Jagd" es war, die durch die Kraft des Räucherns nicht ins Haus konnte und sich nun draußen gar arg gebärdete, um schließlich davonzubrausen.

Es durfte auch kein Wäschestück draußen auf der Leine sein, denn dies hätte dem Eigentümer Unglück gebracht. Ich hänge aber auch heute in den Rauhnächten keine Wäsche auf, obwohl ich heute, wo Tag und Nacht die Autos fahren, keine „wilde Jagd" mehr höre. Die wird wohl durch den Lärm verdrängt worden sein oder auch in manchem Autofahrer stecken, um dann wie wild draufloszufahren.

Die Geister passen sich wohl an die moderne Zeit an.

In meiner Kindheit war es noch nicht so Brauch, am Silvesterabend viel zu feiern oder bis zwölf Uhr nachts aufzubleiben und das Neujahr einzuschießen. Man ging nachmittags zur Kirche, um für das Vergangene zu danken. Am Abend wurde etwas üppiger gegessen; es war ja die zweite, „feiste" Rauhnacht.

Aber am Morgen wurde es dann für uns Kinder aufregend. Man wurde zu Nachbarn und Verwandten geschickt, um ein gutes neues Jahr zu wünschen. Dafür gab's ein Geschenk, meist Geld und ein paar Kekse oder Nüsse. Ich kann mich noch gut erinnern, wie mir vor jeder Haustür das Herz bis zum Hals herauf schlug: Nicht daß ich mir das Sprüchlein nicht merken konnte, aber ich hatte Angst, es könnte als Bettelei angesehen werden. Doch alle waren dann freundlich, und ich war froh.

So um zehn Uhr waren wir Kinder dann wieder zu Hause. Voller Stolz zeigten wir die „Zehnerl" her, ab und zu war sogar ein „Fünferl" dabei. Noch Tage nachher überlegte man, was für eine „Anschaffung" man sich dafür leisten könnte, etwa ein Stückerl Stoff für eine Schürze. Ach ja, das Pläne-Schmieden war immer das Schönste.

Der Schnee kam immer erst richtig, wenn der Tag wuchs. Im Jänner war auch die beste Zeit zum Schlittenfahren: Die Sonne hatte noch nicht die Kraft wie im Februar oder gar im März, und so war die Bahn noch nicht so eisig. Jede freie Stunde wurde ausgenützt. Gegen Abend, wenn auch die Dienstboten vor der Stallarbeit eine Stunde frei hatten, da war erst die richtige „Hetz"*. In einer langen Reihe stapften wir etwa eine Viertelstunde vom Dorf aufwärts durch einen Wald. Dann fuhren die ersten los, die einen großen Gemeinschaftsschlitten hatten, wie ihn nur Erwachsene steuern konnten, dann die, die schon eine richtige Rodel hatten. Zuletzt kamen die mit einem „Brettler". Das waren selbstgezimmerte niedere Einsitzer, die auch nicht so dahinsausten. Mit denen konnten auch die ganz Kleinen fahren. Aber zum Aufwärtsziehen waren sie ziemlich schwer, da halfen die größeren Kinder den ganz kleinen schon.

Und einen Vorteil hatten wir in unserer Kindheit: Keine Straße, kein Weg wurde gestreut. Autos gab es keine, und die Pferdeschlitten machten selber eine richtige Schneebahn; da wurden sogar die „Roßknödel" säuberlich aus dem Weg geräumt.

Meine traurigsten Weihnachten, die waren wohl im Jahr 1931. Ich war gerade sieben Jahre alt, als mein Vater ganz unerwartet kurz vor Weihnachten starb. Er hatte mir noch die Schultasche gekauft, mit einem Pferd auf dem Deckel. Ich fand's ganz wunderbar, wie der Schwanz heraushing und die Tafel im Inneren schepperte. Das war im September gewesen.

Ich begriff damals als Siebenjährige noch nicht, welch ein Verlust uns getroffen hatte – da war ja noch die Mutter, die schon immer für uns dagewesen war. Und deshalb freute ich mich auch so wie im Jahr vorher auf das Christkind. Der Mutter in ihrem Schmerz wäre es wohl unmöglich gewesen, so zu feiern wie bisher. Wenn man überhaupt in dieser Zeit damals vom Feiern reden kann im Vergleich zu heute: Unsere Seligkeit war, wenn das Glöcklein läutete und wir in der Stube standen und uns im Schein der Kerzen ganz wunderlich zumute wurde.

Mutter weinte viel in diesen ersten bitteren Wochen, und sie meinte, es käme heuer das Christkindl nicht mit einem Baum. Dann war der 24. Dezember da. Am Tisch standen plötzlich auch Geschenke: ein Bund Griffel und Bleistifte und Süßigkeiten. Mutter weinte vor Schmerz und Sorge um die Zukunft, und ich weinte, weil Weihnachten ohne Bäumchen für mich keine Weihnachten waren. Da läutete es, und durch die Ritzen der Tür fiel helles Licht. War doch noch ein Engel mit einem Bäumchen gekommen? Ja, wirklich! Im Vorraum stand es, ein ganz winziges zwar, aber die Kerzen, sie flackerten, und alles war für mich gut.

Mutter jedoch weinte noch viel mehr, und ich wunderte mich. Erst heute kann ich sie verstehen, wenn wir manchmal darüber sprechen, und noch immer fühlt sie sich gedemütigt, wenn sie sich erinnert: Ein Laib Brot lag unterm Baum, und Äpfel und Kleinigkeiten verschiedenster Art, aber auch einige Rote Rüben. Ihre Schwester, die Bäuerin, hatte es gut gemeint, doch beim Anblick dieser Roten Rüben, da wurde ihr die Armut erst so richtig klar.

Ich aber, ich habe damals, glaube ich, die Rüben gar nicht bemerkt; ich hatte nur die Lichter am Bäumchen gesehen. Ja, wie selig, noch ein Kind zu sein.

An die Weihnachten 1944 erinnere ich mich besonders gut. Kurz zuvor hatte ich noch die Einberufung bekommen. Am 2. Jänner mußte ich fort. Da waren die Weihnachten Tage der Tränen. Es war wohl meine Schwester zu Besuch mit den zwei Kindern, aber auch sie war schon Witwe, ihr Mann blieb in Stalingrad*.

Zu Weihnachten 1943 war ich nicht daheim, da war ich in Wien als Schaffnerin im Kriegseinsatz. Zu Weihnachten 1942 weinte ich auch sehr. Da hatte ich einige Monate zuvor meinen Freund in Rußland, vor Moskau, verloren.

Nun, 1945 bin ich zu Kriegsende fast zu Tode gekommen, aber es war trotzdem gut so, denn so kam ich wenigstens noch heim, gerade vor dem Kriegsende. Ich war fast an der Front, vor den Russen, in Königgrätz. Zu Weihnachten war ich immer noch krank von den Folgen meiner Herzmuskelentzündung.

Meine erste schöne Weihnacht war dann 1950. In dem Jahr hatte ich geheiratet. Zu Weihnachten hielt ich ein kleines Bübchen im Arm. Ein Traum war auch, daß ich ein Herrenfahrrad gewonnen hatte – es war ein Preisausschreiben bei der Kronen-Zeitung; ein neues Fahrrad – was war das für eine Riesenfreude damals.

Aber es war noch immer keine „gute Zeit". Als Windeln mußte ich noch altes Bettzeug nehmen.

Grete Loipl mit ihrem zweiten Sohn, Weihnachten 1958

„Erst beim zweiten Sohn gab es herrlich weiche Windeln – da schrieb man das Jahr 1958. Und ein kleines Foto wurde gemacht, beim kleinen Weihnachtsbaum. Von da an ging es bergauf."

Maria Fasslabend

Von einer norwegischen Familie kam ein Paket

Maria Fasslabend wurde 1917 in Wien-Simmering geboren. Der Vater war Angestellter, die Mutter Hausfrau. Zwei ihrer drei Geschwister starben in jüngeren Jahren.

Meine frühesten Kindheitserinnerungen beziehen sich auf das Essen. Meine ältere Schwester Hilde war im Zuge einer Kinderverschickung* zu einer norwegischen Familie gekommen. Von dort kam Weihnachten 1919 ein Paket, und hier setzt meine erste Erinnerung ein. Ich sehe meinen Vater vor mir, wie er eine Kiste öffnet: Kleider werden ausgepackt und Lebensmittel, gezuckerte Kondensmilch – ich spüre heute noch den wundervollen Geschmack auf der Zunge – und eine Dose Corned beef. Auf die Frage meiner Schwester, was das sei, sagte der Vater: „Negerzecherln". Ob er nun Spaß machen oder ob er uns den Appetit damit verderben wollte, weiß ich nicht. Aber ich weiß, daß ich heute noch keine „Negerzecherln" mag. Auch im Zweiten Weltkrieg und in der Nachkriegszeit gab es manchmal Corned beef, aber nie mochte ich es.

Am 22. Dezember wollten wir heiraten

Am Eislaufplatz des Wiener Eislaufvereins lernte Maria Fasslabend ihren späteren ersten Ehemann kennen. Dieser trat nach seinem Militärdienst 1937 bei der Zollwache ein und wurde nach dem Anschluß im März 1938 zum Grenzdienst nach Marchegg versetzt.*

Als Max zum Zoll kam, mußte er unterschreiben, daß er fünf Jahre nicht heiraten dürfe: Unverheiratete Beamte kamen billiger und konnten leichter versetzt werden.

Es wurde Sommer. Zu den politischen Ereignissen kann man nur sagen, daß die unschönen Erlebnisse überwogen: Alte, kranke Juden mußten händisch die Straße waschen, ihre Geschäfte wurden „arisiert"*, d.h. geplündert und mit irgendeinem „politisch Zuverlässigen" besetzt. Es gab Appelle, Reden, Reden, Reden ... vom Führer, von Göring, von Goebbels und wie sie alle hießen.

Max war vom deutschen Zoll übernommen und nach Sigmaringen in die Zollschule entsandt worden. Dort wurde ein Erlaß verlesen, daß das fünfjährige Eheverbot* aufgehoben sei und der Führer wünsche, daß alle Beamten so rasch wie möglich heiraten. Max schrieb an meine Eltern einen Brief und hielt in aller Form um meine Hand an. Mutter und Deli machten sich über diese Förmlichkeit lustig: Es war so, daß meiner Mutter eigentlich nichts heilig war – sie war eine unverbesserliche Zynikerin.

Da es Vorschrift war, daß ein deutscher Beamter und auch seine Frau bis zu den Urgroßeltern nachweisen mußten, daß sie arischer Abstammung waren, dauerte es einige Monate, bis wir die notwendigen Dokumente beisammen hatten. Dann bestellten wir das Aufgebot: Am 22. Dezember wollten wir heiraten. Auf Grund der politischen Ereignisse hatte Max wieder einmal den Zollschulbesuch abbrechen müssen. Die Grenzen zur Tschechoslowakei wurden verschärft besetzt, und es kriselte allerorten. Nun sollte er am 1. Jänner neuerlich nach Sigmaringen in die Zollschule, und da wollten wir verheiratet sein. Damals war ein derartiger Andrang in den seit kurzem verankerten Standesämtern, daß alle halbe Stunde eine Trauung stattfand – von Montag bis Samstag. Unser 22. Dezember war ein richtiger Wintertag mit Unmengen Schnee.

Ich bemühte mich, tapfer zu sein

1940 gebar Maria Fasslabend einen Sohn und 1941 eine Tochter. 1942 rückte ihr Mann zur Ostfront ein.

Nun nahte unser erstes Weihnachtsfest ohne Max. Es war ziemlich schlimm. Ich schmückte den Kindern einen Baum, sie bekamen Geschenke, und ich bemühte mich, tapfer zu sein.

Mit der Vorahnung, daß sie ihren Mann nach seinem letzten Fronturlaub zu Ostern 1944 nicht mehr wiedersehen werde, erlebte Maria Fasslabend die letzten Kriegsmonate bei Verwandten in Unternalb bei Retz. Als sie 1945 mit ihren beiden Kleinkindern und ihrer Schwester nach Marchegg heimkehrte, fanden sie die Wohnung geplündert und von anderen Ortsbewohnern besetzt: Ihnen stünde als „Nazis" kein Wohnraum zu. Nach einigem Umherirren und demütigenden Strafarbeiten wurden sie schließlich mit einer weiteren Familie zu neun Personen in einer Wohnung untergebracht.

Immer wieder stand die Sorge um das tägliche Brot – im wahrsten Sinne des Wortes – im Vordergrund. Viele Frauen gaben ihren Widerstand auf und waren den Russen gefügig, um Nahrung für sich und ihre Kinder zu bekommen. Ich konnte mich nicht dazu durchringen: Lieber Tag und Nacht arbeiten oder stehlen – nur „das" nicht!

Nun kam die kalte Jahreszeit. Wir schleppten Holz heim, so viel wir konnten. Am Bahnhof klaubten die Frauen die Schlacken und Aschenberge nach Kohlenresten durch. Ich wollte das auch, wurde aber weggejagt mit der Begründung, dies sei ein Privileg der Eisenbahnerfrauen. Nun, wir erfroren auch so nicht: Täglich schleppten wir Holz heim, oft kilometerweit.

Weihnachten kam heran. Aus Föhrenästen bastelten wir einen Christbaum zusammen. Aus Papierresten schnitten wir Sterne und machten Ketten und Wickelpapier, in das Zuckerwerk aus passierten Bohnen mit Süßstoff gewickelt wurde. Ich hatte um dreihundert Schilling – das war das Doppelte, was man monatlich von seinen Ersparnissen abheben durfte – eine Packung Saccharin gekauft, am schwarzen Markt im Resselpark in Wien.

Ich hatte den Kindern ein Bilderbuch mit selbstgemalten Bildern und eigenen Versen gebastelt. Eine Stoffpuppe und ein Stofftier eigener Fabrikation sowie Kleidungsstücke aus zusammengeklaubten Woll- und Stoffresten ergänzten die Bescherung. Sogar einige Kerzen gossen wir aus gefundenen Wachsresten.

Wir wußten damals nichts von Figls berühmt gewordener Weihnachtsbotschaft – aber trotzdem lebten wir nach ihr. Wir glaubten an Österreich und an die Zukunft.

Wortlaut der kurzen Rundfunk-Ansprache von Bundeskanzler Leopold Figl zu Weihnachten 1945:

„Ich kann euch zu Weihnachten nichts geben. Ich kann euch für den Christbaum, wenn ihr überhaupt einen habt, keine Kerzen geben, kein Stück Brot, keine Kohle zum Heizen, kein Glas zum Einschneiden. Wir haben nichts. Ich kann euch nur bitten: Glaubt an dieses Österreich!"

In einer Regierungserklärung vom 21. Dezember 1945 hatte Leopold Figl unter anderem formuliert:

„Weihnachten ist für uns ein Hochfest der Familie. Es wird heuer leider kein Weihnachten sein, so wie wir es gerne haben möchten. Auf den Christbäumen, wenn wir welche haben, wird ein schönes Päckchen Sorgen hängen. Trotzdem sollen und dürfen wir nicht verzagen, sondern gerade an diesem heurigen Weihnachtsabend, wo zum ersten Male wieder Kerzen in einem neuen demokratischen Österreich leuchten und alle, die ehrlich mitarbeiten wollen, die gleichen Rechte haben sollen und werden, gerade jetzt in diesen Weihnachtsstunden wollen wir versprechen, daß wir alle zusammen nichts unversucht lassen werden, um bis zum nächsten Weihnachten wieder so weit zu sein, daß jeder in Österreich ein Stückchen Glück und Zufriedenheit unter dem nächsten Weihnachtsbaum vorfindet."

Es kam immer wieder vor, daß die Kinder nachts nicht schlafen konnten vor lauter Hunger. Auch am Silvestertag hatten wir keinen Bissen Brot im Haus. Wir gingen um Holz und sahen auf einem Abfallhaufen im Schnee einen Laib Russenbrot neben all dem Unrat liegen. Wir reinigten es notdürftig und steckten es in die Tasche. Da kam ein Russe und fragte, ob wir Suppe wollten. Wir fanden eine zerbeulte Milchkanne, die der Russe „reinigte" und mit guter Hühnersuppe, in der auch einige Fleischstücke schwammen, anfüllte. Froh kehrten wir heim. Das Brot wurde rundherum abgerindet – das bekamen die Hasen – und in Schnitten am Herd gebraten. Dazu die Hühnersuppe – ein wahrer Festschmaus!

Am anderen Tag, dem Neujahrstag, wurde ich tief beschämt: Frau R., eine Zöllnerswitwe, brachte mir einen Wecken frisches Brot. Sie war eine von denen, die sich für ihre Kinder den Russen „geopfert" hatte. Nun teilte sie das erhaltene Brot mit uns. Übrigens erfuhr ich kaum ein Jahr später, daß sie ihr Opfer mit dem Leben bezahlt hatte, wie viele andere Frauen auch: Sie war von den Russen angesteckt worden und elendiglich zugrundegegangen.

1947 trat Maria Fasslabend der Österreichischen Volkspartei bei und arbeitete als Parteisekretärin und in der ehrenamtlichen Sozialarbeit von Marchegg. 1954 heiratete sie einen Finanzbeamten. Neben ihren Kindern aus erster Ehe nahmen sie zunächst einen Neffen zu sich und bekamen 1955 auch noch eine gemeinsame Tochter, Ilse. 1957 bezog die Familie ihr neues Haus.

Die Zeit verflog im Nu. Ilse wuchs und gedieh. Da ich die Parteiarbeit und die damit verbundene karitative Tätigkeit weiter ausführte, kam Ilse auch schon als Kleinkind mit den Weihnachtsfeiern in Kontakt. Ich schrieb jedes Jahr ein kleines Weihnachtsspiel, das mit Kindern aufgeführt wurde. Ilse war noch keine drei Jahre alt, als sie schon mitmachen durfte. Es machte ihr viel Freude. Auch beim Herstellen der Lebensmittelpakete für Bedürftige half sie schon in frühestem Alter mit.

Hans Heinz Weber

Hans Heinz Weber wurde 1919 in Wien geboren: „Am 11. Dezember 1917 kam mein älterer Bruder noch als Monarchist zur Welt. Ich jedoch, am 14. Dezember 1919 geboren, war schon ein waschechter Republikaner." Nach dem Zweiten Weltkrieg engagierte er sich neben seinem Beruf als Ingenieur in der Gewerkschaftsarbeit. Unter anderem war er Betriebsratsobmann der Vereinigten Chemischen Fabriken, Mitglied oberster Gremien der Sektion Industrie und Gewerbe der Gewerkschaft der Privatangestellten, Obmann der Fachgruppe Chemie, Lehrlingsprüfer für kaufmännische und chemische Lehrlinge, Zollbeirat, Versichertenvertreter in der Pensionsversicherungsanstalt für Angestellte und Beisitzer des arbeitsgerichtlichen Berufungssenats in Wien. Als er 1980 in Pension ging, verlieh ihm die Republik Österreich in Anerkennung seiner Verdienste das Goldene Ehrenzeichen.

Seit seiner Pensionierung schreibt Hans Heinz Weber an seinen Lebenserinnerungen, die inzwischen über 1000 Seiten umfassen. Dabei kann er sich auf seine Tagebücher stützen, die er seit 1933 führt. Andere Teile seiner Aufzeichnungen sind in den Bänden 7, 12 und 21 der Reihe „Damit es nicht verlorengeht ..." (Böhlau-Verlag, Wien 1985ff.) erschienen.

Hans Heinz Weber – der Vater Offizier, später Prokurist, dann Direktor der Firma Danubia, die Mutter Schriftstellerin – entstammte wohlhabenden Familien: „Großvater väterlicherseits war lange Zeit im Bankfach tätig und besaß den Titel ‚Kaiserlicher Rat'. Er war ein überaus vornehmer Herr, der auch im Sommer steifen, weißen Kragen, weiße Manschetten, Gilet, Hut und Handschuhe trug. Großvater Weber besaß ein Haus in Eichgraben, einem kleinen Ort des westlichen Wienerwaldes. Daneben war seine Jagd, und diese lag benachbart jener Seiner Majestät. Das Kostbarste war jedoch seine Villa am Mondsee."

Mein Leben mit Weihnachten

Ein Erlebnis meiner frühesten Kindheit ist mir noch deutlich in Erinnerung. Ich erhielt zu Weihnachten eine Eisenbahn, die mittels Uhrwerk bewegt wurde. An besagtem Festabend war unser Onkel Hubert, Papas jüngerer Bruder, zu Gast. Er spielte, was meist der Fall ist, wenn Kinder eine Eisenbahn bekommen, leidenschaftlich damit, aber nur so lange, bis er das Uhrwerk überdreht hatte. Dann empfahl er sich, und Papa, der nun auch spielen wollte, bemerkte den Schaden. Alle Beteuerungen meines Bruders und meinerseits halfen nichts, wir hatten die heißersehnte Bahn noch nicht einmal berühren dürfen, weil sich Onkel Hubert so draufgestürzt hatte. Papa wickelte einige Ankerbausteine* – es waren tatsächlich Steine – in eine Serviette und prügelte meinen Bruder und mich, solange seine Kräfte reichten.

Nach einem Jahr Schulbesuch in der evangelischen Lutherschule trat Hans Heinz Weber aus familiären Gründen in eine öffentliche Volksschule in der Galileigasse, eine „rote" Schule, über.

Wir bekamen Herrn Richling, einen großen, mageren Mann mit einer riesigen Nase, der wie das Nasobem von Christian Morgenstern aussah. In diesen Mann, der nebstbei sonntags in der Kirche Orgel spielte, waren alle Mütter verliebt, besonders meine. Nach und nach entwickelte sich ein richtiges kulturelles und später auch erotisches Pantscherl*, welches darin gipfelte, daß Mutter ein Theaterstück schrieb, „Das Nikolospiel", in dem selbstverständlich ich die Hauptrolle zu spielen hatte. Die erste Szene war eine Naschmarktbude in der ach so geliebten guuuuten alten Zeit des guuuuuten Kaiser Franz, und weil es so kalt war, ging meine Theatermutter fort, und ich mußte auf ihr Standel aufpassen. Es waren mehrere Aufführungen geplant, und ich erhielt strengste

Weisung, nichts von den Originallebkuchen, die am Standel hingen, anzurühren. Vielmehr sollte ich, und das war meine Schauspielkunst, pappendecklerte Lebkuchen mit einem zufällig des Weges daherschlendernden Freunde verzehren. Als nun dieser Freund erschien, sagte ich ihm: „Teppert werden wir nicht sein", und wir begannen auf offener Bühne genüßlich die echten Lebkuchen zu verschmausen. Mutter und Lehrer machten seitlich in den Kulissen schreckliche Verrenkungen, reden durften sie ja nicht, das hätte man ja im Saal gehört, was uns noch mehr beflügelte, denn nichts erfreut ein Kind mehr als Erwachsene, die ohnmächtig sind bei ihren Erziehungsmaßnahmen. Die Zuschauer brüllten, und darauf beschloß ich, überhaupt nicht mehr weiterzuspielen; wir setzten uns hin und fraßen das ganze Standel ratzekahl leer, bis der Vorhang fiel. Meine Mutter, die bei der häuslichen Erziehung „traurige Augen" als schärfste erzieherische Maßnahme ihrerseits ansah, kannte in künstlerischen Dingen keinen Pardon, und ich erhielt eine Mordstrumm Watschn. Die nächsten Vorstellungen gab es nur Pappendeckellebkuchen, und damit war auch mein Wunsch, Schauspieler zu werden, hinfällig geworden.

Nach der Scheidung der Eltern und dem Tod des Großvaters, 1925, wuchsen Hans und sein Bruder Fritz bei der Mutter und der Großmutter mütterlicherseits – von den Kindern liebevoll „Bomama" genannt – im neunten Wiener Gemeindebezirk, in der Bleichergasse auf. Nach der Volksschule besuchte er das Realgymnasium in der Albertgasse im 8. Bezirk, wo er 1937 die Matura ablegte.

Am Heiligen Abend war immer große Bescherung. Schon Tage vorher wurde Mutters Speisezimmer abgesperrt, der Baum heimlich hineinbefördert, und wenn Mutter ihn schmückte, ertönte das zarte Klingen so manchen Glöckchens. Ich war ja nach einigen Vorfällen im gemeinsamen

Bubenzimmer ans Ende der Wohnung verbannt worden. Eben in meinem Kabinett, kletterte ich nun auf die Türschnalle und schob die etwas lockere Tür vom Rahmen ab, so sah ich alles. Das durfte aber Mutter natürlich nicht wissen. Ich spionierte nach Strich und Faden und berichtete meinem Bruder immer alle Neuigkeiten, die ich erspäht hatte.

Am Heiligen Abend hatten wir immer Gäste, meist Onkel Zelbr mit Gattin, der in der k.u.k. Armee General gewesen war. Da er keine Kinder in Wien hatte – sein Sohn lebte in Budapest –, war er sehr froh, nochmals das glückliche Strahlen aus Bubenaugen vor dem Christbaum erleben zu können. Die Geschenke dieses alten Ehepaares für uns waren auch immer Spitze, einmal eine riesige Lokomotive, die noch heute „Tante Terry Lokomotive“ heißt. Zur Bescherung wurde von Mutter geläutet, der Baum glitzerte, alle Kerzen brannten, und dann durften das Dienstmädchen und Frau Lina, unsere Bedienerin, hereinkommen und beim Singen der Weihnachtslieder dabeisein. Sie erhielten einen großen Teller mit Bäckerei, manchmal auch ein Kleidungsstück, wenn sie sich nicht gerade in den letzten Tagen Bomamas Gunst verdorben hatten. Nach Beendigung der Lieder und Einschalten des elektrischen Lichtes mußten die die Dienstleistungen versehenden Frauen wieder gehen, und sie aßen in der Küche, was ihnen vorher zugeteilt worden war. Zum Servieren trugen die Mädchen schwarze Kleidung mit weißer Schürze und weißen Spitzenhäubchen.

Ich liebte die Christbäume jedes Jahr inniglich, und nach dem 6. Jänner begann das Drama, da ich mich weigerte, daß der Baum verheizt werden sollte. Ich hatte das Gefühl, einen mir sehr nahestehenden Menschen zu verlieren. Mutter nützte mein Verhalten zu allerlei liebsten Knabengeschichten, die sie in Frauenzeitungen veröffentlichen konnte. So wurden meine tiefen Empfindungen zu barem Geld umgemünzt.

Nicht nur im Sommer hatte ich Ferien! Weihnachten und Ostern war ja auch schulfrei! Wahrscheinlich war ich zu Hause unausstehlich, jedenfalls wurde ich insgesamt siebenmal in diesen kurzen Ferien in das evangelische Heim nach Salzerbad geschickt. Inzwischen gingen Bomama und Mutter mit Fritz in die Volksoper oder ins Theater, da er ja nicht mir gegenüber zurückgesetzt werden durfte! Ich selbst fühlte mich in Salzerbad pudelwohl! Das erste Mal hatte ich eine sehr liebe Tante, die mich wie einen Großen, das heißt gleichwertig, behandelte, was ja eigentlich das Geheimnis jeder guten Erziehung ist! Zu Silvester gingen wir Kinder um Mitternacht mit unserer Tante in den Wald, auf einer Fichte wurden Kerzen angezündet, und wir sangen Weihnachtslieder. Dann erhielt jedes Kind eine Kerze und hatte die Aufgabe, diese brennend ins Heim zu tragen: Wer als Erster mit der noch brennenden Kerze eintraf, bekam den schönsten Preis. Ich hatte mir vorsorglich eine Schachtel Zündhölzer eingesteckt und blies, als ich außer Sichtweite war, meine Kerze aus, rannte, was das Zeug hielt, eine schneebedeckte Wiese als Abschneider nehmend, ins Heim, wo ich in aller Ruhe meine Kerze wieder anzündete und solcherart den begehrten Preis erhielt!

Beim Essen mußte immer ein Kind vorbeten. Als ich drankam, wurde es ein Schmiß wie bei meinen Theaterauftritten. Ich stockte, betete nicht weiter, sondern begann hellauf zu lachen! Es gab nämlich Polenta, und ich sollte sagen: „Herr wir danken Dir für die Speise, uns zur Kraft und Dir zum Preise!" Das brachte ich nicht über mein Herz! So lügen konnte ich einfach nicht!

In all den Jahren hatte ich eine schöne Bücherei angelegt. Von meinem Taufpaten wünschte ich mir jedes Jahr zu Weihnachten ein Buch von Luis Trenker! So hatte ich bald die Bände „Meine Berge", „Berge und Heimat" und „Berge im Schnee" beisammen. Dann kamen die speziellen Gebiete dran, und ich suchte mir aus den Bildern die künftigen Urlaubsgegenden aus, doch durch den Einmarsch der germanischen Truppen des 1000jährigen Reiches kam alles ganz anders.

1937 trat Hans Heinz Weber in das österreichische Bundesheer ein, um das „Einjährigen-Freiwilligen-Jahr" beim „Selbständigen schweren Artillerieregiment Kaiser Maximilian Nr. 1" zu absolvieren. Nach der Übernahme durch die Deutsche Wehrmacht nahm er an der Besetzung des Sudetenlandes, der Tschechoslowakei, Polens und Frankreichs teil. Im Oktober 1940 wurde er nach den „Nürnberger Gesetzen" der Nationalsozialisten als sogenannter „Halbjude" aus der Wehrmacht ausgeschlossen: „Am 13. September 1940, nach 3 Jahren Militärdienst, war es dann soweit, ich zog ‚des Führers' graue Kleider aus, mußte mich auf der Polizei und der Kartenstelle melden, sonst hätte ich keine Lebensmittelkarten erhalten, und zu guter Letzt bekam ich am Wehrmeldeamt einen Wehrpaß, in dem fein säuberlich vermerkt war: N. z. V. (Nicht zur Verwendung) Und damit begann mein ziviles Leben mit viel Ungewißheit und in tiefster Niedergeschlagenheit." Da ihm aus demselben Grund auch ein Hochschulstudium an der Technischen Universität verwehrt wurde, besuchte er von Herbst 1940 bis Frühjahr 1942 einen Lehrgang der Bundeslehr- und Versuchsanstalt für chemische Industrie.

Im „Operationsgebiet" der Westfront; so wurde der Aufenthalt im Winter 1939/40 an der Westfront bezeichnet. Die Tage vergingen teils mit Lethargie, teils waren sie mit Heimweh und Spannung erfüllt. Am 17. Dezember wurden wir in einem kleinen Dorf im Bergischen einquartiert. Es hieß Drespe, und mit Freund Wolfgang wurde ich einem Kleinhäusler zugewiesen. Wir hatten zusammen ein ganz schmales Bett in einem nicht heizbaren Kabinett. Da die Temperatur auf –30 Grad sank, kam es jede Nacht zu erbitterten Kämpfen um die Decke. Dadurch erwärmten wir uns wieder und waren dann friedlicher. Das Klosett befand sich außerhalb des kleinen Häuschens neben einem Bach, tiefer gelegen, und ich bezeichnete den Weg dorthin als Rennbahn, da jeder der Kälte wegen sich immer erst im allerletzten Moment zu einer Wanderung dorthin entschloß und diese in wahnsinnigem Tempo, bevor ein größeres Unglück geschah, absolvierte. Am Heiligen Abend war ich ein sehr guter Mensch! Ich brachte allen auf der Wache stehenden Kameraden Äpfel und Nüsse, die wir von den Hausleuten bekamen, um meinen Freunden die einsamen Stunden der eiskalten Winternacht zu verschönern, nebstbei mit einem auflockernden Gespräch verbunden. Ich ahnte ja nicht, daß kurze Zeit später der Herr Hauptwachtmeister mich mit einem „bestraften" Oberösterreicher namens Schmaranzer verwechselte, denn ich wurde sowohl für diesen mit Strafwache belegten als auch für mich eingeteilt und stand ab da pausenlos im Schnee. Zu mir aber kam keiner mehr, nicht einmal der falsche Wolfgang!

Zu Weihnachten 1941 hatten die Brüder Hans und Otto Figdor mit mir und Freund Wolfgang in einem Reisebüro einen gemeinsamen Urlaub in Neuberg an der Mürz gebucht. Die drei waren wie ich als N.z.V. aus der Wehrmacht entlassen worden. Ich fuhr am 23. Dezember voraus, verbrachte den Heiligen Abend allein und sehr einsam, dann trudelten die Freunde ein. Otto brachte Vilma, seine Braut, mit. Wir stapften tiefverschneite Hänge hinauf und verbrachten einige lustige Tage. Otto reiste als erster ab, dann Vilma mit Wolfgang, der sie beschützen sollte. Dafür ließ er sich einen Kaffee von Otto zahlen, den er am Semmering konsumierte.

Da der größte Feldherr aller Zeiten vergessen hatte, daß es im Winter in Rußland kalt ist, bahnte sich eine Katastrophe für die Deutsche Wehrmacht an. Im Rundfunk wurde verlautbart, daß alle Urlauber in den Wintersportorten der ortsansässigen SA ihre Ski abzugeben hätten. Eine nette Dame an unserem Tisch, die auch erzählt hatte, ihr Sohn wäre bei der SS mit der Ermordung von

Juden beschäftigt, warnte uns vor den SA-Männern, die am Bahnhof jedem Abreisenden die Skier wegnahmen und ihn zur Draufgabe windelweich verprügelten. Hans, mit seiner unwiderstehlichen Wirkung auf das Hotelpersonal, hatte ein Stubenmädchen so weit becirct, daß sie alle Skier von Hans, Otto, Wolfgang und mir auf dem Bauernhof ihres Vaters versteckte. Da die SA-Leute eine Gästeliste von jedem Hotel besaßen und am Bahnhof rund um die Uhr Dienst machten, gingen wir zur nächsten Bahnstation nach Arzbach, wo uns niemand kannte, und fuhren dann solcherart unbehelligt nach Wien.

Zu Silvester sprach im Hotel Post, wo wir wohnten, Goebbels durch das Radio zum Deutschen Volk. Und da ergaben sich die lächerlichsten Szenen. Ein SA-Führer stand stumm, die Rechte zum Deutschen Gruß erhoben, vor dem Radiokasterl und verlangte ganz wild von uns, daß wir das auch tun müßten. Erst beim Deutschlandlied und der Horst-Wessel-Hymne wurden wir schwach und standen auch, stumm die Rechte zum Radiokasterl erhoben, wobei Hans immer mit dem Arm wackelte, was nach Widerstand aussah. Und ein alter österreichischer Sektionschef, der neben mir stand, flüsterte mir ins Ohr: „Wir haben Krieg seit März '38!" So eine Bemerkung war Labsal auf meine geschundene Seele, und ich erkannte, daß schön langsam im Volk eine Wandlung vor sich gegangen war. Eine maßlose Enttäuschung ergriff nämlich die Menschen, die umso größer war, je begeisterter sie nach dem Einmarsch der Deutschen in Österreich gewesen waren. Die bange Frage war nur, wie lange wird es noch dauern, und werden wir es überleben? So begann das entscheidende Jahr 1942, das Hitlers Untergang einleitete.

Die Mutter und Großmutter von Hans Heinz Weber waren noch vor dem Ersten Weltkrieg zum evangelischen Glauben A. B. konvertiert. Trotzdem traf sie die nationalsozialistische Judenverfolgung:

Am 15. April 1942 mußten wir an der Eingangstür unserer Wohnung für Bomama einen Judenstern anbringen, was sie sehr kränkte. Ging sie doch seit dem Frühling '38 nicht mehr auf die Straße. Am 9. September 1942 wurde Großmutter abgeholt. Das geschah so: Um 1/2 4 Uhr erschien ein Beauftragter der Israelitischen Kultusgemeinde; sie mußte packen. Um 8 Uhr abends fuhren wir mit ihr in die Sperlgasse, wo sie mit einem kleinen Rucksack, der die nötigsten Dinge zur täglichen Reinigung enthielt, einrücken mußte. Auf dem Heimweg gingen Fritz und ich mit Mutter in der Mitte und sprachen kein Wort; Bomama hatte wunderbar Haltung bewahrt, denn sie war, auch in Fetzen, immer eine Dame. Auch Mutter ließ sich auf der Straße nichts anmerken, erst zu Hause brach sie in Tränen aus und weinte die ganze Nacht durch! Fritz und ich sprachen dann am 5. November bei Brunner II vor, dem Chef der Judenverschickungsaktion, und baten ihn um Entlassung der Großmutter. Dieser erbärmliche Wicht zitterte vor uns, versprach alles mögliche, war aber niederträchtiger, als wir ahnen konnten!

Es war uns erlaubt worden, beim Torpfosten Eßpakkerln abgeben zu dürfen, als wir Bomama eingeliefert hatten. So brachten wir jede Woche ein kleines Päckchen, das sowieso nur wenig haltbare Lebensmittel enthielt, kleine Bäckereien, was anderes bekam man ja in der glorreichen Zeit des großen Führers als gewöhnlicher Sterblicher nicht, geschweige denn als ungewöhnlicher! Eines Tages, vermutlich aus Rache, weil wir vorgesprochen hatten, ließ sich Brunner II Großmutter vorführen und sagte scheinheilig: „Ihre Angehörigen haben Sie völlig im Stich gelassen!" Darauf sagte Bomama entrüstet, sie erhalte jede Woche ein Päckchen. Da zerplatzte der germanische Held, dieses kleine unscheinbare Männchen, und verurteilte sie wegen verbotener Paketannahme zu Haft bis zum Abtransport ins Konzentrationslager. Die Strafe wurde so vollzogen, daß er sie in den Keller auf den bloßen Boden legen ließ, sie hatte nur ihren Mantel als Decke. Kein Fenster! So wurde sie monatelang eingesperrt. Das alles erfuhren wir erst nach dem Kriege! Am 14. Dezember sprachen Fritz und ich nochmals bei Brunner vor. Er sagte wieder, die Möglichkeit der Entlassung läge auch ihm nahe, und dabei lag Bomama im Keller des Hauses bis zur Verschikkung ins Konzentrationslager Theresienstadt. Weihnachten feierten wir in aller Stille ohne Großmutter. Ich erhielt die schönsten Geschenke, die es für mich geben konnte! Eine olivfarbene Beethovenmaske, nach dem Denkmal von Zumbusch, eine Schallplatte von Beethovens Fünfter und von Bruder Fritz ein großes Ölbild, die Dolomitengruppe Sella darstellend, nach einem Gemälde von Gustav Jahn! Und am 25. Dezember um 22 Uhr 45 ging es mit Otto, Gerti Goldberger und deren Freundin Herta auf ins Tote Gebirge. Um 5 Uhr früh fuhr der Zug von Attnang-Puchheim weiter. In Bad Aussee waren wir am Ziel, und jetzt hieß es nur noch, Skier für uns zu holen.

Nach dem Krieg zog Hans Heinz Weber mit seiner Frau Helga in eine neue Wohnung, in ein aufgelassenes Firmenlabor in der Glasfabrik, in der er arbeitete. Sein Schwager Fifi half bei der Einrichtung: „Seine erste Tat war, meinen ‚Beethoven', den ich zu einer Kriegsweihnacht von Mutter bekommen hatte, so ungeschickt aufzuhängen, daß er sofort wieder herunterfiel und in 1000 Scherben zerbrach. Es gab mir einen Stich ins Herz, denn mein Beethoven war für mich das Symbol eines glücklichen Lebens."

Weihnachten 1943 verlief in aller Stille, mußte ich doch noch bis 2 Uhr am Nachmittag gearbeitet werden. Rasch das Zimmer aufgeräumt, ein kleines Bäumchen erstanden und geschmückt und gegen 8 Uhr Bescherung. So war das Jahr unter Mühen und Plagen in Resignation zu Ende gegangen, ohne daß die Menschen begriffen, wie sehr sich das Blatt der Geschichte gewendet hatte. Nach der ersten großen Niederlage Hitlers war sein Nimbus der Unbesiegbarkeit dahin, wer aber begriff das schon?

Kurz vor Kriegsende wurde Bomama gegen sieben deutsche Gefangene ausgetauscht und kam in die Schweiz in ein Lager. Zunächst wollten die Schweizer sie nicht in das von den Alliierten befreite Österreich zurücklassen. Durch eine Intervention der evangelischen Kirche gelang es ihr im Dezember 1945, nach Wien zurückzukehren.

Vor Bomamas Verschleppung ins KZ war die Situation ganz anders gewesen. Es gab damals zumindest soviel Heizmaterial, daß im großen Speisezimmer, wo sich Großmutter tagsüber aufhielt, die Temperatur überschlagen war. Besuch erhielt sie niemals, und ich war bestrebt, so gut wie möglich zuerst die Schule und dann im Beruf alle meine Pflichten zu erfüllen. Nach der Naziherrschaft und dem Kriegsende war ich erstens gewohnt, mein Zimmer allein zu benützen, da Mutter meist in der Küche oder im Schlafzimmer war und niemals mit mir in Konflikt kam; zweitens hatte ich einen ungeheuren Nachholbedarf an Glückserlebnissen, es war gleichsam alles aufgestaut bis nach Kriegsende. Nun brach der Hunger nach dauernder Liebe eines schönen Mädchens los, und in dieser Situation kam Bomama zurück. Sie war körperlich zum Wrack geworden, konnte natürlich in der Hauswirtschaft nichts mehr leisten und lag ständig auf meinem Diwan. Tante Mutzi, ihre KZ-Freundin, kam täglich und blieb bis spät in die Nacht, wenn ich todmüde von der Arbeit und den jeweiligen Anmarschwegen heimkam. Dazu wuchs ein berechtigter Zorn in mir, brachte ich doch täglich in meiner Aktentasche Briketts nach Hause sowie ein zweites Werksküchenessen, alles für meine Leute, aber nicht für Tante Mutzi gedacht. Konnte ich endlich mein Zimmer für mich haben, wenn Mutzi wegging, war es kalt und das Heizmaterial aufgebraucht. Dazu kam, daß ich nichts verändert hatte, als Bomama wegkam. Auf ihrem Nachtkästchen, auf ihren Tischchen, überall hatte ich ihr Glumpert* so liegen lassen, wie sie es am letzten Tag verlassen hatte. Sie sollte sehen, daß sie für mich nicht fortgewesen war. Das achtete sie nach ihrer Rückkehr überhaupt nicht! Vielmehr gab es den ersten großen Krach, als sie draufkam, daß wir einige Wäschestücke an Lauterbach zwecks Beschaffung von Nahrungsmitteln verscheppert hatten. Lauterbach war ein Schleichhändler, der in unserem Haus wohnte. Er selbst war Jude, mit einer Nichtjüdin verheiratet und konnte so dem KZ entgehen. Er hatte zwei Kinder, die er nach England schicken konnte. Es waren meist Leintücher, Handtücher oder Bettzeug, von dem wir genug hatten durch Erbschaften und Übernahme der ganzen Sachen der ausgewanderten oder ermordeten Verwandschaft, wie z.B. Alice, die Schwester der arroganten Tante Grete, die von ihrer Familie in eine Anstalt gebracht worden war, als sie Stunk machte, weil sie nicht den Mann ihrer Wahl heiraten durfte! Bomama war überdies zu stolz, sich als KZlerin anzumelden; sie dachte, sie wäre noch immer die feine Dame und Hausfrau, und nahm die geänderten Lebensverhältnisse nicht zur Kenntnis. Daß Mutter für die Bettwäsche die Kartoffeln eingetauscht hatte, die wir ihr ins KZ schickten, verstand Bomama auch nicht.

Zu den Weihnachtsfeiertagen 1945 hatten wir Urlaub bekommen, und ich konnte am Heiligen Abend mein Zimmer, wo der kleine Christbaum hineinkam, erst nach Mutzis Abgang gründlichmachen. Durch die Anwesenheit der zwei Frauen hatte ich lange nicht abgestaubt, und die meiste Zeit der folgenden Tage verbrachte ich mit Holzmachen im Keller. Kamen Freunde zu Besuch, ging ich gleich mit ihnen in irgendeinen der jetzt gespielten schlechten Filme. Die Amerikaner brachten den größten Schund in Europa an, und die Abholbesuche der Freunde wurden auch immer seltener.

1946 heiratete Hans Heinz Weber Helga Grunert, eine Vernunftehe, wie er schreibt, die von Beginn an durch Konflikte gekennzeichnet war. 1947 wurde die Tochter Christl, 1951 der Sohn Klaus Martin geboren.

Hans Heinz Weber arbeitete bis 1957 als Ingenieur der Wiener Glashüttenwerke, die nach dem Krieg unter sowjetischer Wirtschaftsverwaltung standen, anschließend bei den Vereinigten Chemischen Fabriken (Perstorp Austria). Von Anbeginn engagierte er sich in der Gewerkschaftsarbeit, die damals von Auseinandersetzungen mit kommunistischen Betriebsräten gekennzeichnet war.

Bereits im Krieg begann die Karriere Hans Heinz Webers als Nikolo. Bomama brachte, als sie noch jung war, einen roten Domino, ursprünglich ein Kapuzencape der italienischen Geistlichen, später dann ein Maskenmantel mit Kapuze, aus Nizza mit. Mit Domino, weißem Bart und Tiara war Hans Heinz Weber der perfekte Nikolo, zunächst für seinen Neffen, der 1940 geboren wurde. Seine ausgezeichnete Darstellung sprach sich herum, und so wollten auch andere Familien diesen Nikolo. Als im Krieg Verdunklung angeordnet war, spielte Hans Heinz Weber im gegenüberliegenden Haus den Nikolo. Die Tür wurde geöffnet, es war total finster, er stolperte über den Fußabstreifer und lag bäuchlings vor den lachenden Kindern.

Am 5. Dezember 1946 wurde ich als Nikolo bei zwei Familien im Haus engagiert. Dann gab ich bei Peter, meinem Neffen, die große Show. Und es näherten sich allmählich die Weihnachtsfeiertage. Das merkte ich schon daran, daß mich Tante Herta, Schwiegermutters Schwester, aus Krems anrief, wir müßten Mama auf unseren Urlaub mitnehmen, sie könne nicht allein in Wien bleiben. Tante Herta war eine reiche Witwe, besaß zwei Boschwerkstätten, eine in Krems, die andere in St. Pölten. Durch diesen Anruf stellte sich heraus, daß alles schon bestens organisiert war; Fifi, Mama und Helga wollten mir mir nach Mariazell fahren, doch Quartier hatten wir keines! Nach den ungemein erfreulichen Erfahrungen in Volders wollte ich einen Urlaub mit Helga allein verbringen, aber da kam ich schön an, ich, der Super-Egoist. Zum Schluß wurde die Lösung so gefunden, daß Mama wie schon immer bei Schwester Herta eingeladen wurde und wir Fifi mitnahmen. Denn das war Helgas Hauptanliegen gewesen. Nun verlief die Zeit der freudigen Erwartung recht friedlich. Ich nahm alles gelassen hin, schrieb ein lustiges Büchlein für den kleinen Peter mit komischen Zeichnungen, und bald kam es zur vorverlegten Bescherung am 20. Dezember bei Bomama und Mutter und am 21. Dezember bei Mama. Und am Sonntag, dem 22. Dezember, trat ich meine zweite Hochzeitsreise, diesmal mit Fifi und meiner Frau, nach Mariazell an.

Am 5. Dezember 1947 hatte ich wieder meinen großen Auftritt als Nikolo, und Peter mußte mir ein Sprüchlein aufsagen. Bei Kacireks und Schleinz, Hausparteien, die Kinder hatten, war ich auch dienstlich eingeteilt. Das stärkte wieder mein Sendungsbewußtsein, aus einer besseren Welt zu kommen! Wir wohnten mittlerweile wieder in der Bleichergasse, wo wir ein Zimmer in der Wohnung bewohnten, da es nicht erlaubt war, mit Kindern auf dem Gelände der Firma zu wohnen. Am 11. Dezember wurde das Geld umgewechselt, und jetzt waren wir auch wirtschaftlich wieder Österreicher. Der russische Generaldirektor war ein junger, reizender, sportlicher Typ, und ich ging ihn um den Lastwagen, der mit einer russischen Nummer fuhr, an. Da konnten wir so viele Leute mitnehmen, wie wir wollten, wir waren exterritorial. An meinem Geburtstag, dem 14. Dezember, ging es bei herrlichem Wetter nach Payerbach und mit der Seilbahn auf die Rax. Beim Ottohaus war ein schmaler Hang, eigentlich eine Rinne, und dort fand die Begegnung mit dem ersten Schnee statt. Diese Ausflüge wurden jetzt eine Institution, und es herrschte dadurch ein gutes Klima in der Firma, denn ein im Schnee liegender Skifahrer ist weder Kommunist noch Amerikaner, sondern ein Häuferl Unglück.

Am 20. Dezember wurde ich der versammelten Belegschaft als Betriebsleiterstellvertreter vorgestellt. Damit wurde ich zu einem Mehrzweckkamerad für Wadelka. Er konnte, so oft er wollte, verreisen, hatte für seine Fehlentscheidungen immer einen Sündenbock parat, und alle unangenehmen Vorkommnisse – und solche gab es in einem russisch verwalteten Betrieb täglich – konnte er mir zuschieben. Wadelka fuhr gleich auf Urlaub, und die nächsten Tage bis zum Heiligen Abend besuchte mich Direktor Schwarz, um zu sehen, ob die Fabrik noch stehe, was komischerweise auch der Fall war. Es begann zu schneien, und die Weihnachten wären sehr traulich geworden, wenn Helga nicht, durch ihre Mama und Bruder aufgehetzt, eine konsequente Strategie der Auseinandersetzungen verfolgt hätte, was umso schmerzlicher für mich war, als ich täglich in die Fabrik fahren mußte!

Am 24. Dezember wurde selbstverständlich noch fest gearbeitet. Als ich müde heimkam, gab es eine doppelte Bescherung, nämlich die traditionelle in unserem Zimmer und die Bescherung eines Krachs, denn Helga weigerte sich, zu meinen Frauen hinüberzugehen, um kurz mit ihnen gemeinsam zu feiern. Auch eine Einladung zum Essen lehnte sie ab, und das war für Bomama und Mutter eine unerhörte Brüskierung. Ich war sehr traurig, besonders weil ich niemals in meinem Leben Haß gekannt hatte. Haß war für mich genauso einzustufen wie Mord, Raub, Diebstahl. Ich verstand gar nicht, wie man einen anderen Menschen hassen konnte. Und Helga erklärte, sie hasse meine Leute. Am ersten Feiertag war ich vormittags in der Fabrik; nachmittags feierten wir bei Helgas Leuten. Ebenso verlief der zweite Feiertag. Ich schwankte zu dieser Zeit zwischen den Freuden der Arbeit und vielen Schwierigkeiten mit den Kommunisten, besonders dem Personalchef, und der Hoffnung auf einen schönen Abend daheim, wo ich meist mit wilden Vorwürfen empfangen wurde, daß es nicht so weiterginge. Am 31. Dezember hatte ich für den Silvesterabend Burgtheaterkarten zum Sommernachtstraum erstanden, und so ging ein Jahr mit einer großen Freude und viel Streit zu Ende.

Am 5. Dezember 1949 war ich wieder wie jedes Jahr Nikolo, das machte mich sehr würdevoll. Den spielte ich wieder bei allen Familien, die mich verpflichteten. Am 16. Dezember hörte ich im Ersten Chemischen Institut einen Vortrag über Technologie der Glasschmelze, von dem ich sehr profitierte. Als ich in der Firma darüber berichtete, erklärte mich Wadelka zum Trottel. Zu Hause Zores*, in der Fabrik Ärger: Das war auch nicht das Richtige! Die Glasarbeiter machten eine sehr nette Kinderweihnachtsfeier mit Kasperltheater, jedes Kind erhielt ein Packerl, und nur ein Streik der Arbeiter brachte mich in Schwierigkeiten. Wadelka war auf Urlaub, die Russen überwiesen kein Geld. Aber meine Vorsprache in der Verwaltung der Russen brachte die Freigabe der Lohngelder.

Wir übersiedelten in diesem Jahr in die Brünner Straße. Bekannte von Bomama mußten 1938 emigrieren, und deren Haus wurde arisiert*. Sie begingen in England Selbstmord, als sie aufgrund des Verdachts, deutsche Spione zu sein, in ein Lager kamen. Der Sohn überlebte und erhielt vom Ariseur nach dem Krieg ein wenig Geld. Er ließ das Geld meiner Mutter überweisen, weil er mit Österreich nichts mehr zu tun haben wollte. Dadurch war es mir und meinem Bruder möglich, eine Wohnung zu kaufen. Die ersten Weihnachten in der neuen Wohnung, viel Arbeit, und das Jahr ging zu Ende.

Am 5. Dezember 1950 war ich wieder der Nikolo, und Christerl, unsere Tochter, war voller Erstaunen, wie sich ihr Vater plötzlich verändert hatte. Aber sie ließ sich nicht anmerken, daß sie mich genau erkannte. Das erzählte sie mir erst nach vielen Jahren. Am 21. Dezember übernahm ich wieder die Betriebsleitung. Wadelka trat seinen Weihnachtsurlaub an. Ich wurde zum Generaldirektor beordert und erhielt eine Prämie von 1.000 Schilling. Es war die letzte, die ich erhalten sollte, denn von nun an trat die Politik und Wadelkas Einfluß immer mehr an die Stelle sachlicher Beurteilung der Leistungen. Ich war so gewissenhaft, daß ich sogar Samstag abends nach einem Besuch meines Freundes Wolfgang noch einmal ins Werk fuhr, alles zu kontrollieren und die nötigen Anordnungen zu geben.

Am 24. Dezember, es war ein Sonntag, der „Goldene Sonntag", fuhr ich vormittags auf die Mariahilfer Straße und kaufte eine Krippe mit kleinen, bunten, geschnitzten Figuren für den Heiligen Abend, weiters für unseren Urlaub einen Koffer und für mich eine Aktentasche. Und die 1.000 S waren damit verbraucht. Der Heilige Abend verging sehr stimmungsvoll, und wie jedes Jahr setzte zu den Feiertagen Schlechtwetter ein, und der pausenlose Regen zerstörte die schöne weiße Pracht.

Die Vormittage war ich in der Fabrik, am ersten Feiertag gab es den guten Weihnachtsschmaus bei Mutter, und am zweiten Feiertag fuhren wir trotz Schlechtwetters nach Mauerbach, um mit der Schwiegermutter zu feiern. Den Gegenbesuch machte sie uns zu Silvester, und ich war eigentlich nicht böse darüber, da mir lieber war, den Beginn des neuen Jahres ausgeruht, ohne Kater, in der Natur zu feiern. Ich hatte zu diesem Zweck eine Autobusfahrt nach Mönichkirchen gebucht, wo ebenfalls ein Sessellift vorhanden war. Mit dessen Hilfe wollte ich zahlreiche Abfahrten machen, hatte aber nicht gerechnet, daß mitten durch die Piste die Demarkationslinie zwischen Niederösterreich und der Steiermark verlief und diese Grenze von den Russen natürlich strengstens bewacht wurde.

Am 5. Dezember 1951 war ich wieder Nikolo; Mama, ohne Krampuslarve, spielte insofern Krampus, als sie wieder bei uns schlief. Kurz vor Weihnachten kam Mama ins Spital, und nun hatte ich an Christl eine emsige Helferin bei der Vorbereitung des Weihnachtsfestes, da Helga täglich Mama besuchen mußte. Am Montag, dem 24. Dezember, kam ein Besuch, ein ehemaliger Freund Helgas. Er hieß Leo Jarolim, und ich mußte ihn unterhalten, da Helga bei ihrer Mutter auf Besuch war. Helga gab ihm unser Radio zur Reparatur, was lediglich dazu führte, daß er es endgültig zerlegte und wir über die Feiertage kein Radio hatten. Glücklicherweise war Leo verheiratet, was ihm spät, aber doch noch einfiel, so daß wir dann, als Helga vom Spital heimkehrte, noch einen schönen Heiligen Abend allein feiern konnten. Die nächsten Tage war fürchterliches Glatteis. Wir gingen am 25. Dezember ins „Gasthaus zur Gans" auf der Brünner Straße essen, das konnten wir uns einmal zu den Festtagen leisten, und am 26. Dezember waren wir bei Bomama und Mutter eingeladen. Dann holten wir die Schwiegermutter, die Mama, aus dem Spital ab.

In der Fabrik veranstalteten die Damen meiner Abteilung eine Feier, Kommunistinnen und Sozialistinnen gemeinsam. Da die Lieferungen nach Frankreich fertig waren, sollte die Abteilung geschlossen werden, und so war die Feier nicht nur eine Weihnachts- und Silvesterfeier, sondern auch eine Abschiedsfeier. Wir spielten den „Polsterltanz". Ich war der einzige Mann unter 30 Frauen, die Musik spielte einen Tusch, und wo der Polster hingeworfen wurde, mußte ich niederknien und die dort befindliche Frau küssen. Wie ein Wolf schlich ich im Kreise innen herum, und so küßte ich der Reihe nach alle durch, die Fetten, die Alten, die Mageren, die Süßen, und manche von den Fetten und Alten drückte sich so an mich, daß ich keine Luft bekam. Ein herrliches Fest. Da ich aber meine Gunst ohne sichtbaren Unterschied, bis auf heimliches Busenkneifen, gleichmäßig verteilte, waren alle guter Stimmung, und es gab ein Versöhnungsfest, wie es selbst der frommste Jude beim Jom-Kippur*-Fest nicht träumen konnte. Denn nur wer mit den Menschen versöhnt ist, kann auch mit Gott versöhnt werden. So kam der Silvester, den ich zu Hause verbrachte, wo ich den Ansprachen der Regierungschefs mit Sehnsucht zuhörte, denn es wurde die völlige Freiheit Österreichs verlangt. Und jeder, bis auf die Kummerln*, erhoffte die Freiheit im kommenden Jahr 1952.

Am 1. Jänner 1952 machte ich bei Papa den zur Tradition gewordenen Neujahrsbesuch, und er gab auch ein festliches Mittagessen. Nach dieser Aufwartung bei Opa besuchten wir Bomama und Mutter, wo ebenfalls kulinarische Genüsse auf uns warteten. Am 2. Jänner erhielten alle Dienstnehmer durch die Bundesregierung zur Stärkung der Kaufkraft eine Überbrückungshilfe, und wir stärkten uns geistig im Theater an der Wien bei einer wundervollen „Aida". Nun fiel der erste Schnee in Wien, und Papas Bruder, Onkel Hubert, war am 5. Jänner bei mir zu Gast. Er hatte ein fast übersinnliches G'spür. Papa hatte mir im Krieg zu Weihnachten eine „arabische" Bibel geschenkt. Es war ein kostbares, in Leder gebundenes Buch mit einer nicht entzifferbaren Schrift. Was ich nicht wußte, war, daß Onkel Hubert diesen Schatz Papa zur Obhut übergeben hatte, in der dämlichen Ansicht, daß es bei diesem besser geborgen sei als in Oberösterreich, wo Onkel Hubert wohnte. Nun, nichts war gefährdeter als Schätze in der Großstadt, weil die Fliegerangriffe, die Kampfhandlungen und Plünderungen ja viel intensiver waren als auf dem offenen Lande. Wie gesagt, Onkel Hubert, der alternde Wunderknabe, betrat durch den Flur das schöne Wohnzimmer, sprang wie ein hungriger Tiger auf mein Bücherregal zu und hatte mit einem Griff das seltene Buch in der Hand, nicht ohne zu schreien: „Ha, du Räuber, hab' ich dich!" Ich versuchte, ihm zu erklären, wie ich in den Besitz des Buches gelangt war, und dachte im stillen, daß sicher Dina, um Geld zu sparen, einmal zu Weihnachten Papa dies Geschenk für mich eingeredet hatte. Ich gab das Buch mit pathetischen Worten an Onkel Hubert zurück, und nun war der Abend gerettet.

Nach Erhalt des Weihnachtsgeldes ging ich mit Helga am nächsten Samstag, dem 13. Dezember 1952, für sie einen Stoff kaufen. Plötzlich lief sie aus dem Geschäft, tobte auf der Straße und schrie, ich wolle ihr nur den Stoff kaufen, um sie zu demütigen. Was macht man mit so einer Frau?

Schenkt man ihr nichts, tobt sie auch!!! Am Sonntag, meinem Geburtstag, gab es neben dem gewohnten Festbraten bei Bomama und Mutter ein schönes Geschenk für mich. Ich ging ins Kino zu dem Film: „Sie tanzte nur einen Sommer." Es war der erste Film, in dem eine Frau völlig nackt war. Zwar aus größter Entfernung aufgenommen und nur für wenige Sekunden sichtbar, aber immerhin, nackt ist nackt, und ich war hochbefriedigt über die schöne Schwedin, aber gar nicht zufrieden mit dem Inhalt des Filmes. Am Heiligen Abend war ich ständig auf der Fahrt. Zuerst zu Bomama und Mutter, dann zu Fritz und Marianne, immer Geschenke bringend und holend, dann zu Tante Klara und zum Schluß heim, um den Christbaum zu schmücken. Als ich fertig war, kam Mama und feierte mit uns den Heiligen Abend. Die folgenden Feiertage waren weiter mit Verwandtenbesuche ausgefüllt. Christl wurde zu Omami gebracht und Klausi zu Mutter, und am 1. Jänner fuhr ich mit Helga auf Urlaub. Ich hatte einen neuen Skiurlaubsort gefunden, Haus im Ennstal, das war der erste Urlaub im Winter seit Jahren mit der Gattin.

Am 5. Dezember 1953 hatte ich meine großen Tag. Ich spielte bei meinen Kindern Nikolo! Und Klausi sagte, als ich in der kardinalroten Robe, mit weißem Vollbart und Tiara hereintrat: „Nikolo-Papi". Und Klein-Christl wollte sich auch als Nikolo anziehen, also war es kein Geheimnis mehr, wer da so würdig bei der Türe hereinschritt und gut schmeckende Gaben, wie Nüsse, Schokolade und Äpfel, verteilte. Weihnachten stand vor der Tür, und ich konzentrierte mich auf meine Kinder. Am „Silbernen Sonntag", dem dritten Adventsonntag, da hatten alle Geschäfte geöffnet, fuhr ich mit Christl in die Mariahilfer Straße, und bei Gerngross, dem größten Wiener Kaufhaus, gab es eine Sensation, eine Rolltreppe! Die fuhren wir mehrmals hinauf und hinunter. Für die Wiener war diese Neuheit eine Riesenbelustigung.

In der Firma fand wieder einmal eine Streikversammlung durch die KPÖ statt, ich nahm das Wort und verlangte erst einmal die Überstundenbezahlung im eigenen Betrieb! Die Fabrik bereitete eine Kinderweihnachtsfeier vor, und eine nette Kollegin im Büro machte mich darauf aufmerksam, daß auf der Liste zufälligerweise meine Kinder vergessen worden waren. Also Kampf auf allen Linien. Am 20. Dezember fand diese Feier statt, eine miserable Theatergruppe trat auf, aber die Pakete waren wirklich sehr schön und enthielten viele Schleckereien. Auch erhielt jedes Kind einen Pullover. Der war sehr notwendig. Es war plötzlich kalt geworden, und den ganzen Tag war Eisregen! In Wien lag eine dünne Schneedecke, die Straßen waren vereist, und ich konnte nicht mehr mit dem Fahrrad zur Firma fahren. Meine Frauen in der Firma veranstalteten eine sehr gemütliche Weihnachtsfeier, bis 1/2 11 Uhr in der Nacht, und das brachte wieder eine freudige Stimmung, das Leben bestand nicht nur aus Ärger und Krankheiten!

Am 24. Dezember war vormittags in der Fabrik zu arbeiten, mein Bruder kam mit Geschenken für Christl und Klausi, und ich schmückte den Christbaum, den ich jährlich selbst aussuchte. Klausi war schon so herzig, er sagte: „Kistkind da, Kistbaum, Bärli, brumm, brumm." Diese Rede war für mich das schönste Weihnachtsgeschenk. Helga war, wie bei allen außerordentlichen Ereignissen, schwer hysterisch, und am Morgen des 25. Dezember, als ich den Ofen heizte, gab sie mir eine Trumm Ohrfeige – ich weiß bis heute nicht, warum. Zu mittag waren wir bei Bomama und Mutter zum Essen eingeladen.

Am 5. Dezember 1954 gab ich in der Wohnung ein Krampusfest. Bei solchen Anlässen war Helga immer sehr gut gelaunt, und je mehr Personen, desto größer der Ruhm unserer Gastlichkeit. Peperl schmückte unsere Wohnung als Hölle; Hilde, Edith, Anni und alle möglichen Kinder wurden von mir als Nikolo würdevoll beschert. Das entschädigte mich für mancherlei erlittenes Ungemach, denn Nikolaus, noch dazu heilig, ist doch wer, nicht wahr? Also strahlte ich Würde und Heiligkeit nach allen Richtungen des Himmels und der Wohnung aus, und der mir entgegenbrachte Respekt tat mir unheimlich gut, denn auch Helga mußte niederknien und mich anbeten. Für Christerl kaufte ich für Weihnachten einen roten Puppenwagen, denn ich hatte selbst immer den Wunsch gehabt, einen solchen zu besitzen. Ich bin nämlich nicht der Meinung, daß Buben nur mit Schwertern und Eisenbahnen und Mädchen nur mit Puppen und Kochlöffeln spielen dürfen. Auch Frauen sollen technisch begabt sein, was lange durch Religion und Tradition geleugnet wurde.

Mutter führte Klausi und Christerl in eine Theateraufführung für Kinder. Das war für sie eine einzigartige Erfüllung, träumte sie doch das ganze Leben, das irgendein Kind der kommenden Generation zum Theater gehen würde. Heuer fiel der Heilige Abend auf einen Freitag, das bedeutete, daß die Feiertage auf das Wochenende fielen. Zu Zahnschmerzen und Kopfweh kamen wieder die schneidenden Magenschmerzen. Der Heilige Abend am Freitag verlief noch halbwegs erträglich, aber am ersten Weihnachtsfeiertag erklärte mir Helga, der Zeit entsprechend feierlich, daß sie nicht bei mir bleiben werde. Grund hiefür gab sie keinen an, dazu war sie zu hochstehend, die Tatsache allein genügte ihr, daß sie mich nicht länger wollte.

Am Sonntag, dem 4. Dezember 1955, war ich wieder Nikolaus. Christl sagte ein Gedicht von mir auf, die Arme wurde so gequält, wie ich einst von meiner Mutter. Und Klausi sagte gleich: „Das Gedicht hat der Vati gemacht!" Da in der Firma – die nun nicht mehr russisch war, sondern unter öffentlicher Verwaltung stand – ein Klima wie in der Antarktis herrschte, obwohl das Wetter föhnig war und wie üblich vor Weihnachten ein Dauerregen einsetzte, wollte ich eine Feier für die Kollegen veranstalten. Aus den Absagen der eingeladenen Kollegen ersah ich, wer gegen mich war. Helga, die mittlerweile auch in der Firma arbeitete, dachte, sie könne mit ihrem Charme Renner becircen zu kommen. Renner war Personalchef unter den Sowjets und war verantwortlich für viele Kündigungen und Entlassungen. Ich legte gar keinen Wert darauf, daß Leute, die mir jahrelang das Leben sauer gemacht hatten, mir plötzlich heiße Liebe vorspielten, aber ich konnte sie nicht abhalten, von sich aus eine friedliche Lösung herbeizuführen. Pußwald, der als Verwalter vom Finanzministerium eingesetzt wurde, mußte auch schön langsam erkennen, in welches Fettnäpfchen er sich gesetzt hatte. Jamnik, der jetzt Betriebskaiser spielte, entließ eine Menge Arbeiterinnen, alles Sozialistinnen, die unter den Sowjets durchgehalten hatten. Als ich ihn darauf aufmerksam machte, daß er vom Standpunkt der Leistung und der sozialen Situation beurteilen sollte, meinte er, ich wäre ärger wie die KPler.

Die Feier für die Angestellten verlief entsetzlich steif, besonders die Kollegen aus der Zentrale sprachen kein Wort. Es war verständlich, die fühlten sich als etwas Besseres, und alle hatten Angst vor der Zukunft. Meine Arbeiterinnen veranstalteten für mich eine Weihnachtsfeier in der Kantine. Der „Hanke Vater" hielt eine ergreifende Ansprache. Er umklammerte eine der Kerzen des Christbaums, bis seine Hände versengt waren, und klagte in höchstem Schmerz: „Brenn', Kerzerl, brenn'!" Denn wenn die Kerze nicht mehr brannte, war, seiner Meinung nach, das Leben symbolisch für uns alle zu Ende!

Diesmal kaufte ich schon am 18. Dezember einen Christbaum, damit wir nicht im letzten Augenblick ohne den Mittelpunkt des Weihnachtsfestes dastünden. Dann kam das Fest des Friedens. Vormittags brachte ich die Kinder zu Mutter. Mutter war dieses Jahr allein, war doch Bomama im Februar 1955 gestorben. Da der Heilige Abend ein Samstag war, hatte ich wenigstens Zeit, den Christbaum zu schmücken. Um 1/2 3 Uhr kam Omi mit den Kindern, und wir feierten in größter Zufriedenheit.

Hans Heinz Weber und seine Frau Helga ließen sich 1970 scheiden. Seit 1971 lebt er mit seiner jetzigen Frau, Fritzi, zusammen, die er 1987 heiratete. Heinz Weber und sein Bruder, Univ.-Prof. Dipl.-Ing. Dr. Fritz Weber, hatten zeitlebens einen sehr engen Kontakt mit ihrer Mutter. Frau Weber verstarb am 15. Februar 1987 im Alter von dreiundneunzig Jahren. Das letzte gemeinsame Weihnachtsfest, 1986, verbrachten die beiden Brüder mit der Mutter in einem Pflegeheim, in dem sie nach einem Oberschenkelhalsbruch lag:

Um 1/2 4 war ich bei Omi, zugleich mit meinem Bruder Fritz eingetroffen, der laut redend, damit Omi auch alles versteht, Witze zum Besten gab und heitere Laune verbreiten wollte. Mir war mehr darum zu tun, Omi die Beschaulichkeit ihres gewohnten Heiligen Abends zu vermitteln, sie beim Glanz des kleinen Christbaums, den Fritz am Vortag gebracht hatte, in aller Ruhe die Seligkeit der Stunde genießen zu lassen. Fritz redete ununterbrochen. Als Fritzi kam, stimmte ich mit ihr „Stille Nacht" an. Mutters Augen leuchteten so groß, als wären sie selbst ein Weihnachtsstern, der die Heiligen Drei Könige nach Bethlehem führen sollte, und nur das ständige Gemurmel meines Bruders – „Aber ich kann den Text nicht!" – störte die weihevolle Stimmung. Nachdem „Stille Nacht" verklungen war, stimmte ich „Oh du fröhliche, oh du selige, gnadenbringende Weihnachtszeit" an, ließ den Schnee leise rieseln, dann kam das Lied vom Ros, das entsprungen war, dran, und mit dem Lied „Oh Tannenbaum" beendeten wir unsere Darbietungen. Inzwischen waren die kleinen Kerzen soweit abgebrannt, daß Gefahr bestand, die Zweige des Bäumchens fingen Feuer. Ich hatte noch das Glockenspiel an Omis Ohr erklingen lassen.

Heinz Blaumeiser, Eva Blimlinger

Weihnachten als soziale Zeit. Ein Nachwort

Alle Jahre wieder?

Weihnachtserinnerungen zählen zu den ersten und lebhaftesten Erinnerungen an die Kindheit. Je älter sie sind – je älter wir geworden sind –, umso mehr Geschichte und Lebensgeschichte liegt zwischen damals und jetzt. Während die Gedanken den Lebensfaden entlanggleiten, halten sie an den Weihnachten wie an Knotenpunkten inne: Knotenpunkte der eigenen Lebensgeschichte im Älterwerden nach Lebensjahren und Knotenpunkte der Geschichte in ihrem Fortschreiten nach den Jahreszahlen. Zu Weihnachten erweist sich auch alle Jahre wieder, wie jeder einzelne mit seiner Umgebung und der Gesellschaft im Gespräch und in Verbindung steht – Weihnachten ist „soziale Zeit". Das gilt auch da, wo Gespräche verstummt und Verbindungen abgerissen sind, weil gerade Weihnachten soziale Verluste und Wünsche bewußt macht.

Die weihnachtlichen Knotenpunkte der einzelnen Lebensgeschichten sind also zugleich Kreuzungs- und Verknüpfungspunkte dieser Lebensfäden im großen Gewebe der Zeit: Wie doch alles so gekommen ist, jedes für sich und alles zusammengenommen! Während die Gedanken von Jahr zu Jahr zurückgleiten, reihen sich geplant-herbeigeführte und zufällig-zugefallene Veränderungen, genutzte und vertane Gelegenheiten, Geschichten, die nun halt einmal so waren, die aber womöglich auch anders hätten ausgehen können. Gerade weil sich so vieles zu Weihnachten alle Jahre wiederholt, tritt jeder Wandel umso deutlicher hervor und ist kein Weihnachten wie das andere. So beleuchten die Erinnerungen dieses Buchs ein Fest der Veränderungen und Unterscheidungen. Es wechseln helle, bunte und dunkle Weihnachten – die Lebensfäden und Knoten ändern Stoff, Glanz und Farbe. Aber je mehr dieser schillernden Fäden wir überblicken, desto deutlicher treten doch die größeren Muster hervor, zu denen sie insgesamt verwoben sind.

Von diesen Mustern der Knotenpunkte lebensgeschichtlicher Weihnachtserinnerungen zwischen Kaiserzeit und Wirtschaftswunder handelt dieses Buch. Im folgenden stellen wir einige dieser geschichtlichen Muster heraus, die über das Weihnachtsfest hinaus für unsere Kultur grundlegend und aufschlußreich sind. Dabei haben wir einerseits immer wieder die vorangegangenen Geschichten vor Augen; andererseits fließen Erkenntnisse über die Geschichte der Weihnachtszeit ein, die für ein umfassenderes Verständnis dieser Muster nützlich sind. Drei größere Themenkreise wollen wir in neuartiger Blickweise hervorheben:

- Weihnachten und Geschichtlichkeit,
- Weihnachten und soziale Verortung,
- Weihnachten und Zeiterziehung.

Es mag ungewöhnlich erscheinen, Weihnachten in solch weitreichender Verbindung mit Geschichte, gesellschaftlicher Ordnung und Zeitbewußtsein zu sehen. Aber dabei wird uns vieles begegnen, das ohne eine Blickänderung kaum als etwas Besonderes neu wahrgenommen werden könnte, und zwar nicht *obwohl* es uns vertraut ist, sondern eben *weil* es „alle Jahre wieder" geschieht.

So werden sich bei jedem vielfache Bezüge zu den Weihnachtsgeschichten dieses Buchs und zu den eigenen in Kopf und Herz einstellen, besonders im Hinblick auf neuere Entwicklungen des Weihnachtsfests. Wir beschränken uns bewußt auf die *Vorgeschichte* heutiger Trends, in der Überzeugung, daß erst aus einem erweiterten Rückblick begründete Zeitkritik und Zukunftsorientierung sinnvoll ist.

Die biblische Weihnachtsgeschichte

Zu den jährlich wiederbelebten, allseits vertrauten Überlieferungen gehören die neutestamentlichen Weihnachtserzählungen. Mit diesen kirchlich kanonisierten Texten verknüpfte das Christentum die Geburt seines Begründers aufs engste mit der zeitgeschichtlichen Situation des römischen Imperiums im Orient:

„In jener Zeit erging vom Kaiser Augustus der Befehl, das ganze Reich aufzuzeichnen. Es war das die erste Aufzeichnung, die unter Cyrinus, dem Statthalter von Syrien, stattfand. Alle gingen hin, sich aufschreiben zu lassen, ein jeder in seine Vaterstadt. Auch Joseph begab sich von Nazareth in Galiläa nach Judäa in die Stadt Davids, die Bethlehem heißt – denn er war aus dem Hause und Geschlechte Davids –, um sich mit Maria, seinem Weibe, die empfangen hatte, aufschreiben zu lassen. Als sie aber dort waren, kam für sie die Zeit der Geburt, und sie gebar ihren ersten Sohn, wickelte ihn in Windeln und legte ihn in eine Krippe, weil in der Herberge kein Platz für sie war."

(Lk 2, 1–7; nach katholischer Meßordnung Beginn des Evangeliums der ersten Weihnachtsmesse – „Engelamt" – am 25. Dezember)

Die Geschichtswissenschaft hat recht verläßlich das Jahr 7 vor unserer Zeitrechnung für diese Steuerzählung (Zensus) errechnen können. Diese demonstrierte eindrucksvoll die Reichweite römischer Ordnungskraft.

Aber auch die politischen Gegenkräfte sind in die biblische Weihnachtsgeschichte einbezogen, und zwar rund um den „Stern von Bethlehem". Bei diesem handelte es sich nach Berechnungen der modernen Astronomie um eine auffällige Annäherung der Planeten Saturn und Jupiter. Im antiken Denken galt nun der Saturn als Stern der Juden, während der Jupiter als Königsstern für das Römische Reich stand. Das weckte astrologische Spekulationen über einen neuen „Messias", der die unterdrückten Völker politisch und weltanschaulich einigen und der römischen Herrschaft und Kultur ein neues Reich und ein neues Zeitalter entgegenstellen könnte.

Die christliche Überlieferung verbindet auch diese historische Erwartung eines neuen politisch-religiösen Führers mit der Geburt des Jesus von Nazareth:

„Als Jesus in den Tagen des Herodes zu Bethlehem in Judäa geboren war, kamen Weise aus dem Morgenland nach Jerusalem und fragten: ‚Wo ist der neugeborene König der Juden? Wir haben seinen Stern im Morgenland gesehen und sind gekommen, ihn anzubeten.' Als der König Herodes das hörte, erschrak er und ganz Jerusalem mit ihm."

(Mt 2, 1–3; nach katholischer Meßordnung Beginn des Evangeliums am 6. Jänner – Fest der Erscheinung des Herrn/Epiphanie, Dreikönigsfest)

Herodes hatte mit römischer Hilfe seine Herrschaft bis zum Jordan ausgedehnt und sicherte sie auch mit Gewalttaten. Ihnen fügte das Evangelium des Matthäus ein Massaker an Kleinkindern im Gebiet von Bethlehem hinzu (Mt 2, 13–18; nach katholischer Meßordnung Evangelium am 28. Dezember – Fest der Unschuldigen Kinder).

Der christliche Weihnachtsmythos kleidet das Geschehen und seine Bedeutung also *historisch* ein, mit Kaiser, König, Statthalter und einer Steuerzählung, mit einer Planetenkonjunktion und reisenden Sternkundigen, mit der gesteigerten Erwartung neuer politisch-religiöser Führer und einem Massaker. Am Beginn der neutestamentlichen Überlieferung steht also eine Geschichte, die das Leben des Religionsbegründers mit seiner leibhaftigen Geburt in die reale Geschichte stellt. In dieser Hervorkehrung der Geschichtlichkeit in einer linear gerichteten Zeit erweist sich die tiefe Verwurzelung christlichen Denkens in der jüdischen Tradition in Abhebung von allen anderen antiken Kulten.

Weihnachten als Zeit-Spiegel

Bereits von diesen Wurzeln her ist es also Weihnachten, das innerhalb unserer Kultur wie kein anderes Jahresfest die *Geschichlichtkeit* ins Bewußtsein rückt. Genau dies ist die auffälligste Gemeinsamkeit auch aller erzählten Weihnachtserinnerungen: Was immer sie im einzelnen rückblickend hervorkehren – schon nach wenigen Sätzen sind wir im Bild über die Verhältnisse der Zeit und ihren Wandel. So erkennen wir auch in jeder Weihnachtsgeschichte dieses Buchs bald einmal detailgenau ihre zeitgeschichtlichen und gesellschaftlichen Umstände. Zusammengenommen fügen sich alle diese Details zu einem Gesamtbild der Verhältnisse und Brüche zwischen Kaiserzeit und Wirtschaftswunder: Weihnachtsgeschichten verdichten also Zeit-Geschichte und Gesellschafts-Geschichte.

Das hat einen paradoxen Hintergrund: Alle Jahre wieder kreist zu Weihnachten alles aufs neue um scheinbar gleiche Dinge. Keinem anderen Fest unseres Kulturkreises gelten nämlich solche verbreiteten Bemühungen, dauerhaft-gleichbleibende Formen zu pflegen. Aber gerade dadurch dringen zu Weihnachten alle Veränderungen besonders deutlich ins Bewußtsein, sowohl in der näheren privaten und sozialen Umgebung als auch im weiteren politischen und wirtschaftlichen Umfeld: Zu keiner anderen Zeit des Jahres lernen Menschen in unserer Kultur so nachdrücklich wie in der Weihnachtszeit, daß sie Kinder ihrer Zeit sind und Geschichte haben, daß sich die Zeiten ändern und sie sich in ihnen.

Weihnachten weiht in diesem Sinn von Jahr zu Jahr tiefer ein in das erwachsene Wissen, daß alles Leben Veränderung, Geschichtlichkeit und damit auch Vergänglichkeit bedeutet. Wem sein Leben nicht als endliche Geschichte in einer offenen Zukunft bewußt wird, bleibt wie das sprichwörtliche Kind, das noch ans Christkind glaubt. Dem entspricht übrigens das kindliche Unwissen um die erwachsene Sexualität und um den eigenen Ursprung in einer geschichtlichen Vergangenheit, wie es sich im Glauben an den Klapperstorch ausdrückt.

Mit der Aufklärung ums Christkind (wie um den Klapperstorch) tun Buben und Mädchen einen unumkehrbaren Schritt aus der Welt der Kleinkinder. Die Einbeziehung in die Festgestaltung, die vor dem Kleinkind noch verborgen wurde, ist kennzeichnend für den Doppelcharakter dieser Statusänderung: Beim Schmücken des Weihnachtsbaums mithelfen zu dürfen, weiht in dessen Geheimnis ein und macht zum Mitwissenden der Älteren, verschließt aber auch ein Stück des zauberhaften Kinderhimmels. Wo diese geheimnisumwehte Kinderweihnacht noch nicht so gepflegt wurde – wie etwa in älteren ländlichen Verhältnissen –, hatte der erste Gang zur Mette diesen ganz besonderen Charakter der Aufnahme in den Kreis der bereits größeren, arbeitsfähigen Kinder, die mit den Erwachsenen durch die Winternacht gingen.

Das fröhliche Weihnachtsfest für die Kinder überdeckt also seine ernsteren Sinnebenen für die wissenden Erwachsenen. Das bestätigen die vorliegenden Weihnachtserinnerungen: Unbeschwert sind sie am ehesten noch dort, wo sie aus weiter zurückliegenden Kinderzeiten erzählen. Aber selbst dann wird der aufmerksam Lesende häufig wehmutsvolle Untertöne heraushören, in denen Trauer um den Verlust oder die Zerstörung dieser Kindheitswelten mitschwingt oder das Eingeständnis, daß die Kindheit so unbeschwert nicht war.

Die überwiegende Mehrzahl der über 400 Weihnachtserinnerungen aus geschriebenen Lebensgeschichten, die wir für dieses Buch untersucht haben, berichtet von ernsten, manchmal sogar dramatischen Erfahrungen. Insbesondere wird in einem großen Teil von Weihnachtserinnerungen die Not der Kriegs- und Nachkriegszeit lebendig. Alleine über die letzten Kriegsweihnachten 1942 bis 1944 hätten wir leicht einen eigenen Band herausgeben können, ebenso über die ersten Nachkriegsweihnachten.

Wesentlich seltener fanden wir Weihnachtsschilderungen mit gängigen Klischees vom „Wirtschaftswunder" oder gar der „wilden 50er Jahre". Allzu einseitig waren wohl viele Bilder vom „Wiederaufbau", von dem nämlich durchaus nicht alle gleichermaßen profitierten: Wer um den Ersten Weltkrieg geboren wurde, dessen Kindheit und Jugend fiel in die 20er Jahre, die mit Arbeitslosigkeit und Wirtschaftskrise nur für wenige „golden" gewesen waren, und der stand in den 50er Jahren auch durchaus nicht mehr in den „besten Jahren". Nationalsozialismus und Zweiter Weltkrieg durchkreuzten viele Bildungswege und Berufskarrieren sowie die Aussichten auf stabile Partnerschafts- und Familienverhältnisse. Diese Generationen hatten daher deutlich geringere Chancen, typische „Wirtschaftswunder-Weihnachten" zu erleben.

Das Altern der Generationen

An den Weihnachtserinnerungen wird nicht nur rasch deutlich, auf welche Zeit sie sich beziehen, sondern auch wie alt ihre Erzähler damals waren. Zahlreiche Autorinnen und Autoren führen sich gerade an Hand ihrer Weihnachtserinnerungen selbst vor Augen, wie sie in ihrem Lebenslauf von einem Abschnitt zum nächsten vorgerückt sind. Von Weihnacht zu Weihnacht ist also nicht nur die Zeit fortgeschritten, sondern sie selbst sind im Lebenslauf weitergerückt: Weihnachtsgeschichten verdichten Lebens-Geschichte, Ich-Geschichte.

Dabei nötigt das zunehmende Tempo lebensweltlicher Veränderungen immer mehr Menschen zur Aufgabe gewohnter Selbstbilder. Die gravierenden Umbrüche unseres Jahrhunderts zwangen massenhaft zur gänzlichen Umstellung von Lebensplänen, Männer und Frauen in je eigener Weise. In nie gekanntem Ausmaß stellte sich die Frage nach der individuellen Identität: Was heißt es, bei aller Veränderung des Lebens und des eigenen Selbst doch noch derselbe zu sein? Gerade weil alle Jahre wieder der äußere Rahmen von Weihnachten bleiben soll, drängen sich die eigenen Veränderungen auf. Daher vollzieht sich zu Weihnachten der jährliche Versuch, die Fortsetzungsgeschichte der eigenen Veränderungen „auf die Reihe zu bringen", also halbwegs zu einer neuen Ganzheit umzuordnen: Die Weihnachtszeit ist eine Zeit lebensgeschichtlicher Rückblicke, die allemal Neu-Konstruktionen sind.

Immer wieder kommt es dabei zu Vergleichen zwischen den Generationen, vor allem zwischen der heutigen und der damaligen eigenen Kindheit bzw. Jugend. In Zeiten raschen Wandels oder gar krisenhafter Umbrüche können aber selbst zwischen Geschwistern bereits wenige Jahre Altersunterschied erheblich unterschiedliche Lebenserfahrungen bewirken. Es bestehen dann womöglich größere Gemeinsamkeiten zwischen fremden Gleichaltrigen als zwischen altersverschiedenen Geschwistern. Sozialwissenschaftler fassen daher zu einer Generation alle Angehörigen mehrerer Jahrgänge zusammen, die im gemeinsamen Altern von Lebensphase zu Lebensphase vorrücken und in jeder Lebensphase in ähnlicher Weise ähnliche Verhältnisse und Veränderungen erfahren.

Besonders in Zeiten bedeutsamer Veränderungen können zwischen Gleichaltrigen generationsartige Unterschiede eintreten, wenn die einen ihrer Zeit vorauseilen und die anderen hinterherhinken. Gerade Weihnachtserinnerungen offenbaren, wer in eher altertümliche und wer in eher moderne Verhältnisse hineingeboren wurde. Dabei spielen Regionen und die soziale Schicht ebenso eine Rolle wie die Bildung und wie konfessionelle Bindungen. Wer den Jahren nach älter wird, kann in dem Sinn jung bleiben, daß er mit der Zeit geht und im Laufe seines Lebens die Prägungen der Herkunft hinter sich läßt. Diese soziale Mobilität ist für moderne Industriegesellschaften kennzeichnend und äußert sich vor allem in den Bildungs- und Berufschancen und den Konsumspielräumen. Weihnachten bildet also ein ganz zentrales Handlungsfeld zur Verwirklichung und Darstellung neuer Lebensstile und von Zeitgenossenschaft. Alle Jahre wieder zeigt sich zur Weihnachtszeit, wie stark neuere

Orientierungen schon Platz gegriffen haben oder wie wirksam ältere Verhältnisse und Gewohnheiten noch sind. Insofern sind auch kritische Überlegungen angebracht, inwiefern nicht gerade zu Weihnachten ältere Menschen durch althergebrachte Formen alt *gemacht* werden.

Aktuell Gleichzeitiges kann also aus unterschiedlich weit zurückliegenden Vergangenheiten stammen. Das wird in Weihnachtserinnerungen besonders deutlich, so daß bei den Geschichten dieses Buchs der Blick auf den Jahrgang der Erzählenden oft überraschen wird. Die „Ungleichzeitigkeit des Gleichzeitigen" entsteht durch das Überdauern früherer Verhältnisse unter späteren: Das Neue verdrängt das Alte nicht mit einem Mal, sondern breitet sich darüber aus und verformt das Überkommene, das aber auch umgekehrt alles Neue beeinflussen kann. So entstehen Überschichtungen, die den weiteren Umformungen in der Geschichte ausgesetzt bleiben, und der Historiker versucht, diese unterschiedlich alten, oft kompliziert verworfenen Schichten zu entziffern.

Für eine erste Unterscheidung verschiedener weihnachtlicher Formen und Ideen in den Geschichten dieses Buchs mögen vier Einflußkreise ausreichen:

- vorchristliche Einflüsse,
- christliche Einflüsse,
- volkstümliche Einflüsse der älteren ländlich-agrarischen Lebenswelt
- und säkulare Einflüsse der jüngeren städtisch-bürgerlichen Kultur.

Dieser groben vierfachen Unterscheidung entsprechen drei Überformungen, denen die nächsten Kapitel gelten. Weitere Überformungen durch zeitgenössische industriegesellschaftliche Einflüsse können hier nicht verfolgt werden, zumal sie in den Erinnerungen dieses Buchs noch nicht aufscheinen.

Verchristlichung heidnischer Kulte

In unseren Breiten bildet der Glaube an die Perchten und das Brauchtum der Rauhnächte den wohl deutlichsten Restbestand mythischer Vorstellungen und magischer Handlungen. Sie blieben in alpinen Rückzugsgebieten bis nach dem Zweiten Weltkrieg lebendig. Vorchristliche Wurzeln hat auch der Komplex der Wintersonnenwende mit seiner Symbolik von Licht-im-Dunkel (Lichtfeiern, Laternen, Kerzen etc.) und von Leben-im-Winter (Blütenzweige, Tannengrün, Getreide-Tellersaat etc., aber auch üppiges Essen und Trinken).

In der römischen Antike wurzeln die datumsmäßigen Festlegungen der Weihnachtszeit. Bis ins 2. nachchristliche Jahrhundert wurden im Römischen Reich viele Gottheiten nebeneinander verehrt und unterschiedlichste Kulte gepflegt (Synkretismus), so auch verschiedene Sonnengottheiten und Lichtkulte. Erst die Kaiser des 3. Jahrhunderts drängten auf einen einheitlichen Staatskult unter dem verbindenden Bild der „unbesiegten Sonne", die im ganzen Reich Verehrung finden sollte. Sie konnte zugleich das unbesiegbare Reich und den siegreichen Herrscher symbolisieren. Die Festlegung des 25. Dezembers als „Geburtstag der unbesiegten Sonne" (dies natalis solis invicti) zur Wintersonnenwende geht auf Kaiser Aurelian (270–275) zurück. Große Verbreitung im ganzen Römischen Reich – vor allem beim Militär – fand Sol in Verbindung mit dem populären Opferkult des Mithra, einem ursprünglich iranischen Lichtgott.

Der 6. Januar galt im vorchristlichen Ägypten als Geburtstag des Sonnengottes Aion aus der Jungfrau Kore. Dieser Festtag war mit einem Wasserkult am Nil verbunden. Die philosophische Bewegung der Gnosis deutete den aus Kleinasien übernommenen Fruchtbarkeits- und Wachstumsgott Dionysos als Erlösergottheit um, setzte ihn in Beziehung zu Christus (mit dem ihn auch das Wasser-Wein-Wunder verband) und verknüpfte beide in einer Wassertauffeier an eben diesem 6. Januar.

Diese antik-mythologische Basis wurde in der Folge christlich überformt. Kaiser Konstantin (306–337) bahnte mit seiner staatlichen Einbindung und Förderung des Christentums die enge Verbindung von Reich und Kirche an. An die Stelle des Sol invictus, an dem er zunächst noch als einem obersten Schutzgott von Reich und Kaiser festhielt, trat zuletzt Christus als „Licht der Welt" (lux mundi). In dieser Nachfolge besetzte der Christengott dann auch den 25. Dezember als Geburtsfest, wovon für Rom erstmals zur Mitte des 4. Jahrhunderts berichtet wird. Durch Kaiser Theodosius (379–395) wurde das Christentum unter Verbot aller heidnischen Kulte Staatsreligion. Das von ihm 381 einberufene Konzil von Konstantinopel legte die leibliche Gott-Sohn-Geburt als einzig verbindlichen Glaubensinhalt fest, womit Weihnachten auch ein Bekenntnisfest des wahren Glaubens wurde (die Bibeltexte selbst enthalten keine Hinweise darauf, daß Maria ihren ersten Sohn in der Zeit der kürzesten Tage oder kältesten Nächte des Jahres geboren hätte; das Nächtigen der Hirten unter freiem Himmel spricht sogar eher dagegen).

Volkstümlich wurde dieses frühchristliche Weihnachtsfest zunächst nur in Rom und den weströmischen Kirchen. Im östlichen Mittelmeergebiet hingegen behielt die geistige „Gotterscheinung" (Epiphanie) Vorrang vor der körperlichen „Menschwerdung". Mit Epiphanie verbunden blieb die Anbetung durch die Magier-Weisen, die Jordan-Taufe durch Johannes und Jesu erstes öffentliches Auftreten bei der Kana-Hochzeit. Diese Motiv-Einheit hielt den 6. Januar besetzt und nimmt in christlich-orthodoxen Kirchen bis heute einen bedeutenderen Rang ein als der 25. Dezember. Im römischen Festkalender wurden demgegenüber die Epiphanie-Motive von den Geburts- und Kindheitsmotiven abgetrennt und aufgespalten. Hier findet die weihnachtliche Zeit am 6. Januar mit der Anbetung durch die „Heiligen Drei Könige" ihren Abschluß;

Jordan-Taufe und Kana-Hochzeit folgen am Oktavtag (13. Januar) und am folgenden Sonntag.

Durch die christliche Überschichtung kam als weiteres vorchristliches Element der Jahresbeginn in die Weihnachtszeit. Unsere Monatsnamen zeigen noch eine ältere römische Schicht an, wenn sie die Monate September bis Dezember als siebten bis zehnten Monat zählen. Nach dieser altrömischen Zählung begann das Jahr mit dem heutigen Monat März, der in der Natur den Frühling bringt (die entsprechenden Kulte fanden in christlicher Überschichtung Eingang in das Karnevals- bzw. Fastenbrauchtum und in den Osterfestkreis). Die astronomisch präzisierte Himmelsbeobachtung richtete jedoch ihr Augenmerk stärker auf den Jahreszeitpunkt, von dem an die kürzer gewordenen Tage wieder länger werden. In nördlichen Breiten galt dieser Wintersonnenwende auch volkstümlich stets die größere Aufmerksamkeit.

Als Julius Cäsar die römische Herrschaft bis zur Nordsee ausgedehnt hatte, legte seine Julianische Kalenderreform (46 v. Chr.) die Jahresordnung in der heutigen Form fest. Bereits vor der Verchristlichung des 25. Dezembers und 6. Jänners war daher der 1. Jänner römischer Jahresanfang. Die „heidnischen" Straßenfeste zu diesem Anlaß waren sehr populär und konnten trotz jahrhundertelanger Verbotsversuche nie gänzlich verdrängt werden (vgl. das Böllerschießen). Neben diesem julianischen Jahresbeginn lebten bis in die Neuzeit hinein noch verschiedene andere Festsetzungen weiter, die nicht zuletzt herrschaftlichen Abgrenzungsbedürfnissen dienten. Für den deutschen Sprachraum erklärte im 9. Jahrhundert eine Synode in Mainz Weihnachten zum Feiertag und Jahresbeginn. Der Heilige Abend ist in der alten Tradition begründet, sich auf hohe Festtag durch einen vorausgehenden Vigiltag (Vigil, lat. „Nachtwache") besonders vorzubereiten, etwa durch Fasten.

Analog zu Ostern war die vierwöchige Adventzeit zur Vorbereitung auf Weihnachten im 9. Jahrhundert von einer Kirchenversammlung in Aachen eingeführt worden. Mit dieser Ausdehnung der Weihnachtszeit nahm sie weitere Formen vor- und außerchristlichen Ursprungs in sich auf. Im Zeichen einer Reihe bedeutender Heiligenfeste, vor allem dem des Nikolaus (6. Dezember), wurden auch sie christlich überformt. Mit all seinen abgestuften vor- und nachweihnachtlichen Sonn-, Feier- und Fasttagen vollendete sich schließlich das Christgeburtsfest zur „heiligsten Zeit" des Kirchenjahres. Die Meinung, das Kirchenjahr beginne mit dem ersten Adventsonntag, geht auf die Gewohnheit zurück, in den Meßbüchern die liturgischen Vorgaben für diesen Sonntag an den Anfang zu stellen.

Ländlich-agrarische Einflüsse

Schwer entwirrbar werden solche Überschichtungen in der ländlichen Lebenswelt. Volkstümliche Verbreitung konnten christliche Sinngehalte und Kulte hier nur durch Anpassung an Erfahrungen und Bedürfnisse des natur- und jahreszeitgebundenen Lebens finden. Kirchliche Lehren und Übungen erfuhren dadurch mythisch-magische Abwandlungen nach Art und Vorbild der heidnischen Volksreligiosität. Sie wurden in diesem „kosmischen Christentum" bewahrt und zugleich christlich aufgehoben, jedenfalls nicht als Gegensätze erlebt.

Der kirchliche Festkalender etwa wurde schon früh zur Gliederung agrarischer Arbeiten im Jahreslauf ausgedeutet. Bestimmte Arbeiten (Aussaat, Ernte, Drusch etc.) sowie Märkte und Messen begannen oder endeten mit Kirchenfesten. Arbeitsfreie Zeit war „heilige Zeit" und geradezu gleichbedeutend mit Feiern und Festtag. Sie war religiös und lebenspraktisch zugleich: Die arbeitsfreien Stunden und der gemeinsame Kirchenbesuch gaben allen Gelegenheit, an einem zentralen Ort zusammenzukommen, die verschiedensten Angelegenheiten auszuhandeln und verbindliche Absprachen zu treffen.

Das Ende des bäuerlichen Wirtschaftsjahres und die Vorbereitung der neuen Arbeitsperiode gaben hierzu vielfältige Veranlassung. Die Weihnachtszeit fiel mitten in diese wirtschaftliche Übergangszeit, die vom Spätherbst bis in den Spätwinter reichte. Zeitliche Eckdaten dafür sind etwa Martini (11. November) und Mariä Lichtmeß (jetzt Mariä Reinigung bzw. Darstellung des Herrn; 2. Februar). Dazwischen liegen etliche weitere bedeutende Heiligentage: Andreas (30. November), Barbara (4. Dezember), Nikolaus, Mariä Empfängnis (jetzt Mariä Erwählung; 8. Dezember), Luzia (13. Dezember), Thomas (21. Dezember; nach katholischem Kalender jetzt 3. Juli), Stephan (26. Dezember), Silvester (31. Dezember), Drei Könige (6. Januar).

Eine alles beherrschende Frage stellte sich in dieser Zeit den Dienstboten: Würden sie auf ihrem Dienstplatz bleiben oder woanders weiterarbeiten, und welche Folgen würde ein Wechsel habe? Damit verbunden waren Überlegungen, ob sich nicht doch eine Gelegenheit zur Heirat oder gar zu einer kleinen Eigenwirtschaft bieten könnte. Diese Wendezeit war daher erfüllt von sorgen- und hoffnungsvollen Spekulationen, vielfach auch von Versuchen, die Zukunft zu beeinflussen oder wenigstens vorherzusagen. So fielen in diese Zeit einige wichtige Lostage: Auf Andreas mochten etwa geworfene Schuhe anzeigen, ob man auf dem Hof bleiben könnte oder in welche Richtung man fortgehen müßte. Auf Thomas (der „Ungläubige", dem Jesu zum Beweis erschien) versuchten Mägde, mit magischen Beschwörungen ihren künftigen Geliebten im Traum erscheinen zu lassen. Bis heute verbreitet ist das Bleigießen in der Silvesternacht, bei dem das hitzeflüssige Schwermetall ins Wasser gegossen wird, um aus den bizarren Erstarrungsformen Kennzeichen der persönlichen Aussichten im neuen Jahr herauszulesen (auch mit Kerzenwachs).

Die Verhandlungen um die alten oder um neue Dienstboten begannen meist bereits auf den Herbstmärkten oder auf eigenen Gesindemärkten, vor allem zu Martini. Weihnachten war oft der Anlaß, mit Handschlag und einem Vorschuß-Taler die Einstellung endgültig zu besiegeln. Lichtmeß war dann der letzte Termin für den tatsächlichen Wechsel der Dienstboten und damit auch für ihre Entlohnung. Letztere erfolgte jedoch meist zu Weihnachten, manchmal auch bereits auf Nikolaus. Neben dem vereinbarten Geldbetrag (vgl. „Weihnachtstaler") gab es auch längerlebige Naturalien, etwa ein Paar Schuhe, Stoffe, Hosen oder Schürzen. Dabei handelte es sich also nicht um Geschenke, sondern um fällige Teile des Jahreslohns. Sie waren trotzdem oft eine „Überraschung", wenn ihre Qualität eine besondere Wertschätzung seitens der Dienstgeber oder deren besondere Freigebigkeit erkennen ließ - oder auch das Gegenteil.

Auf alten Verpflichtungen, die bis in die mittelalterliche Feudalordnung zurückreichen, gründeten die Gaben an Grundherren, Pfarrer, Lehrer etc. (oft schon zu Martini), aber auch an die Armen. Der „Weihnachts-Zehnt" lebt im Spendenwesen weiter. Als jahreszeitliche Naturalien standen vor allem Geschlachtetes und Eingemachtes, Mehl und Brot, Schmalz und Butter, Brennholz und dergleichen im Vordergrund. Manche weihnachtliche Speisetradition hat darin ihre Wurzeln. Dieser Formenreichtum variierte stark nach den regionalen Wirtschafts- und Sozialformen.

Alle diese weihnachtlichen Formen eines volkstümlichen „kosmischen Christentums" der ländlich-agrarischen Lebenswelt muten nur heute als widersprüchliche heidnisch-christliche Mischungen an. Sie boten in ihrer Gesamtheit einen sinnhaften Rahmen der Kommunikation und sozialen Orientierung in den dörflichen Gemeinschaften, besonders auch im Hinblick auf Berufswege und Partnerschaftschancen. Reste davon tauchen in vielen Weihnachtserinnerungen dieses Buchs auf.

Verbürgerlichung von Weihnachten

Auf der Grundlage dieser christlichen und volkstümlich-ländlichen Festformen und Sinngebungen haben sich die heute geläufigsten Weihnachtsgewohnheiten jedoch im wesentlichen erst im 19. Jahrhundert ausgeformt und verbreitet. Auch wo sie kirchlich mitgeprägt erscheinen, gründen sie vorrangig in den säkularen (weltlichen) Veränderungen, allen voran im Aufkommen des städtischen Bürgertums als führender Klasse der gesellschaftlichen Modernisierung. Protestantische Kreise konnten dabei ebenso formbildend werden wie katholische, und auch jüdische, später auch areligiöse Bürgerfamilien trugen die neuen Feierformen durchaus mit.

Die wichtigsten Grundzüge dieser bürgerlichen Neuformung von Weihnachten sind

- räumlich die Ausgestaltung der Privatsphäre,
- sozial die Familienzentrierung und Pädagogisierung,
- für den einzelnen die Verinnerlichung und Individualisierung.

Im Sinne unserer generellen These von Weihnachten als „sozialer Zeit" *spiegeln* sich auch diese Trends der Verbürgerlichung nicht nur zur Weihnachtszeit, sondern sie *vollziehen* sich maßgeblich *durch* Weihnachten.

Kennzeichnend für die bürgerliche Lebensweise ist die Trennung und Ausgestaltung einer von Arbeitswelt und Öffentlichkeit getrennten Privatsphäre des Wohnens in geordneter Häuslichkeit und des intimen Familien- und Gefühlslebens. Der Ehefrau war der Binnenraum hausfraulicher Betätigung und familiärer Kindererziehung zugewiesen, während die Produktion und damit die Erwerbstätigkeit des Ehemanns aus dieser Privatsphäre in außerhäusliche Arbeitsstätten verlagert wurde. Zusammen mit der Abdrängung des Personals aus dem Familienverband setzte die Reduktion auf die Kernfamilie aus Ehegatten und Nachkommen ein. Wesentlicher Inhalt der bürgerlichen Familie mit ihren klaren Geschlechterrollen wurde die Pflege des Gefühlslebens zwischen den Ehepartnern und zwischen Eltern und Kindern unter dem

Ideal der zweckfreien „romantischen" Liebe sowie die Entwicklung der individuellen Persönlichkeit unter den Idealen von Selbstkontrolle und Selbstverwirklichung. Was immer sich nun an Weihnachtlichem sonst noch ereignete: Das „richtige" bürgerliche Weihnachtsfest spielte sich innerhäuslich im engen Verwandtschaftskreis ab; etwaige Dienstboten blieben nach einer allfälligen besonderen Feier im entscheidenden Moment ausgeschlossen.

Dabei wurden nicht nur die äußerlichen Abläufe selbst maßgeblich, sondern auch die inneren Haltungen, mit denen sie vollzogen werden. Die hierbei geforderten bürgerlichen Tugenden (Innigkeit, Gesittung, Maß etc.) vertragen sich zwar mit einer kirchlichen Grundorientierung, kommen jedoch auch ohne eine solche aus, wie Weihnachtserzählungen aus jüdischen oder areligiös sozialistischen Familien zeigen. Ob etwa der Weihnachtsbaum die Wiedererweckung der schlafenden Vegetation beschwört oder eine christliche Erlösungshoffnung ausdrückt: Vorrang gewinnen in der verbürgerlichten Weihnacht subjektive Geschmacks- und Gestaltungsfragen sowie Abwägungen der wirtschaftlichen und gesellschaftlichen Angemessenheit. Ähnliches gilt für allen übrigen Weihnachtsschmuck, für die Lieder und Texte, für das Festessen und die Festtagskleidung etc. und nicht zuletzt für die Weihnachtsgeschenke.

Einige verbreitete Grundelemente unseres Weihnachtsfests seien hier beispielhaft auf ihre bürgerlichen Ausformungen hin untersucht:

Tannenbaum und Adventkranz

Weihnachtliche Tannenbäume stehen durchaus nicht in direkter Tradition zu ländlichen Bräuchen, die darin vegetative Kräfte versinnbildlichten und in Resten noch heute verbreitet sind, etwa das Aufblühen von Kirschzweigen („Barbara-Zweige") oder das Aufkeimen von Getreidekörnern („Adonis-Gärtlein"). Die ersten Vorläufer heutiger Christbäume wurden vielmehr am Beginn der Neuzeit in den Stuben städtischer Zunfthäuser und Gesellenherbergen aufgestellt. Hier standen die mit Äpfeln, Nüssen und anderem Eßbaren behängten grünen Bäume schließlich den Zunftkindern oder Gesellen zur Plünderung frei. Nur ganz allmählich und zunächst eher in protestantischen Kreisen übertrugen einzelne Bürgerfamilien diese Form in ihre privaten Räumlichkeiten. Adelige und Fürsten folgten dann dieser Mode und fügten wohl auch als erste dem Baumschmuck die Kerzen hinzu.

Noch zu Beginn des 19. Jahrhunderts war der Christbaum auf Aristokraten und städtisch orientierte Bürgerfamilien beschränkt. Verbreitung fand er im Deutsch-Französischen Krieg: Weihnachten 1870 wurden Tannenbäume auf Drängen deutscher Militärs in allen Quartieren und Frontabschnitten aufgestellt. Aufgeladen mit nationalem Pathos über den Siegfrieden mit Frankreich, geriet die „deutsche Tanne" zum Symbol für „deutsches Wesen" und für eine bürgerlich-heile Weltordnung.

Zuletzt setzten dann die Weihnachtsfeiern der kaiserlichen Familie, beschrieben und illustriert in den aufkommenden Zeitungen und Zeitschriften, landesweite Vorbilder. In die Stuben österreichischer Arbeiter und Bauern dürfte der Tannenbaum seinen allgemeinen Einzug erst mit dem Ersten Weltkrieg gehalten haben, durch den sich auch hier die Orientierung an bürgerlichen Lebensformen auf fast alle sozialen Gruppen ausdehnte. Im inneralpinen, bergbäuerlichen Milieu war diese Entwicklung nochmals um ein, zwei Jahrzehnte verzögert.

Noch deutlich jünger ist die Geschichte des Adventkranzes. Er fand erst um die Jahrhundertwende in bürgerlich-protestantischen Familien Norddeutschlands Eingang und Verbreitung. Ursprungsort war vermutlich das „Rauhe Haus" in Hamburg, eine Kinderfürsorgeeinrichtung der evangelischen Inneren Mission. Vor allem in ländlich-katholischen Gebieten Bayerns und Österreichs stand der Aufnahme des Adventkranzes sein „heidnischer" Charakter entgegen. Hier fand er oft erst in der

Zeit des Nationalsozialismus Verbreitung, der ihn – historisch falsch – mit „germanischem Zweigzauber" in Verbindung setzte. In mehreren Kindheitserinnerungen dieses Buchs wird das frühere Fehlen des Adventkranzes ausdrücklich angemerkt.

Lieder und Spiele zur Weihnachtszeit

Historische Überformungen zeigt auch das weihnachtliche Liedgut. Einige Lieder gründen im mittelalterlichen Singen der Kirchengemeinde, mit lateinischen Texten oder Mischtexten wie „In dulci jubilo, nun singet und seid froh" oder „Quem pastores lauda vere, den die Hirten lobten sehre" (namengebend für die in den 20er und 30er Jahren recht beliebten „Quempas-Lieder"). Sie waren Teil der Liturgie, manchmal auch in Form des Wechselgesangs als Vorstufe religiöser Spiele.

Mit volkstümlichen Krippenspielen kamen Lieder auf, die das biblische Geschehen in die heimische Umgebung verlegten und demgemäß ausschmückten: Herbergssuche, Hirten- und Krippenlieder, Wiegelieder wie „Kommet ihr Hirten", „Joseph, lieber Joseph mein" oder „Vom Himmel hoch ihr Englein kommt". Martin Luthers deutsche Liedtexte popularisierten liturgische Lieder, die von den Gemeinden nun leichter mitgesungen werden konnten, besonders sein „Vom Himmel hoch, da komm ich her".

Die heute geläufigsten Weihnachtslieder entstammen jedoch allesamt einer viel jüngeren Schicht: „O du fröhliche", „Süßer die Glocken nie klingen", „Ihr Kinderlein kommet" und allen voran „Stille Nacht, heilige Nacht" repräsentieren in Text, Melodie und Aufführungsweise das bürgerliche Lied des 19. Jahrhunderts. Auch ältere Lieder verloren durch das häuslich-familiäre Singen und Musizieren ihren kirchlich-öffentlichen Charakter. Wie dieser Wandel vom kirchlich-religiösen zum häuslich-familiär gebundenen Weihnachtslied in bürgerlichen Kreisen einsetzte und in die ländlich-bäuerliche Welt vordrang, läßt sich an den Geschichten dieses Buchs recht gut nachvollziehen. „Stille Nacht, heilige Nacht" wurde zum weltbürgerlichen Weihnachtslied schlechthin, das nicht einmal der Nationalsozialismus verdrängen konnte.

Eine ähnliche Überformung ist bei den verschiedenen Arten weihnachtlicher Auftritte festzustellen, die in den vorliegenden Erinnerungen ebenfalls vorkommen. Zum einen finden wir Glückwunsch- und Bittgänge von Kindern mit Ansingeliedern und szenische Kurzdarstellungen, etwa der Herbergssuche. Im Dreikönigs- oder Sternsingen haben sich Reste solcher Umgehspiele erhalten. Die gesammelten und neuverteilten Gaben hatten eine gewisse soziale Ausgleichsfunktion. Sie bildeten die wechselseitigen Verpflichtungen in den nachbarschaftlichen Sozialnetzen ab. Kommunikativer Zusammenhalt und gemeindliche Hilfe deuten sich auch noch in manchen Nikolausspielen an.

Neben einer älteren Tradition kirchennaher Weihnachts- und Krippenspiele entwickelte sich im 19. Jahrhundert eine neue bürgerliche Praxis weihnachtlicher Stücke. Sie waren weniger für den Kirchenraum gedacht als für häusliche Aufführungen vor einem kleinen Publikum befreundeter Familien oder für improvisierte Bühnen in Schulen, Heimen, Spitälern und anderen Anstalten. Laienhaft wurde bildungsbürgerliches Theater imitiert, für oder mit Kindern, meist mit erzieherischen Absichten oder als Wohltätigkeitsveranstaltung. Die Texte waren häufig von literarischen Dilettanten verfaßt, darunter auch öfters Frauen, und wurden selten publiziert. Laienspielscharen der kirchlichen Jugend und der bürgerlichen Jugendbewegung, aber auch Kulturvereine pflegten diese Bühnenspiele, bis sie unter dem Druck des Nationalsozialismus zurückgedrängt wurden. Die vornehmlich kirchlichen Versuche ihrer Wiederbelebung nach dem Zweiten Weltkrieg zeigten nur in Schulen und Kindergärten eine gewisse Nachwirkung.

Auch im Schenken lassen sich verschiedene historische Schichten nachweisen. Winterliche Engpässe der agrarischen Selbstversorgerwirtschaft erforderten häufig einen gewissen Bedarfsausgleich durch wechselseitige Rechte und Pflichten des Gebens und Nehmens. Eine wesentliche Rolle spielten dabei gerade auch in Österreich Patenschaften, die über die einzelnen Familienwirtschaften hinweg reichten. Besonders im ländlichen Bereich hat sich die Bedeutung von Paten gerade zu Weihnachten bis in die Nachkriegszeit erhalten und findet in vielen Kindheitserinnerungen Erwähnung.

Geschenke dienen nicht der Anhäufung von Reichtum, sondern der Vergesellschaftung. Sie müssen persönliche Absichten und Bindungen tragen (Gabe als „Hin-Gabe" und „Angebinde"). In dieser alten Funktion kommen Geschenke dem bürgerlichen Bestreben nach kultiviertem Gefühlsausdruck, Innerlichkeit und individueller Unverwechselbarkeit sehr entgegen: Sie werden Ausdrucksmittel von Liebe, Wohlwollen und Hochachtung, auch Zeichen von Beschämung und Schuldeingeständnis. Es gehört zum doppelbödigen Wesen dieses bürgerlichen Geschenkverständnisses, den Materialismus und die Kommerzialisierung des Schenkens zu beklagen und zugleich doch auf das Materielle der Gabe und auf ihren Erwerb aus außerhäuslicher Produktion angewiesen zu sein. Wenn schon nicht selbst hergestellt, so müssen gekaufte Geschenke wenigstens irgendwie persönlich verziert und eingepackt werden. Reine Geldgeschenke gelten immer noch als unweihnachtlich.

Die bürgerliche Überformung dieses Schenkens zeigt sich besonders in den Gestalten von Nikolaus, Christkind, Weihnachtsmann und ihren Begleitern. Der einzige Gabenbringer war ursprünglich Nikolaus, vielfach in Begleitung von Gehilfen oder Gegenfiguren, in Österreich vor allem dem Krampus. Eltern und nahe Verwandte verbargen sich hinter ihnen in mahnend-prüfenden Erzieherrollen. Lob und Belohnung durch Geschenke standen Tadel und Strafandrohung mit der Rute gegenüber.

Martin Luther bekämpfte das ausgeschmückte Nikolaus-Brauchtum und propagierte den „Heiligen Christ" für den 25. Dezember. Hier setzte sich volkstümlich aber das Christkind durch. Es dürfte aus engelhaften Begleitgestalten weihnachtlicher Umzugsbräuche hervorgegangen sein (nicht dem Christuskind) und übernahm allmählich auch in Österreich das weihnachtliche Schenken. Wo der Nikolaus erhalten geblieben war, trat an seine Stelle Mitte des 19. Jahrhunderts der Weihnachtsmann, als der sich die Figur des „Herrn Winter" aus der sehr populären Bilderfolge einer Münchener Illustrierten bald rasch verbreitete. Er war seither überall auf dem Vormarsch und kommt auch in den Erinnerungen dieses Buchs neben dem Christkind vor.

Ihre erzieherische Rolle entfalteten diese Figuren meist schon mit Beginn des Advents, in dem mit einer gewissen Steigerung brave Tage oder gute Taten gesammelt werden sollten, abgezählt etwa durch Strohhalme für die Krippe. Indem die Erzieher sich hinter diesen Figuren auch als Schenkende verbargen, geriet artiges Verhalten der Kinder zum „Verdienen" der Geschenke.

Als kindgerechten Lohn produzierte und vertrieb eine aufblühenden Spielwarenindustrie bald eine Fülle käuflichen Spielzeugs, allerdings nahezu ausschließlich für die neuen städtischen Oberschichten. So darf es nicht verwundern, wenn in einigen Kindheitserinnerungen dieses Buchs das weihnachtliche Schenken nicht annähernd seinen heutigen Stellenwert einnimmt, ja, in manchen bäuerlichen Haushalten bis in die Zwischenkriegszeit gänzlich unüblich war. Daß Kinder ihren Eltern Geschenke basteln, breitete sich erst spät über Kindergärten und Schulen aus. Vor allem über die Schulen, in denen Kinder unterschiedlicher sozialer Herkunft zusammenkamen und ihre Weihnachtserlebnisse austauschten, gerieten Bauern-

und Arbeiterfamilien unter wachsenden sozialen Druck, den bürgerlichen Vorbildern nachzueifern. Auch wenn Eltern diesem Druck in bezug auf ihre Kinder nachkamen, sahen sie oft noch keine Veranlassung, sich nun auch gegenseitig etwas zu schenken.

Bürgerliche Familien und weihnachtliche Tradition

Kinder erfuhren die kulturellen Gewohnheiten des bürgerlichen Weihnachtsfests innerhalb ihrer Herkunftsfamilie. Durch die alljährliche Wiederholung gewannen sie den Eindruck, die einzelnen Elemente und ihr Ablauf seien für Weihnachten allgemein verbindlich. Es wurde dann als selbstverständlich angenommen, daß es in anderen Familien ganz ähnlich zugehe. In vielen Weihnachtsschilderungen werden daher Einzelheiten in der Meinung übergangen, es sei „halt wie üblich" gewesen.

Kinder beginnen meist erst während ihrer Schulzeit zu ahnen, daß sie bislang nur eine ganz familienspezifische Tradition von Weihnachten kennenlernten. Zwar spielen überall Grundelemente wie Schenken, Essen, Licht und Baumgrün irgendeine Rolle, doch bei nur etwas genauerem Hinsehen wird sogleich klar, daß andere Familien dabei in den Details durchaus andere Gewohnheiten pflegen oder ähnlichen äußeren Formen andere Bedeutungen beimessen. Familien *unterscheiden* sich geradezu durch ihre weihnachtlichen Gepflogenheiten und bilden darin wie bei keinem anderen jährlichen Anlaß gemeinschaftliche Vorstellungen und Gewohnheitshandlungen aus, die für die eigene Familie kennzeichnend und identitätsbildend sind. Zugleich legen sie die Zugehörigkeit zur Familie und ihre Abgrenzung nach außen durch ein sinnfälliges gemeinschaftliches Tun fest.

Wie kein anderes Fest ist das bürgerliche Weihnachten also ein Familienfest, und zwar nicht in dem trivialen Sinn, daß Familien etwas feiern, sondern in dem weit präziseren Sinn, daß sie dabei sich selbst *als Familie* feiern.

Wer zur Familie gehört, wie dabei alle zueinander stehen, kurz, alle familiären Positionen und Statusänderungen, finden Weihnachten ihren Ausdruck und werden hier geradezu erst wirksam, „ver-wirklicht". Weihnachtsgeschichten verdichten Familien-Geschichte.

Weihnachtliche Familiengewohnheiten sind Rituale wie alle kulturellen Gruppengepflogenheiten: Rituale bestimmen die Zugehörigkeit zur Gruppe nach innen und außen in ausgeformten Handlungen vor dem Hintergrund gemeinsam geteilter Vorstellungen. Die Gruppe *ist*, was sie an Verhaltensweisen gemeinschaftlich lebt („Gruppenrituale") und was darin an bewußten und unbewußten Grundannahmen und Wertvorstellungen zum Ausdruck kommt („Gruppenmythos"). Jedes Gruppenmitglied erlebt die rituellen Anforderungen als Normen und die mythischen Traditionen als deren Begründungen: Etwas muß so gemacht werden, weil es von seinen Ursprüngen her immer schon so zu geschehen hatte. Jede Distanzierung zu einer Gruppe wird mit Ausschluß und Isolation bedroht und als schuldhaft erlebt („schlechtes Gewissen").

Gruppenzugehörigkeiten sind durch ihre Bindung nach innen und ihre Abgrenzung nach außen doppelgesichtig: Unproblematische Zugehörigkeit wird als heimatliche Geborgenheit und kindliche Unschuld erlebt. Unreflektierte Routine erlaubt reibungsloses, erfolgsgewisses Handeln. Das entlastet und garantiert Zufriedenheit. Die Kehrseite sind Anpassungszwänge, Unsicherheit in anderen Gruppen, Angst vor dem Fremden, Kindlichkeit und Provinzialismus. Kritisch-überlegendes Selbstbewußtsein, Eigenständigkeit und neues Handeln wird behindert. Das belastet und festigt Abhängigkeiten.

Wie sehr das Gesagte für die Familie als Gruppe gerade in bezug auf die Weihnachtszeit gilt, zeigen viele Erinnerungen in diesem Buch. Gerade für die Beteiligten kann undurchsichtig sein, welche Festgewohnheiten zum sensiblen Kern der familiären Traditionen zählen. Was das

„richtige" Weihnachten ausmacht, fällt erst bei Abweichungen gegenüber den eingespielten Abläufen auf. Das gilt etwa nach der Heirat und Hausstandsneugründung von Kindern, die mit ihren Partnern unterschiedliche Familientraditionen zusammenbringen müssen oder neue Formen einführen wollen.

Generell gefährden alle Veränderungen die weihnachtlichen Familientraditionen. Nicht zuletzt sind es auch alle familiären Spannungen, die sich zu Weihnachten wie zu keinem anderen Jahresfest abspielen. Auf diese Weise stärkt Weihnachten nicht etwa nur den verwandtschaftlichen Zusammenhalt, sondern fördert auch die Wahrnehmung und Verwirklichung der individuellen Stellung im Familienverband. Die Weihnachtszeit kann so zu einer inneren Distanz gegenüber den Familiengepflogenheiten und zur Entwicklung alternativer Vorstellungen führen. Insofern ist Weihnachten immer auch eine Zeit des Nachdenkens über die eigene Identität: Will ich so bleiben, wie ich geworden bin? Wie möchte und könnte ich anders sein? In der Verabschiedung gewohnter Formen und in der Selbstverwirklichung durch Alternativen kehren sich solche inneren Brüche dann auch nach außen: Weihnachten als Handlungsfeld für Individualisierung.

Weihnachten und soziale Unterschiede

Spezifische weihnachtliche Gepflogenheiten kennzeichnen nicht nur einzelne Familientraditionen, sondern auch größere soziale Gruppen. Die auffälligste Unterscheidung betrifft dabei die Zugehörigkeit zur gesellschaftlichen Schicht. So werden auch in den Weihnachtserinnerungen dieses Buchs meist nach wenigen Sätzen die Milieus klar, in denen sich die Erzähler bewegen. Das gilt auch bei der Nachahmung bürgerlicher Festkultur in ländlich-agrarischen, kleinbürgerlichen oder proletarischen Milieus. In der Übernahme solcher Festformen höherer Schichten können Aufstiegswünsche symbolisch ausgelebt werden.

Erst recht bietet Weihnachten die Gelegenheit, verwirklichten sozialen Aufstieg zu feiern und den neuen Status einzuüben.

Die vorliegenden Weihnachtsgeschichten bestätigen auch die allgemeine Abhängigkeit der sozialen Stellung von der Arbeit. So bestimmen die Erwerbseinkommen die Konsumspielräume sowie die Arbeitszeiten die Festzeiten. Die arbeitsfreie Feiertagszeit wird häufig in engen Zusammenhang mit der Arbeit gesetzt. Zum einen liegt das an den Festvorbereitungen in der Vorweihnachtszeit: Je länger und aufwendiger gefeiert wird, umso mehr muß vorher dafür gearbeitet werden. Dabei wird regelmäßig hingewiesen auf den besonderen Arbeitsanteil der Frauen an der Gestaltung des Fests.

Zum anderen herrschten in der ersten Hälfte unseres Jahrhunderts in Österreich noch Arbeitsverhältnisse vor, die stark in den hauswirtschaftlichen Bereich hineinragten. Dies galt neben der ländlich-bäuerlichen Lebenswelt auch für das Kleingewerbe in Handwerk und Handel und für die Heimarbeit. Die Bedeutung von Weihnachten wäre hier falsch erfaßt, wenn die Verbindungen zur Arbeitswelt und überhaupt zum alltäglichen Umfeld des Fests ausgeblendet würden. Durch unsere geringen Eingriffe in die Originaltexte bleibt diese enge Verschränkung der Festzeit mit auch durchaus „unweihnachtlichen" Erinnerungen der jeweiligen Weihnachtszeit sichtbar. Sogar Extremfälle, bei denen vor lauter Arbeiten, aber auch familiärer Sorgen oder anderer Turbulenzen das Fest selbst gleichsam nur am Rande vorkommt, sind wahre Weihnachtsgeschichten.

Wesentlich auffälliger als heute zeigen sich in den Erinnerungen an frühere Weihnachten die Unterschiede zwischen städtischen und ländlichen Milieus. Ins Auge fallen dabei vor allem die Fälle extremer Einschichtigkeit im ländlichen Bereich: entlegene Höfe mit weiten, schlechten Wegen zum nächsten Nachbarn und zum nächsten dörflichen Mittelpunkt, die im Winter vollkommen dunkel lagen und oft tage-, ja wochenlang vom Schnee verlegt waren. Hier gab es keinerlei öffentliche Verkehrsmittel, weder Zeitung noch Radio und auch keinen elektrischen Strom. Jüngere Leser mögen überrascht sein, daß von solchen Verhältnissen zahlreiche Österreicher aus eigenem Erleben erzählen können, die selber nicht einmal 50 Jahre alt sind. Im ländlichen Milieu hat die Modernisierung, die nicht selten schon in der Kriegswirtschaft angebahnt wurde, ab den 60er Jahren eine Angleichung der Lebensverhältnisse eingeleitet.

Dieses Stadt-Land-Gefälle galt erst recht für die Bildungschancen und hinsichtlich der Anteilnahme am Kulturleben. Dies wird in den Weihnachtserinnerungen etwa am Stellenwert von Buchgeschenken oder von kleinen Aufführungen ausdrücklich thematisiert. Hochadel und städtische Oberschichten pflegten in ihren Weihnachtssalons hochkulturelle Formen des Musizierens und der Rezitation literarischer Texte. Bürgerliche Kreise ahmten es in ihren guten Stuben mit Hausmusik, Familiensingen, Gedichten etc. nach. Viele ältere Menschen verfolgen mit ihrem lebensgeschichtlichen Schreiben nicht zuletzt einen späten Ausgleich entsprechender Bildungs- und Kulturdefizite früherer Jahre.

Die Orientierung an bürgerlichen Vorbildern verlangte Selbstdisziplin. So festlich auch gefeiert wurde: Verschwendung im Sinne einer Verausgabung über die eigenen Verhältnisse verbaten weniger die nachwirkenden christlichen Fasten- und Festgewohnheiten als vielmehr die bürgerlichen Tugenden. Sorgsamer Umgang mit vorhandenen Mitteln war für das bürgerliche Selbstverständnis ebenso typisch wie die Zügelung übermäßiger Genußsucht. Ausgeschlossen war die sinnliche Ausgelassenheit anderer Jahresfeste; üppigeres Essen und Trinken artete nie in „Fraß und Völlerei" aus. Demgegenüber zählten Besinnlichkeit und Rührung bis zum Weinen durchaus zu den festlichen Gefühlen.

Weihnachtsglaube

Weihnachtsschilderungen offenbaren auch die religiös-weltanschauliche Zugehörigkeit. So wird etwa deutlich, ob Kirchenbesuche Zwang, soziale Gewohnheit oder ein persönliches Glaubensanliegen darstellten. Familiäre Einübungen in religiöse Praktiken werden ebenso sichtbar wie Einflüsse kirchlicher Lehren, aber auch Distanzierungen zum Glauben der Eltern und der Kindheit.

Weihnachten drängt es bekanntlich mehr Menschen zum Kirchenbesuch als zu jedem anderem Anlaß. An eine jungfräuliche Gott-Sohn-Geburt als Kern der Weihnachtsbotschaft glaubt aber selbst von den allsonntäglichen Kirchgängern kaum mehr die Hälfte (an die leibliche Auferstehung glauben immerhin noch zwei Drittel der regelmäßigen Kirchgänger). Die Popularität von Weihnachten ist also keineswegs ein Zeichen besonderer Kirchlichkeit, sondern eher der Stärke volkstümlichen Brauchtums gegenüber kirchlichen Lehren.

Besonders die Erinnerungen an frühere ländlich-katholische Weihnachten bestätigen, in welcher lebensweltlichen Alltäglichkeit die Dorfgemeinde in „ihrer" Kirche zusammenkam. Gerade am Beispiel des Weihnachtsfests wird deutlich, wie sehr die Kirche im Dorf bei Kult und Lehre auf ortsübliche Traditionen Rücksicht nahm, ja, nehmen mußte. Sie konnte keine Überzeugungen abverlangen, die den kulturellen Gewohnheiten widersprochen hätten. Die hinhaltend-zähe und gewitzte Widerständigkeit volkskultureller Traditionen konnte gegenüber obrigkeitlicher Autorität durchaus wirksam sein.

Nach einigen Erinnerungen dieses Buchs bot der weihnachtliche Rahmen sogar Platz für extreme Gegensätze: Kommunistische KZ-Häftlinge feierten bei Kerzenschein mit grünen Zweigen und den winzigen Gaben, die sie aus den Stuben ihrer NS-Aufseher stahlen; diese mochten derweil unter einem germanischen Tannenbaum sehr wohl auch „Ihr Kinderlein kommet" singen. Österreichische

Kriegsgefangene stimmten mit deutschen Juden „Stille Nacht, heilige Nacht" an und brachten das Lied ihren russisch-orthodoxen oder atheistischen Bewachern bei.

In solchen Extremen leuchtet eine Utopie auf, die das bürgerliche Weihnachten durchaus pathetisch mit aufklärerisch-weltbürgerlichen Idealen auflädt: nationenverbindender Friedens- und Einigkeitswille, religionenübergreifende Toleranz und Werthaltung, klassenversöhnender Gerechtigkeits- und Freiheitsanspruch.

Nationale Weihnachtskultur?

Von solcher weihnachtlichen Weltbürgerlichkeit sind wir weit entfernt. Unverkennbar sind nationale Unterschiede und Abneigungen auch dort, wo ein gemeinsamer christlich-kultureller Hintergrund gegeben scheint. Nur wenige Österreicher werden sich gänzlich heimisch fühlen im französischen Noël oder im italienischen Natale, im skandinavischen Jul oder im britischen oder gar amerikanischen Christmas. Weckt nicht selbst die „deutsche Weihnacht" trotz – oder gerade wegen? – ihrer Nähe ungute Erinnerungen und Gefühle?

Die lebensgeschichtlichen Weihnachtserzählungen dieses Buchs lassen jedoch bezweifeln, daß nationale oder regionale Unterschiede im weihnachtlichen Feiern mehr besagten, als daß sie Teil der allgemeinen kulturellen Unterschiede waren, also etwa der Sprache oder der Eßgewohnheiten. In den Erzählungen begegnet auch keine erklärte Absicht, mit Weihnachten bewußt eine nationale oder regionale „Identität" zu pflegen.

Dies hat einen einsichtigen Grund: Die kulturellen Formen von Weihnachten wurden vorrangig in Familientraditionen überliefert und nicht in öffentlichen Zeremonien. Was zu Weihnachten gelebt und erfahren wurde, waren Zugehörigkeiten und Ausgrenzungen auf der Ebene von Verwandtschaft oder Nachbarschaft, nicht zwischen Dörfern oder Stadtteilen, geschweige denn zwischen Ländern oder Staaten. Die entscheidenden Erlebnisräume von Weihnachten lagen im häuslich-familiären Bereich. Zu Weihnachten gab es also nicht die sozialen Räume, in denen sich etwa ein Tiroler gegen einen Wiener hätte absetzen müssen oder können.

Allerdings gab es wiederholt aufwendige Versuche, das Weihnachtsfest nationalistisch und militaristisch in Dienst zu nehmen. Sie mußten in öffentlichen Außenräumen ansetzen und von dort aus in das innerhäusliche Feiern einzudringen suchen. Solche Beeinflussungsmöglichkeiten ergaben sich vor allem dann, wenn das Fest nicht in wirklicher Familiengemeinschaft gefeiert werden konnte, vor allem bei Trennungen im Zusammenhang mit Krieg (Weihnachten an der Front, in Gefangenschaft, auf der Flucht). Hier fanden Staats- und Militärführungen zu Weihnachten ihre besondere Chance, durch propagandistisch eingefärbte Angebote des symbolisch-rituellen Umgangs mit Trennungsängsten und Verlustschmerz tiefere Bindungen an staatlich-nationale Zielsetzungen zu bewirken.

Wir erwähnten bereits die gezielte Verbreitung des Tannenbaums im Deutsch-Französischen Krieg 1870/71 als Symbolträger einer „deutschen Weihnacht". Er sollte mit der Gefühlstiefe des Wunschs nach familiärer Vereinigung Front und Heimat miteinander ebenso verbinden wie beide mit dem Kaiserhaus und den Kriegszielen. Aus dem Ersten Weltkrieg ist umfangreiches Material erhalten, das eine militaristische Weihnachts-Propaganda bis zur Volksverhetzung belegt. Selbst Kriegsspielzeug gelangte so auf den Gabentisch. Die nationale Kriegsführung wurde auch stets danach beurteilt, ob es ihr gelang, Weihnachtspost und Weihnachtspäckchen zuzustellen. Dann traten nationale Rundfunkanstalten mit weihnachtlichen Grußsendungen auf und stellten ihre alles verbindenden Reichweiten unter Beweis. Vor allem der Nationalsozialismus entwickelte ausgefeilte Strategien, flächendeckende Programme und eine Fülle schriftlicher und künstlerischer Hilfsmittel zur gezielten Nutzung und Umorientierung weihnachtlicher Festkulturen.

Unsere Quellen und auch die Weihnachtserinnerungen dieses Buchs begründen jedoch Zweifel an der nachhaltigen Wirksamkeit solcher Beeinflussungsversuche. Sowohl im Ersten als auch im Zweiten Weltkrieg erstrahlten am Heiligen Abend zum Beispiel oft Christbäume an den Frontlinien, und für einige kampffreie Stunden versammelten sie die erklärten Gegner zum Tausch kleiner Geschenke, beim gemeinsamen Singen oder auch nur im Rauch einer geteilten Zigarrette. Angesichts des großen Aufwands der Nationalsozialisten zur Einführung und Pflege „germanischer" Kultformen sind auch deren Spuren erstaunlich gering und nicht einmal eindeutig.

Winterliche Sonnwendfeuer etwa dürften gerade wegen ihrer ideologischen Besetzung als NS-Kult nachhaltigst abgekommen sein. Das Entzünden von Kerzen oder Aufstellen von Fotos zum Gedenken an Verstorbene mag dem „Heldengedenken" für Kriegsgefallene entsprochen haben, wie es im Zweiten Weltkrieg für öffentliche „Julfeste" propagiert wurde. Nach dem Krieg standen brennende Kerzen dann in vielen Fenstern, um gefangenen oder vermißten Verwandten heimzuleuchten oder die Trauer um Gefallene zu bekunden. Die Kerze ist jedoch für dieses Gedenken ebenso traditionell wie das Gedenken für das Weihnachtsfest – als Einbeziehung der Abwesenden in die Familienfeier.

Demgegenüber beförderten einige weihnachtliche Festformen im öffentlichen Raum sehr wohl offen oder verborgen staatlich-nationale Ideologien. Erinnert sei an das „völkische" Denken hinter der Aufrichtung großer Christbäume aus bestimmten „Stamm-Ländern" an symbolträchtigen Plätzen. Anzuführen sind aber vor allem die öffentlichen Reden, Grußbotschaften und Festaufführungen zu Weihnachten und Neujahr. Mit den gedruckten Medien fanden sie schon im 19. Jahrhundert ihren Weg in die Familien. Ab den 20er Jahren verbreiteten die nationalen Rundfunkprogramme die gänzlich neue Illusion der persönlichen Gegenwärtigkeit und familiären Ansprache. Radiogeräte („Volksempfänger") fanden ihre Aufstellung an bevorzugten Stellen der Wohnung (auf dem Land nicht selten beim Herrgottswinkel) und versammelten die Familien zu den Weihnachts- und Neujahrsreden nationaler Prominenz aus Politik und Kirche. Leopold Figls berühmte Worte als österreichischer Bundeskanzler zu Weihnachten 1945 brachten für viele die Schwierigkeit des Neubeginns österreichischer Staatlichkeit auf den knappesten Nenner; mit der Beschwörung einer nationalen Notgemeinschaft wurde aber zugleich ein neues, spezifisches Österreich-Bewußtsein eingefordert.

Die kleinen Unterschiede – eine Zusammenfassung

Wir haben nun schon vielfach aufgezeigt, wie in unserer Kultur zu Weihnachten gesellschaftliche Stellungen verwirklicht und verdeutlicht, geradezu „zelebriert" werden. Für die Heranwachsenden bedeutet dies, daß sie durch Weihnachten wie zu keiner anderen Zeit in der Gesellschaft verortet werden: in ihrer Familie und den anderen sozialen Kleingruppen, in ihrem Milieu, in ihrer Generation, im ganzen zivilisatorischen System ihrer Kultur. Religiöse oder weltanschauliche Zugehörigkeiten werden ebenso geformt wie regionale Bindungen. Außerdem vermittelt Weihnachten ihnen die wirtschaftlichen Standards ihres Umfelds.

Kinder werden durch Weihnachten aber auch nachhaltig in ihren Selbstbildern als Buben oder Mädchen und für ihre späteren Rollen als Männer oder Frauen, Väter oder Mütter geprägt. Geschlechtsspezifische Geschenke wirken hier ebenso wie die ungleiche Verteilung von Vorbereitungsarbeiten und Mußestunden. Auffällig ist auch die beherrschende Rolle des Familienvaters bei den Weihnachtsritualen. In diesen Hinsichten muß Weihnachten als eine Zeit gelten, in der alte, patriarchalische Muster besonders stark nachwirken.

Diese Hineinnahme der Kinder in die Gesellschaft erfolgt kaum mehr durch Mitleben und Nachahmen wie etwa in früheren Lebenswelten von Bauern oder Handwerkern. Im 19. Jahrhundert hat sich vielmehr die bürgerliche Vorstellung allgemein durchgesetzt, Kinder durch bewußte Erziehung auf ihren Lebensweg vorzubereiten. Damit wurde auch das Weihnachtsfest zu einem Feld mehr oder weniger bewußter Erziehung.

Weihnachten und Zeiterfahrung

Bei unserem Streifzug durch weihnachtliche Lebenserinnerungen sind wir schon mehrfach und an ganz zentralen Stellen darauf gestoßen, daß Menschen in unserem Kulturkreis in der Weihnachtszeit sehr grundlegend und vielfältig „unsere Zeit" erfahren, nämlich

- unsere Geschichte, wie sie sich von Jahr zu Jahr ändert, und unsere aktuelle Zeit-Genossenschaft in dieser Geschichte;
- unser Lebensalter, das von Jahr zu Jahr wächst und damit die uns verbleibende Lebenszeit verringert, sowie die neueste Version unserer eigenen Lebensgeschichte;
- unsere Lebensrhythmen im Wechsel der Generationen, der Jahreszeiten, der profanen und heiligen Zeiten, der Arbeits- und Freizeiten und auch der Licht- und Schattenzeiten im übertragenen Sinn.

Dabei erfährt jeder seine Stellung in den sozialen Gruppen, denen er zugehört, und verwirklicht diese soziale Position, die sonst nur abstrakt ist. Diese sozialen Aspekte weihnachtlicher Zeiterfahrungen ließen uns von Weihnachten als einer „sozialen Zeit" sprechen.

Diese Redeweise hat aber noch eine speziellere und tiefere Bedeutung: Weihnachten erfahren wir nämlich nicht nur in besonderer Weise „unsere“ Zeit, sondern auch „die“ Zeit schlechthin. Nur weil es so selbstverständlich scheint, entgeht das zunächst der Aufmerksamkeit, und doch ist es für die Weihnachtszeit so kennzeichnend wie für keine andere Zeit des Jahres. In Kindheitserinnerungen finden wir es besonders deutlich:

- Da ist irgendwann einmal ein *Anfang,* mit dem es zu weihnachten *beginnt,* vielleicht nur eine erste Ahnung, daß es nun bald *losgeht* und alles weitere allmählich *kommt.*
- Da ist das ungeduldige *Warten,* bei dem die Zeit so *langsam vergeht,* weil sehnliche Wünsche und drängende Bedürfnisse *zurückstehen* müssen und andere Dinge *vorgehen.*
- Da ist die *Hektik* der Vorbereitungen, unter denen die Zeit so *schnell dahineilt.*
- Da ist die *Spannung,* die von Woche zu Woche, von Tag zu Tag und dann von Stunde zu Stunde wächst, gezählt mit den Kerzen des Adventkranzes, den Türchen des Adventkalenders und zuletzt mit Weihnachtsglocken und dem Blick auf die Uhr.
- Da sind jene Momente der *Erfüllung,* diese blitzartigen Zeit*punkte* beim Klingeln des Weihnachtsglöckchens, im ersten Anblick des Lichterbaums oder der erleuchteten Dorfkirche, bei der Enthüllung des Geschenks oder im Anheben der Musik etc.
- Da ist die *Zeitvergessenheit* im Feiern selbst, im Spiel mit den neuen Geschenken, im Reden, beim Essen etc., wo die Zeit *stillzustehen* scheint bis sie einen *zurückholt,* leider viel zu *rasch.*
- Und da ist schließlich auch das *Ende,* wenn alles *vorbei* ist.

Diese Reihe ließe sich noch weiter ergänzen und verfeinern, und es würde nur umso klarer: Weihnachten geht es nicht zuletzt, sondern womöglich sogar zuallererst um die Zeit! Wir streiften diese Einsicht schon, als wir Weihnachten auch als Fest der Ewigkeitshoffnung gegen den Tod als dem Ende von individueller Zeit andeuteten.

Was ist die Zeit? Die Antwort ergibt sich in unserer Kultur konkret durch den Blick auf Kalender und Uhr. Allgemeiner ist Zeit der abstrahierende Begriff für all die verschiedenen Verfahren zur Reihung von Ereignissen und Handlungen. Diese kulturelle Entwicklung hat heute eine Präzision und Verbreitung erreicht, daß praktisch unbegrenzt viele Abläufe in weltumspannender Vernetzung aufeinander abgestimmt werden können.

Schon die Sprache weist darauf hin, daß unser Zeitbewußtsein auf Raumbegriffen beruht. Kinder lernen zunächst die räumliche Ordnung der Dinge. Aus einem ersten Verständnis für räumliche Reihung und kausale Verursachung können sie dann Bewegungen als schneller oder langsamer einstufen. Erst aus dieser Ordnung von Geschwindigkeiten werden auf einer nächsten Entwicklungsstufe Zeitdauern abgeleitet: Der langsamere Gegenstand braucht „länger" und erreicht sein Ziel „nach" dem schnelleren.

Mit diesem elementaren Zeitbegriff können Zeitdauern verglichen, nicht jedoch gemessen werden. Jede Zeit*messung* erfordert einen rhythmisch-periodischen Vorgang als Vergleichsmaßstab. Es zählt zu den Entstehungsbedingungen menschlicher Kultur, daß unsere Lebenswelt hierfür eine Vielzahl geeigneter Naturerscheinungen aufweist. Besonders die Sonne mit ihren Stellungen an Himmel und Horizont eignet sich sowohl für Tages- als auch für Jahresmaße, die beide für viele typische Zeitdauern des menschlichen Lebens zweckmäßig sind.

Bei allen wissenschaftlich-technischen Verfeinerungen ist unser Alltag nach wie vor von diesen Sonnenmaßen geprägt. Und hier kommt nun Weihnachten ganz zentral ins Spiel: Nach wie vor werden nämlich alle Kinder in diese unsere Alltagszeit ganz entscheidend durch Weihnachten eingeführt.

„Alle Jahre wieder . . .“

Weihnachten und Zeit-Integration

Da ist zunächst einmal das Jahr. Seine Dauer wird durch Jahresfeste wesentlich genauer vermittelt als durch Beobachtung von Jahreszeiten. Weihnachten ist ein so eindrucksvoll gestalteter Vorgang, daß sich bereits das erste bewußt erlebte Weihnachtsfest tief genug einprägt, um schon das zweite als Wiederholung erkennen zu können. So fügt alle Jahre wieder Weihnachten ein Lebensjahr hinzu. Dies wird gerade in den ersten Lebensjahren noch besonders unterstützt durch „altersgemäße“ Weihnachtsgeschenke, die sehr genau jüngere von älteren Kindern unterscheiden.

Mit diesem ersten inneren Begriff davon, was ein Jahr ist, tritt das Kind ein in das erwachsene Wissen um ein Altern nach Jahren. In der Folge lernt es (vornehmlich durch Geburtstage) die Zahlworte für das individuelle Lebensalter. Durch diese wachsende Zahlenreihe tritt an die Stelle der subjektiven Erfahrung des eigenen Älterwerdens ein objektives „Vergehen von Jahren“, ein allgemeiner „Lauf der Zeit“. Schließlich scheint *die Zeit selbst* es zu sein, die wie eine allgemeine Naturkraft alle gleichermaßen altern läßt. Dieser Schein verleitet dann dazu, die wechselnde Dynamik des Lebens und Erlebens umzudeuten zu einer subjektiv wechselnden „Geschwindigkeit der Zeit“. Manche Weihnachtserinnerung spiegelt diese Begriffsverwirrung.

Weihnachten in der Kindheit werden fast ausschließlich durch das eigene Alter in Lebensjahren gezählt, in späteren Jahren dann eher mit Jahreszahlen. Darin drückt sich eine fortgeschrittenere Kulturtechnik der Zeitangabe aus: die Umrechnung der individuellen Lebensjahre auf die in unserer Kultur allgemein verbindliche Jahresskala. Erwachsene empfinden diese Umrechnung als so „natürlich“, daß sie auf deren gesellschaftlichen Charakter erst im Kontakt mit anderen Kulturen mit einem gänzlich anderen Kalender gestoßen werden.

Diese kulturspezifische Umrechnung hat eine zunächst banale Folge: An die Stelle des individuellen Älterwerdens, das mit Null beginnend abzuzählen wäre, tritt das allgemeine Vergehen von Jahren. In diesem Kontinuum setzt das individuelle Leben mit der Jahreszahl des Geburtsjahrgangs ein und endet mit dem des Todesjahres. Diese Jahresangaben nach einer allgemeinen Zeitskala verorten (eigentlich „verzeiten") jedes individuelle Leben in einer kollektiven Geschichte, die vorher begann und nachher weitergeht.

Diese gemeinsame Geschichte formt Menschen zu Generationen. Wie kein anderer jährlicher Anlaß macht Weihnachten diese Zugehörigkeit als Zeitgenossen der Geschichte bewußt. Weihnachten werden die Erlebnisse des Jahres in ihrer Geschichtlichkeit vertieft „wahr-genommen", sie werden zu lebensgeschichtlicher Erfahrung. Daher erzählen Lebensgeschichten wesentlich häufiger entlang den Weihnachten als etwa entlang den Geburtstagen (umso mehr ist es eine lebenslang wirkende Besonderheit, zu Weihnachten geboren zu sein, was allenfalls noch für eine Geburt zum Jahreswechsel gilt).

Die Jahreszählung dieser individuellen zeitlichen Verortung in der Geschichte ist nun in unserer Kultur „nach Christi (Geburt)" definiert. Sie hat damit als Anfangspunkt in verblüffender Stimmigkeit gerade jenes biblisch überlieferte Ereignis, das den religiös-kultischen Inhalt des Festes bildet. Auch in diesem Sinn ist Weihnachten also das Fest der Zeit schlechthin.

„Einmal werden wir noch wach, heißa, dann ..."

Weihnachten als Zeit-Kultivierung

Zeiterfahrungen in Weihnachtserinnerungen beschränken sich nicht auf Heiligabend und die beiden Weihnachtsfeiertage. Diese weihnachtliche Kernzeit ist in einen weiten „Zeithof" eingebettet, der sich mit seiner bedeutungsvollen Reihung unterschiedlicher Festtage mindestens zwischen Nikolaustag oder erstem Advent und Dreikönigen ausdehnt, manchmal aber auch schon mit dem Martinstag beginnt und erst mit Mariä Lichtmeß ausklingt. Wetterperioden mit winterlichen Grundstimmungen gehören ebenfalls in dieses zeitliche Umfeld. Das alles zählt noch zu den Zeiterfahrungen, die im Jahresfestkalender um Jahres-Rhythmen und Jahres-Zeiten kreisen und um die Einbettung des individuellen Lebens in eine allgemeine Geschichte „nach Christus", in Vergangenheit und Zukunft.

Davon läßt sich aber ein Komplex ganz anderer weihnachtlicher Zeiterfahrungen abheben. Sie betreffen all jene schon erwähnten Elemente der Vorahnung und des Noch-Nicht, der Verzögerung und Steigerung, der extremen Anspannung und der Erfüllung in zeitvergessenen Momenten, des Ausklangs und Endes, des Vorbei und Auf-ein-nächstes-Mal. Hier geht es um den individuellen Umgang mit eigenen Befindlichkeiten in einer überschaubaren Zeitspanne unter Vorgaben des sozialen Umfelds. Um „dazugehören" zu können, müssen Kinder entsprechende Anpassungen lernen und eigene Bedürfnisse abstimmen auf Absichten und Handlungen anderer sowie auf die zeitlichen Rahmenvorgaben. Bei diesen Lernanforderungen handelt es sich also um die individuelle Synchronisation mit einer gesellschaftlichen Inszenierung, d.h. mit einer kollektiv definierten Abfolge bestimmter Situationen, bei der es „richtig mitzuspielen" gilt.

Weihnachten ist nun die reichhaltigste dieser Inszenierungen, bei der die weitaus meisten Menschen unserer Kultur mitspielen. Die grobe Grundfigur jeder „richtigen" weihnachtlichen Inszenierung ist ein Spannungsbogen mit langsamem Anstieg, einem steiler ansteigenden Gipfelplateau und einem allmählichen, dann rascheren Abfall. Wer Weihnachten richtig gelernt hat, weiß, in welcher sozialen Umgebung welches Verhalten zu welchem Zeitpunkt geboten, angemessen, möglich, unpassend und verboten ist. Bei gänzlicher Verinnerlichung dieser Zeitnormen verläuft die Weihnachtszeit vollkommen routiniert. Aber auch wer gezielt gegen diese Routinen lebt, beweist seine genaue Kenntnis dieser Normen.

Der Zeitbegriff, den diese Normen beinhalten, hat zunächst nichts zu tun mit der lebenszeitlichen Verortung durch jährliche Zeitmarken im Kontinuum einer allgemeinen Geschichte. Vielmehr handelt es sich um die zeitliche Steuerung eigener Handlungen und Befindlichkeiten relativ zu denen anderer Menschen. Dabei geht es nicht mehr nur darum, nach einem sozial verbindlichen Zeitmaßstab einen absoluten Zeit*punkt* für ein bestimmtes Ereignis anzusteuern. Vielmehr müssen Zeit*dauern* verschiedenster äußerer Vorgänge und auch innerer Regungen relativ zueinander vorwegnehmend abgeschätzt und aufeinander abgestimmt werden.

Je komplexer eine soziale Gruppe vernetzt ist, umso präziser müssen ihre Handlungen untereinander und mit den äußeren Ereignissen synchronisiert werden. Unter vorindustriell-agrarischen Lebensverhältnissen reichten für alltägliche Abstimmungsleistungen neben der Kenntnis des Tags (Kalender) ungefähre Einschätzungen von Viertelstunden oder einigen Minuten. Hochtechnisierte und bürokratisierte Industriegesellschaften setzen jedoch die Synchronisierbarkeit von Abläufen nach Sekundenbruchteilen voraus (Präzisionsuhren). Diese gesellschaftliche Kultivierung der Zeit zur Synchronisation immer größerer Handlungsnetze wird vom einzelnen als wachsender Disziplinierungszwang erfahren: Individuelle Bedürfnisse müssen zurückgestellt, subjektive Regungen unterdrückt werden. Die Klage über Zeit-Druck ist gerade zu Weihnachten allgemein.

Jedem Kind wird diese Zeitdisziplin stufenweise abverlangt. Nach der Kontrolle der Körperfunktionen bildet nun die Weihnachtsinszenierung die erste komplexe Einführung in dieses Zeit-Lernprogramm. Diese Anstrengung wird wie keine andere „versüßt", besonders sinnfällig im Adventkalender mit den Schokolade-Stückchen hinter täglich zu öffenden Türchen. In dieser Sicht ist er also eine Lernhilfe zur Triebsteuerung nach Tagen über Wochen hinweg. Der Adventkranz mit seinen vier Kerzen, mit denen von Woche zu Woche „ein Licht aufgeht", ist der verbreitetste Wochenanzeiger.

Unterschiedlichste vorweihnachtliche Zeitvertreibe lenken für kürzere oder längere Zeit die Erwartungsspannungen auf mehr oder weniger vorbereitende Tätigkeiten und kultivieren damit die Spannung. Am Heiligen Abend geht es dann um Stunden, wobei für Katholiken das Fastengebot hinzukam (schrittweise entschärft). Zuletzt geht es meist sogar um Minuten, die sich dann in einem momentanen Höhepunkt zuspitzen. Das ist in der Regel ein signalhafter, überwältigender Sinneseindruck: das Klingeln des Weihnachtsglöckleins zum Betreten des Weihnachtszimmers; der Tannenbaum im Lichterglanz und bunten Schmuck; die Laternen der Dorfbewohner auf ihren Wegen zur Mette; das Erstrahlen des Kirchenschiffs; der Sternenhimmel und der Schneeglanz der Weihnachtsnacht; die Enthüllung des heißersehnten Geschenks; der Auftakt des Festessens. Und immer wieder „Stille Nacht, heilige Nacht".

Es sind diese tieferlebten, zeitvergessenen Höhepunkte der Erfüllung nach lang gespannter Erwartung, die auf Wiederholung drängen. Sie bilden für die meisten Erzähler lebenslang den Erinnerungskern ihrer Kindheitsweihnachten. Erst damit wird so recht begreiflich, warum selbst noch in extremster Lage unter Lebensgefahr jener eine Moment geradezu magisch-rituell inszeniert wurde, in dem ein Weihnachtsbaum erstrahlte und das vertrauteste aller Weihnachtslieder gemeinschaftlich gesungen werden konnte. Das ist es, was dabei zählt: die Hoffnung des Überlebens, aller Aussicht auf den Tod zum Trotz. Alle Jahre wieder …

Glossar

Abkürzungen oder Begriffe, die im Text mit einem hochgestellten Stern* versehen sind, werden im folgenden erläutert oder mit weiteren Hinweisen verbunden. In Klammern sind die jeweiligen Seiten im Text angegeben.

Anker-Steinbaukasten – beliebtes zeittypisches Markenspielzeug: Sammlung kombinierbarer Steinklötzchen („Anker-Steine") in einem Holzkasten (46, 250)

Anschluß – durch Einmarsch deutscher Truppen (12. 3. 1938) erzwungene Vereinigung Österreichs mit dem Deutschen Reich; von über 99% der österreichischen Bevölkerung in einer von den Nationalsozialisten aufgezogenen Abstimmung am 10. 4. 1938 begrüßt. In der Folge traten die deutschen Gesetze in Kraft. (74, 148, 156, 162, 243)

AOK – Armee-Oberkommando (hier der 6. Armee) (179)

arisiert – von jüdischem Eigentum: in „arische" Hände überführt, unter Wert durch erpreßte Verträge oder ohne Rechtstitel angeeignet (244, 264)

ausgesteuert – ausgeschlossen von Versicherungsleistungen, speziell der Arbeitslosenunterstützung nach Überschreiten einer Höchstdauer der Arbeitslosigkeit (103)

Austragshaus – kleines Wohnhaus für den Altbauern im Ruhestand (Austrag, Auszug, Ausgedinge, Altenteil) (212)

Bebelhof – eine der Wohnanlagen der sozialdemokratischen Bauprogramme 1923–1933 in Wien, benannt nach August Bebel. Wie in anderen Gemeindebauten versuchte hier der Schutzbund* während des Februar* 1934, sich gegen die Kräfte des Austrofaschismus zu halten. (115)

Buchteln (Wuchteln) – böhmische Mehlspeise aus Germteig, gefüllt mit Powidl (Pflaumenmus) oder Marillenmarmelade; in gefetteter Pfanne im Rohr gebacken (53)

Budel – Verkaufstisch in kleineren Geschäften (234)

Chanukka – jüdisches Fest zur Erinnerung an die Reinigung des Tempels, Lichterfest; nach dem jüdischen Kalender am 25. des Monats Kislew (117)

Contor – Kontor: Büro der Geschäftsführung (17)

DAF – Deutsche Arbeitsfront: nach Auflösung der deutschen Gewerkschaften 1933 zwangsweiser Zusammenschluß von Arbeitnehmern und Arbeitgebern; im Dienst nationalsozialistischer Wirtschafts- und Sozialpolitik (81)

Dolomitenfront – nach Eintritt Italiens in den Krieg mit den „Mittelmächten" (Deutschland, Österreich, ihre Verbündeten; 23. 5. 1915) wechselnde Kampflinie in den Südlichen Kalkalpen der Dolomiten (60)

Eheverbot – in Österreich noch unter dem austrofaschistischen Regime geltende Heiratsbeschränkungen für bestimmte Berufsgruppen im öffentlichen Dienst; zielte auch gegen wachsende Berufstätigkeit von Frauen (244)

Eichenlaubträger – Träger einer hohen militärischen Auszeichnung, von den Nationalsozialisten in Anlehnung an preußische Vorbilder eingeführt (179)

Einschicht – vereinzelte Lage (eines Hofs) abseits anderer Ansiedlungen (148, 213)

Entsatz(truppen) – (Truppen zur) Befreiung festliegender, insbesondere eingekesselter Heeresteile (172, 176)

Erbsen – Teil der ersten sowjetischen Lebensmittellieferungen („Mai-Spende") für die hungernde Bevölkerung Wiens nach dem Zweiten Weltkrieg (116, 228)

Februar 1934 – Versuch von Sozialdemokraten und Schutzbund*, durch Generalstreik und Militäraktionen dem Austrofaschismus Widerstand zu leisten; in Häuserkämpfen blutig niedergeschlagen (12. bis 14. 2. 1934) (115, 128)

Fetzenball – aus Stoffresten (Fetzen) gefertigter Ball (120)

Feuerflecken – in der Anheizphase neben dem offenen Feuer im Steinofen ausgebackene kleine Brotfladen (141)

Flak – Flugabwehrkanonen; allgemeiner für die gesamte Flugabwehr-Artillerie (179, 197)

Gefolgschaft – nach nationalsozialistischer Ideologie die konfliktfreie Gemeinschaft der Arbeitnehmer eines Betriebs mit dessen Führung und Inhabung; gegen gewerkschaftliche Interessensvertretung gerichtet (75)

geschlissen – von schleißen* (25, 108)

Geschwisterkind – altertümlich für Kinder von Geschwistern (Nichten, Neffen); hier auf die Eltern bezogen, so daß es sich um einen Cousin des Autors handelt (15)

Glasplatten – vor Einführung des Zelluloid-Films benutzte Träger der lichtempfindlichen Schicht. Pro Foto wurde eine Platte in die „Plattenkamera" gelegt und nach Entfernung des Lichtschutzes durch Öffnen des Objektivs belichtet („auf die Platte bannen"). Die geringe Lichtempfindlichkeit des Materials erforderte lange Belichtungszeiten (steife Gesichter) oder grelle Beleuchtung durch Zünden von Blitzpulver. (46)

gläusen – gleißen: poetisch für glitzern, glänzen (42)

Glumpert – umgangssprachlich für wertloses Zeug (259)

Götte – alemannisch für Pate (auch Gote, Göd etc.) (71)

Gottle – Koseform von Götte* (70)

Graupensuppe – Suppe mit zerkleinerten und rundgeschliffenen Gersten- oder Weizenkörnern als Einlage (21)

Hetz – Spaß; per Hetz: zum Spaß (76, 239)

ID(mot.) – Infanterie-Division (motorisiert) (172)

irden – aus Ton („Erde") (53)

Jom Kippur – hebräische Bezeichnung des 3. Mos. 16 gebotenen Versöhnungstages am 10. Tischri (September/Oktober); höchster jüdischer Feiertag, ein Tag des Sündenbekenntnisses und der Läuterung. (117, 266)

Julfest – von den Nationalsozialisten propagierte gegenchristliche, „germanische" Form des Weihnachtsfestes; in Anlehnung an skandinavisches Brauchtum, das mit der Wintersonnenwende verbunden ist. Jul bezeichnet dort das Weihnachtsfest und auch die winterliche Zeit. (226)

Kaiserjäger, Tiroler – 1813 aufgestellte österreichische Jägertruppe; 1895 Kaiser Franz Joseph persönlich unterstellt und in vier Regimenter aufgeteilt (60)

Kinderverschickung – Hilfsaktionen in der Notzeit nach dem Ersten Weltkrieg, durch die österreichische und deutsche Kinder von Familien im Ausland (Schweiz, Skandinavien, Niederlande, Spanien etc.) aufgenommen wurden; nicht zu verwechseln mit den ideologisch und kriegswirtschaftlich motivierten „Kinder-Landverschickungen" der Nationalsozialisten (243)

Kletzen – getrocknete Birnen (56, 84, 141)

Kletzenbrot – Früchtebrot aus Kletzen* mit Feigen, Rosinen, Nüssen, Honig etc. (100, 101, 141, 214)

Kohlenferien – in Notzeiten zur Einsparung von Heizmaterial angeordnete Schulferien (35, 205)

Kolatsche – kleine Mehlspeise aus Germ- oder Blätterteig, gefüllt mit Topfen, Powidl (Pflaumenmus) etc. (19)

Kummerln – abschätzige Bezeichnung für Kommunisten (266)

Lebensmittelkarten – Karten zum Bezug rationierter Lebensmittel (Kriegsbewirtschaftung), für etliche Produkte schon zu Kriegsbeginn (Angriff auf Polen 1. 9. 1939), dann auf immer mehr Waren ausgedehnt (77)

Marketenderware – vom Militär mitgeführte Ware, die nicht zugeteilt, sondern zum Verkauf abgeboten wird (auch Beutegut) (169)

Melksechter – Melkeimer (95)

MG – Maschinen-Gewehr (60)

Moa, Moadirn – regionaler Ausdruck für den ersten Knecht, die erste Magd am Hof (91, 96)

Mohnbuchtl – Buchtl* mit Mohn (59)

Ogg – alte Kennzeichnung für doppeltgriffiges Mehl (103)

Ordonnanz – militärischer Befehlsmelder (62)

Pantscherl – kurzfristiges erotisches Verhältnis, Liebesaffäre (250)

Plennis – nach der russischen Bezeichnung für Krieggefangene (186)

Rauhnächte – Nächte vor Weihnachten, Neujahr und Dreikönige, dann alle Nächte dieses Zeitraums (die Zwölften); im alpinen Volksglauben Umtriebe von Geistern (Wilde Jagd, Perchta/Perk/Perchten) und ausgeprägtes Brauchtum in Haus und Hof (Räuchern) (97, 218, 238)

Reimmichl – Pseudonym des Tiroler Priesters und Schriftstellers Sebastian Rieger; stellte auch jährlich einen volkstümlichen Bauernkalender zusammen (70)

Revolutionäre Sozialisten – nach den Februarkämpfen* Formierung der Sozialdemokratie in der Illegalität, zunächst loser Zusammenschluß, in der Folge Organisationen in ganz Österreich mit Jugendorganisationen (Revolutionäre Sozialistische Jugend) und der „Sozialistischen Arbeiterhilfe" (SAH), die vor allem inhaftierte Genossen und Genossinnen sowie deren Familien unterstützte; zeitweise Zusammenarbeit mit den Kommunisten (153)

Rorate – katholische Votiv-Messe im Advent; nach dem lateinischen Eingangslied „Rorate coeli de super" (deutscher Liedtext: „Tauet, Himmel, den Gerechten") (16, 35, 90, 93, 131, 213, 233)

Rumpelnudeln – handgerollte Nudeln (51)

rupfen – aus Rupfen, aus grobem Gewebe (51)

Scherz – beim Brotschneiden das Endstück (214)

schleißen – von (Gänse-)Federn: den Flaum (für Polsterfüllungen) vom Kiel abziehen (20)

Schlögl – regionaler Ausdruck für ein Gebäck aus Germteig, ähnlich wie für Buchteln*; in der einfachsten Form ohne Füllung und aus Roggenmehl („roggene") (220)

Schutzbund, Republikanischer – Freiwilligen-Wehrverband der österreichischen Arbeiterschaft; nach Ausschaltung des Parlaments 1933 im Austrofaschismus verboten, im Untergrund tätig und maßgeblich beim Februar* 1934 (115, 128, 152)

Singate – regionaler Ausdruck für Kletzenbrot* (72)

Stagel – bei alten Bügeleisen das innere Stahlstück, das vor dem Bügeln im Herd aufgeheizt wurde (20)

Stalingrad – Industriestadt an der Wolga, seit 1961 Wolgograd; im Juli 1942 über 500.000 Bewohner, dann in der Schlacht um Stalingrad völlig zerstört. Hier wurde die deutsche 6. Armee unter General Paulus im November 1942 von der Roten Armee eingekesselt; Aufgabe der letzten Einheiten am 2. 2. 1943. Die Niederlage markierte einen Stimmungsumschwung in der deutschen Bevölkerung. – Alle Zahlen zum Text von Max Plakolb nach neuesten Schätzungen von Rüdiger Overmans 1992. (80, 172, 241)

Stalinorgel – deutsche Bezeichnung für ein von der Roten Armee im Zweiten Weltkrieg entwickeltes mobiles Gestell, von dem bis zu 36 Raketen gleichzeitig elektrisch gezündet werden konnten (176)

Stephani(tag) – zweiter Weihnachtsfeiertag (26. 12.), nach dem Tagesheiligen und Märtyrer Stephanus (58, 99, 126, 146, 149, 210, 214)

Sternspritzer, Sternspucker – Wunderkerzen (46, 125, 142)

Sterz – pappiger Brei; große regionale Unterschiede in der Herstellung und Verwendung von Zutaten, so zum Beispiel Heidensterz mit Heidenmehl (= Buchweizenmehl) und Schmalz, böhmischer Sterz mit Kartoffeln, Blutsterz mit gestocktem Schlachtblut (51)

Störibrot – regionaler Ausdruck für ein sehr lagerfähiges Mischbrot mit Anis (101)

Strahler – Wunderkerzen (158)

strotten – stochern, nach verwertbaren Abfällen suchen (121)

Tramdecke – Zimmerdecke aus Holzbalken (Tram); an ihr wurden früher (teilweise bis in die 50er Jahre) vielfach die Christbäume aufgehängt (136)

Uffz. – Unteroffizier (178)

Walz – Wanderschaft der Handwerksburschen auf Suche nach Arbeit und zur Bereicherung ihrer Erfahrungen; z. T. bis in die 30er Jahre unseres Jahrhunderts (15)

Zibeben – große, dunkle Back-Rosinen (214)

Zores – jiddisch für Ärger, Ungemach (264)